日本観光研究学会監修

観光学全集

第4巻

観光行動論

橋本 俊哉 編著

原 書 房

刊行の辞

日本政府は，2003 年に観光立国宣言をし，2007 年，観光基本法を 43 年ぶりに改定した観光立国推進基本法を施行した。2008 年にはわが国初の観光庁が設置された。政府がこのように本腰を入れて観光政策に取り組むのは，1930 年に観光局を設置して以来のできごとである。国の動きに連動して，日本各地の自治体においても，観光事業に積極的取り組む姿勢をみせている。

このような国の観光政策に対する大きな方向転換には，観光が国や地域経済に与える効果が大きいということが認識されてきたからであるが，観光は，人間が生きて成長していくために，そして世界平和に寄与するためにも，その役割がおおきいことも理解してほしい。

こうした国及び自治体の動きに呼応して，大学においても観光学部・学科の設置が盛んである。4 年制大学で，1987 年以前にはわずか 2 校を数えるのみであった観光学科が，1987 年に施行された総合保養地域整備法の影響と今日の積極的な政府の観光政策から，全国各地に観光学科が新設され，2009 年にはその数も 40 校に迫りつつある。

大学の数が増えれば当然，観光学の専任教員も学生も増加するわけで，その関連から観光関連の専門書籍も数多く出版されるようになったのは望ましい状況である。

しかし，このように観光分野が急成長を遂げつつある一方で，観光学の学問体系は存在するのかといった声も聞かれる。たしかに，新しい学問だけに観光の専門分野別にみても集大成された専門書は少ないし，まして体系化をにらんでの全集は刊行されていないのも事実である。

そこで，いまや 700 名を超える私たち日本観光研究学会が，そうした批判の声に応えるために，観光学全集を刊行する責務があるだろうと，学会の事業として取り組むことになった。

早い速度で観光現象が変化するだけに，観光学がなかなか理論化できない面もあるが，いつまでたってもそれは同じことで，とにかく出版をし，他の観光関連学会や行政，民間など多くの方々からご意見をいただくことにした。各分野の方々からのご意見を参考に，修正をしながら，10 年くらいのスパンで全集を完成させていきたいという気持を持っている。

その意味からも，歴史のある他学問と比較すると，まだ観光学はひよこ程度にしかみえないかもしれないが，とにかく大きな目標に向かってスタートを切った。観光学を一人前に育てるためにも，多くの方々からご意見，ご指導を賜りたいというのが，全集を刊行した私たちの率直な気持ちである。

最後に，本学会のこうした企画にご理解を示し，全集の出版をお引き受けいただいた原書房成瀬雅人社長並びに編集の労をとられた中村剛さん，矢野実里さんに，心から感謝の意を表したい。

日本観光研究学会，観光学全集編集委員一同

はじめに

人間行動の研究はさまざまな学問分野で行われていることから，観光場面での行動研究も，多くの分野にわたっている。しかしながら，それらの研究成果は，それぞれの分野で積み重ねられつつあるものの，観光行動研究の知見として統合されるには至っていない。本書は，観光行動の仕組みや影響等を説明する「基礎理論編」と，実際の観光場面での行動を分析する「現場解析編」とに分けて関連する研究成果を紹介し，観光行動を総合的に理解することをねらいとしている。

「基礎理論編（第1章～第5章)」では，心理学・社会心理学の領域を中心とした研究成果をもとに，観光者の行動について多角的に考察している。1章では，人間にとっての「遊び」の重要性や自由時間行動としての観光行動の実態と，心理学・社会心理学的な視点からの観光行動研究の課題を提示している。2章では，「欲求・動機」と「パーソナリティ」という心理学的要因が，観光者の意思決定や行動の仕組みを理解する際に重要であることを，関係する理論や最新の研究動向をもとに論じている。3章では，日本人の海外旅行の変化を動態的に捉えようとする研究をふまえ，「観光者の成長段階モデル」を提示している。4章では，観光行動を喚起する情報探索行動についての研究を紹介した後に，「イメージ」や「情報」が観光行動に与える影響について考察している。5章では，接遇場面におけるホストの笑顔やアイコンタクト，挨拶などが，いかに観光者満足に影響を与えるかについて，豊富な研究事例を紹介しつつ論じている。

「現場解析編（第6章～第10章)」では，観光行動の実態や研究課題について，人びとが訪れる観光地のタイプごとにとりあげる構成としている。まず，6章では，観光の基本形としての「観光回遊行動」に関するこれまでの主要な研究と観光行動の基本特性について説明している。7章では，江戸時代の史料をもとに湯治場での具体的な過ごし方を多角的に分析し，今後の滞在型観光のあり方について考察している。8章では，日本の自然地域での行動や施設利用の実態に関する研究を紹介した後に，尾瀬国立公園におけるフィールド調査によって明らかにされた，過剰利用による利用者の心理や行動への影響について論じている。9章は，都市観光の研究を，豊富な事例をもとに観光行動の視点から捉え直して論じている。10章では，観光施設の“つかわれ方”の視点からの研究成果を紹介したうえで，観光施設におけるバリアフリーや安全・災害対策への応用について論じている。

なお，7章以降は，それぞれ歴史学，造園学，地理学，建築学の視点からの観光行動の分析であり，これらの章を併せ読めば，観光者の行動研究の視点の多様性が理解できるであろう。観光の現場での行動研究は，天候に左右される中でのデータ収集やコストなど，困難な面が少なくない。しかし現場での観光行動の把握は，観光地の現状や課題の理解，適切な観光施設の計画・運営，的確な観光地の改善などの理論的基礎を提示するものであり，今後，国際観光が盛んになる中で，ますます重要となるものと考えられる。

いずれにせよ，観光は観光主体（観光者）の移動を前提として成り立つ社会現象であるから，観光行動の理解は観光研究に欠かせない研究領域である。本書が，観光研究者ならびに観光学を学ぶ学生にとって，観光行動，さらには観光の本質を理解するための一助となれば幸いである。

著者を代表して

橋本俊哉

目　次

執筆者一覧（執筆順）

片山美由紀（東洋大学社会学部社会心理学科教授）

小口孝司（立教大学現代心理学部心理学科教授）

花井友美（日経メディアマーケティング株式会社ソリューション部，立命館大学経済学部客員教授）

髙井典子（文教大学国際学部国際観光学科准教授）

中村哲（玉川大学観光学部観光学科准教授）

山口一美（文教大学国際学部国際観光学科教授）

橋本俊哉（立教大学観光学部観光学科教授）

内田彩（大阪観光大学観光学部観光学科専任講師）

田村裕希（田村環境計画代表）

杜国慶（立教大学観光学部観光学科教授）

山口有次（桜美林大学ビジネスマネジメント学群教授）

編集委員一覧

溝尾良隆（帝京大学経済学部観光経営学科教授）

安島博幸（立教大学観光学部教授）

下村彰男（東京大学大学院農学生命科学研究科森林科学専攻教授）

十代田朗（東京工業大学大学院情報理工学研究科情報環境学専攻准教授）

第1章　自由時間行動としての観光行動

はじめに

遊びをせんとや生れけむ
戯れせんとや生れけん

遊ぶ子供の声きけば
我が身さへこそ動がるれ

これは時代をさかのぼって12世紀，後白河院による『梁塵秘抄』の有名な一節である[1]。──「私たちは遊びをしようとしてこの世に生まれてきたのだろうか？　それとも戯れをしようとしてこの世に生まれてきたのだろうか？　無心に遊んでいる子供たちの声を聞いていると，自分の体も自然と動き出すように思われる[2]」。

本章ではまず，遊びが人々にとっていかに重要であり，人間が本来持つ性向であるかを示す研究について解説を加える（1. 人間にとっての「遊び」の重要性）。第2に，遊びのひとつでもある「観光」が自由時間にどの程度行われ，人々に人気があり，しかし日本ではいかに時間などの制約条件が存在するかについて実態の数値等に基づき述べる（2. 自由時間行動としての観光行動）。それらをふまえて第3に，観光行動研究の視点について心理学・社会心理学の立場から提言を行う（3. 観光行動の研究の視点─自由時間行動研究を参考として）。

本章の目的は，観光領域の研究者および観光関連の業務に携わる方々に心理学・社会心理学的な研究視点の紹介をすることであり，他方，心理学・社会心理学の研究者の方々に観光行動研究への興味と関与を深めていただくことである。

1　人間にとっての「遊び」の重要性

(1)　古代以来の議論

ここで古代ギリシア時代までさかのぼり，遊びに関する議論をみてみよう。プラトン（B.C. 427-347）の『法律』の中で，アテナイからの客人はつぎのように述べている[3)]。

「いかなる生きものも，成熟すればとうぜん身につく知性を，そっくりそのまま身につけて生まれてくることはけっしてない，ということです。したがって，本来の叡知がいまだ身についていない時期には，まったくの狂乱状態となって無秩序な声を張り上げ，またまっすぐに立てるようになるや否や，やはり無秩序に飛び跳ねるものなのです。しかし，こういう状態にこそ，音楽や体育術の源があると話したことを，思い出したいものです」(第 2 巻 672C)。

そして「音声のうちで魂にまで届く部分，それはつまり，徳の教育としての意味をもつ部分ですが，その部分をわたしたちは，適当な言葉もないままに，音楽と名づけました」,「他方，身体に関して，遊びに伴う踊りと言った部分については，もしその運動が身体の徳をつちかうところまで及べば，身体をそこまで技術によって導くことを，わたしたちは体育術と呼ぶことにしましょう」(いずれも第 2 巻 673A)。

「体育という遊戯の起源もまた，すべての動物が，生まれつき飛び跳ねる習性をもっていることにある」「他方，［歌の］旋律がまたそのリズムを思い出させ目覚めさせるので，その両者が互いに一緒になって，歌舞としての遊戯を生んだのです」(第 2 巻 673D)。

このようなプラトンの叙述をみれば，古代ギリシアの時代にも，人々にとって遊びがいかに生まれつきのものであり必然であるか，そして重要であるかが様々な形で論じられてきたことが確認されよう。

人間を『ホモ・ルーデンス』，つまり「遊ぶ人」として分析を行った19～20世紀のホイジンガは，遊びに関するプラトンの推定内容を「すべての若い人々，動物の飛び跳ねたいという欲求のなかに遊びの起源がある」と要約している[4]。一方でホイジンガ自身は，『ホモ・ルーデンス』第２章「遊び概念の発想とその言語表現」において，ギリシア語，サンスクリット語，中国語，アメリカ・インディアン語，日本語，セム語族，ロマン諸言語，ゲルマン諸言語等の言語を分析対象として遊びに関する考察を行い，「生き生きとしたリズムをもった運動」が遊びを表わす2，3の言語の具体的な基本の意味と結論を提示している[5]。

その場にじっとしてはおられない人間の性向について，旅行・観光行動においては，日本ではたとえば18世紀初頭に刊行された松尾芭蕉『おくのほそ道』の「そゞろ神の物につきて心をくるはせ，道祖神のまねきにあひて取（とる）もの手につかず」が連想されよう。

つまり古代ギリシアの時代以来，その場にじっとしてはおられず飛び跳ね，あるいは出かけてしまう性向が人間にはあり，それに関する考察や探究もまた，古代より行われてきたのである。

(2) 心理学の理論における「遊び」

社会心理学そしてひろく心理学を見渡せば，人はなぜ遊ぶのか，についても古くから理論的研究が重ねられてきた。エリス（1973）は“Why People Play（人間はなぜ遊ぶか）”と題する著作のなかで次のように述べている[6]。「遊びに関する理論化は古代ギリシャの時代以来散発的に行われてきた。遊びへの関心が新たに起こるたびに，理論の主要部がその時代の思索と照合され評価されてきた」。

エリスは，遊びの理論を古典理論，近代理論，現代理論，とそれぞれの時代ごとの整理を行っている。これら３つの時代区分はギルモー（Gilmore，1966）によるもので，第１の「古典（Classical)」は20世紀に入る前に展開されたも

表 1-1　遊びの古典・近代・現代理論

【遊びの古典理論】	
1a. 剰余エネルギー説 I	生存に必要とする以上の剰余エネルギーが存在するために、遊びがひき起こされる。
1b. 剰余エネルギー説II	一定期間活動をすることができなかった後、活動傾向が高まるために遊びはひき起こされる。
2. 本能説	人は遊び行為をする生まれながらの能力を遺伝的に持っており、それによって遊びはひき起こされる。
3. 準備説	後々の生活のなかで経験する必要のある活動が人には直感的にわかり、その後々の活動の準備のために遊びは引き起こされる。
4. 反復説	個体発生は系統発生を繰り返す。人個人が成長する過程で、長い長い過去の、「種」の発生過程をなぞるようなかたちで、遊びが引き起こされる。
5. 気晴らし説	労働時の活動とは異なる活動により人は疲労回復することができる。人はそのような活動を必要とするために遊びが引き起こされる。
【遊びの近代理論】	
6. 般化説	労働をした際に満足感が得られた活動と似ている活動を、自由時間にも繰り返すことで遊びは引き起こされる。
7. 代償説	労働によっては満たされない、あるいは生み出せないような心的欲求があり、そのような心的欲求を満たすために遊ぶ遊び手によって遊びは引き起こされる。
8. 浄化説	混乱してまとまりを欠く情動を表出したい場合に、それを社会的に容認されるような形に転換することで、社会的に害のない形で表出できる場合がある（なおこの浄化説の考え方は従来、攻撃性を形を変えて表出することに限定される）。
9a. 精神分析説 I	人は非常に不快な（現実の）経験を遊びの形で繰り返す（場合がある）。そのようにして不快な経験の深刻さを減じ、不快な経験を融合させるのである。
9b. 精神分析説II	非常に不快な（現実の）経験をしている最中はただ無抵抗にそれを甘受しているだけの立場であったが、その立場を逆転し、他の者たちを能動的に支配し、そうすることにより不快な経験の産物を浄化することができる（場合がある）。
10. 発達説	子どもの知力（mind）の発達に沿って遊びは引き起こされる。したがって、遊びは、子どもの知性（intellect）の成長が原因となっており、その前提条件（その時点での知性）に左右される。子どもが自分自身のひらめきや限界をうまく現実の中に組み込めた場合に、遊びが生じる。
11. 学習説	ある活動後不快なできごとが起きる場合はその活動が減り、他方、活動後楽しいことが起きる場合はその活動が増え、遊びとして繰り返される。このような仕組みで遊びはひき起こされる。
【遊びの現代理論】	
12. 覚醒－追求としての遊び説	個々人にとって最適な覚醒水準（興味や刺激の水準が最適な状態）があり、その最適覚醒水準まで高める（または低める）ように、環境や自己との相互作用を行おうとすることで遊びが引き起こされる。
13. 能力－効力説	環境に対して何らかの影響を生じさせたいとの欲求によって遊びは引き起こされる。そのような影響が生じればコンピテンスのあることが明らかとなり、自分が物事の原因となりうるとの感覚が、当人に生じるようになる。

出典：エリス（1973）の複数の表を統合し，著者により編集。

の，第2の「近代（Recent）」は20世紀に入った後に本格的に創造されたもの，第3の「現代（Modern）」は第2次世界大戦の頃以降，である。遊びに関する説明において，古典理論は特に子どもや動物の行動（遊び）をよく説明する点に特徴がある。近代理論は，内的な欲求や知性が何らかの転換を起こして遊びが発生すると説明する点に特徴がある。現代理論は，生き物が退屈を避ける一方で不快な過激刺激を避けようとする動因を持つこと，また行動の結果環境に変化が引き起こせることが次の行動の原因となると考えることに特徴がある。それぞれの時代のそれぞれの理論が，遊びの原因を何であるとみるかに関するエリスの整理を表1-1に記す。

以上のようにひろく「遊び」に関してはこのような諸理論が存在しており，これらを参考にすることによって，論を待つまでもなく遊びの一種といえる，「観光行動」の由来についても，考察と探究をすすめることが可能であろう。

(3) 遊びに熱中する人々

遊びのただ中にある人々の心理的経験について，社会心理学では諸研究が積み重ねられてきた。代表的な研究のひとつとしてチクセントミハイのフローの研究があげられる。これは前述のエリスの整理でいえば遊びの現代理論に相当する。フロー（flow）は直訳すれば「流れ」であり，フロー状態にあるとは「一連の目標に取り組み，活動の進展についてのフィードバックを連続的に受け取り，そのフィードバックにもとづいて挑戦への対応を調整することによって，ちょうど手ごろな挑戦（自分の能力を十二分に発揮させる挑戦）に取り組んでいるときの主観的経験をいう」（チクセントミハイとナカムラ，2003，pp.2-3）。

フロー経験について，自由時間行動の一部，観光行動の一部ともいえる「ロック・クライミング」の例を交えながらみてみよう。フロー経験にはつぎのような5つの特徴があるとチクセントミハイは説明している（チクセントミハイ，2000）［Csikszentmihalyi，1975］。①行為への挑戦の機会を持つこと（ロック・クライマーの発言例：「気持ちがいつも一歩先へ進んでいるので，クライミングでは完全に達するということは決してありません…。今できることのもう一つ先の完全性を常に考えているのです」)，②限定された刺激の場への注意集中をすること（例：「ふだんの日常的なことがらとは関わりのない，全く異なった世界に入るのです」)，③有能さと支配の感覚（例：「いいえ危険すぎるとは思いません。少しばかり用心して頭を働かせればね」)，④明瞭で直接的なフィードバック（例：自分の行為を支配できていると感じるとき「うまくいっている」と感じ，おそれが目覚めると「うまくいっていない」と感じ，行動を調整する)，⑤行為と意識の融合—自我境界の超越（例：「普段の時よりも生き生きしますね。自分の内と外とがごっちゃになることがありません。とにかくしなければならないことはたいへん複雑で，しかも魅力があるので，意識の主体としての我の強さが消えてしまいます。ただの忘却というのではなく，もっと微妙な自己の喪失感です」)。

このようなフロー経験は，「挑戦」の度合いと，本人の「能力」のバランスがちょうどとれている時に生じる。フローの図式化において（図 1-1）もし難所のロッククライミングスポットに，経験が浅く能力の高くない人が登ろうとする時には図の左上「不安」や「心配」を経験することになる。逆に経験が豊富で能力の高い人が，初心者向けのスポットに登る時は，図の右下「くつろぎ」を経験することになる。

このようなフロー経験を観光行動，具体的には「格式の高い旅館・ホテルへの訪問」に挑戦する場合で考えれば以下のようになる。

大切な記念日に格式の高い旅館・ホテルを訪れたものの，そのような場に不慣れな若い夫婦にとってその場は図 1-1 左上の「不安」や「心配」を経験するような場と感じられるかもしれないが，格式高い旅館・ホテルの宿泊に慣れた人々にとってその場は，図の右下の「くつろぎ」の場である。とはいえそのような施設での宿泊に慣れている人々であっても，初めて訪れる国の初めての訪問地で，ふだん利用する系列とは異なる施設に一歩足を踏み入れる時はどうであろうか。その施設やスタッフが何をゲストに提供し，場がどのように進展していくのか，ゲストと施設・スタッフ双方のどのような働きかけが他方をどのように変化させるのか，フィードバックについても一切の見通しがないとすれ

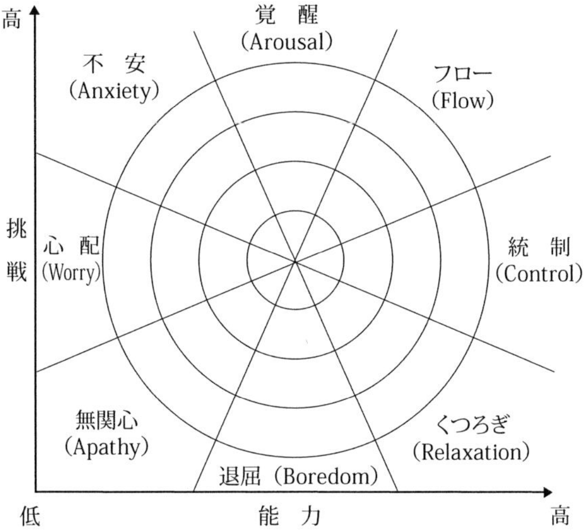

図 1-1　フローモデル

出典：チクセントミハイ&ナカムラ，2003，p 19 より転載。

ば。このような場合，場への「挑戦」の度合いが高く，他方でそれに対応する本人の「能力」も高いために２つのバランスが適度であり，心地よい緊張感と軽い「フロー」や「統制」の感覚を楽しむ瞬間があるであろう。

このように同じ場であっても，その場を経験する人々により，その場は異なった意味合いを持つのである。それゆえ，迎える側はゲストがそれぞれのかたちで心地よく「遊ぶ」ことができるように，それぞれに応じたホスピタリティをもってゲストに接することとなる。

種々の観光行動，そしてそれらを含め「遊び」のただ中にありそれに集中している状態は，冒頭の梁塵秘抄のような子どもだけでなく大人も経験できるものであり，そのような瞬間を経験することは子どもにとっても大人にとっても重要である。さらに，複雑な日常生活を送っている大人にとっては，それがポジティブ・レストの作用（疲労している場面で，さらに能動的に心身を活動させることで，かえって心身をやすめ，もとからの疲労から快復すること）さえもたらしてくれる。

2　自由時間行動としての観光行動

(1) 観光の人気と安定性

ここまで「遊び」の重要性についてみてきたが，そのような遊び，そして遊びの一つでもある観光行動は，実際のところどの程度実践されているであろうか。以下ではしばらくデータに基づき実態をみてみよう。

総務庁の「社会生活基本調査」は，1976（昭和51）年以降5年ごとに，各都道府県の合計約8万世帯の世帯員を対象とする調査であり，余暇活動・自由時間行動に関する調査としては日本国内で最大規模，かつ世界でも類をみないものといってよい。この調査では，生活行動（余暇活動）を「スポーツ」「学習・研究」「社会的活動」「趣味・娯楽」と「旅行・行楽」の5分野としており，旅行・行楽は生活行動（余暇活動）の主要分野とされている。

1）実態

社会生活基本調査の「国内旅行（1泊2日以上)」には3つのカテゴリーがある。すなわち「観光旅行」,「帰省・訪問等の旅行」,「業務出張・研修・その他」である。

本章では「自由時間行動として」の観光行動をテーマとするため，3つのうち「観光旅行」をまずとりあげると（図1-2，以下同様),「観光旅行」の行動者率はほぼ5割から5割強である。つまり半数強が，過去1年のあいだに1泊2日以上の観光旅行に出かけていることがわかる（なお最新の調査データについては，公刊される資料やホームページを参照されたい。以下同様)。

つぎに1泊2日以上の「帰省・訪問等の旅行」を自由時間行動ととらえてパーセンテージをみると，国民の4人に1人，25パーセント前後が，過去1年のあいだに帰省・訪問等の旅行を行っていることがわかる。

また「日帰りの行楽」は，1年の間に3人中2人の割合（6～7割）で出かけている。

そして「外国観光旅行」には，1年の間に1割前後の人々が出かけている。

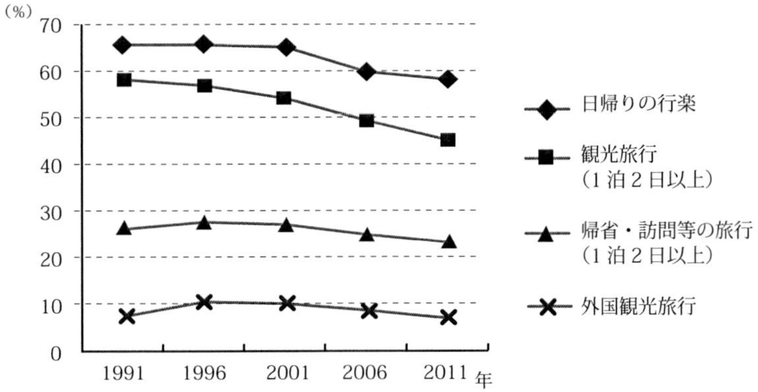

図 1-2　旅行・行楽の行動者率

出典：「社会生活基本調査報告」各年をもとに作成。

つまり1年のあいだに，1泊2日以上の観光旅行に（1度以上）出かける人々は半数強，1泊2日以上の帰省・訪問等の旅行には4人に1人程度，日帰りの行楽は3人中2人程度，外国観光旅行には1割ほどが出かけていることがわかる。自由時間に旅行・行楽に出かける人々がいかに多いかがみてとれよう。

自由時間行動全般に関して大規模，かつ定期的に実施されている別の調査報告として，レジャー白書をみてみよう。レジャー白書は1977年から2000年までは，通商産業省（のちに経済産業省）監督下の外郭団体である財団法人余暇開発センターにより刊行され，2001・2002年には財団法人自由時間デザイン協会，2003年以降は財団法人（現在は公益財団法人）社会経済生産性本部により刊行されている，全国15歳以上の約3000名を対象とする調査である。

レジャー白書においても，行動実態については社会生活基本調査とほぼ同様の結果が得られている。すなわち国内観光旅行が5割強程度，帰省旅行が2割強，海外旅行が1割前後である（なお日帰りの行楽については，レジャー白書ではドライブ，動物園・植物園・水族館・博物館，遊園地，など調査項目が細分化されているため，社会生活基本調査との比較は難しい）。

2）潜在需要

レジャー白書では活動実態（現在の参加率）のほかに参加希望率を調査しているため，「潜在需要」（実際には参加していないが今後実現が期待される活動）をとらえることができる。全般的な傾向をみると，潜在需要の上位を占めるのは旅行，アウトドア活動，屋外スポーツなど，非日常系のレジャーである。

これらのなかでも潜在需要が性・年代を問わず1位であるのは「海外旅行」であり，「国内観光旅行（避暑，避寒，温泉など）」も潜在需要が高いなど，旅行に対する潜在需要が圧倒的に高いことは，過去の調査でも一貫している。つまり，前項でみたように実態として自由時間に旅行・行楽に出かける人々が多いだけではなく，諸条件さえそろえば，旅行に出かけたい人々はさらに多いのである。その意味では自由時間に行う行動として，旅行・観光は人々から最も重要視されている行動のひとつといってよい。

(2) 制約条件としての自由時間消費パターン

先に「諸条件さえそろえば」と述べたが，旅行・観光は近隣の店舗で商品を購入することで瞬時に成立するような類の活動ではなく，ある程度以上の継続的「時間」を「消費」しながらしか成立しえない活動である。その点，日本では休暇制度が，時間消費タイプの活動に対して支援的とは必ずしもいえないことが，活動の強い制約条件となっている。

自由時間行動は「自由消費可能時間」を前提としている。そして自由消費可能時間を「平日」パターン，「週間」パターン，「年間」パターン，「生涯」パターンにわけてとらえ，他国と比較することで日本の現況がみえてくる。以下で日本労働研究機構の生活時間国際比較の調査結果によりそれぞれのパターンをまとめてみよう（小林，1998)。

まず「平日」の自由消費可能時間の一つは，「朝起きてから出かけるまで」の短い時間である。この時間が出勤のための身支度や朝食でほとんど消費される時間とすれば，平日のもう一つの時間帯は「退社してから寝るまで」の時間である。退社後寝るまでの時間の長さをみると，アメリカやドイツが15時半から

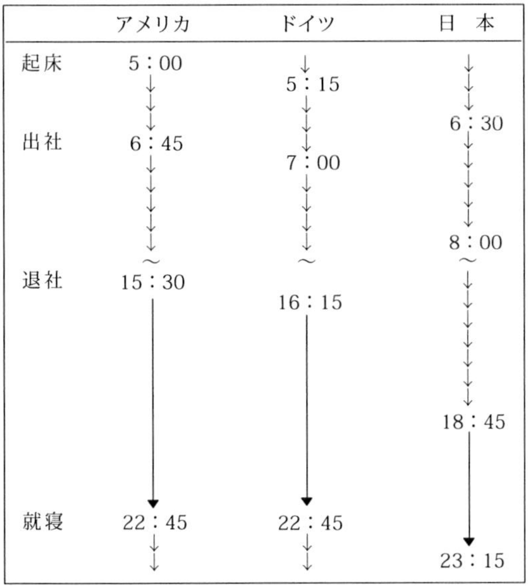

図1-3　平日の生活リズムの基本パターン

注：時間は、行為者比率60%超の時間帯を表示。
出典：小林，1998，p 82より転載。

16時過ぎにかけて退社した後，23時少し前に就寝するまで約6時間半から7時間程度ある（図1-3）。つまりアメリカやドイツでは平日の継続した6.5〜7時間を退勤後に自由に消費することができるのである。6.5〜7時間あればその時間のなかで，スポーツ，学習・研究，社会的活動，趣味・娯楽，そして旅行・行楽の準備や旅行後の振り返りの時間をとることも可能である。ここで地球と太陽の位置関係を思い出せば，人々が活動的になる夏の時期に，北緯が高い地域では日没の時間が遅く，つまり夜遅くまで戸外が明るいといった地理的背景も伴う。一方日本の場合，平日の自由消費可能時間は，19時少し前の退社の後，23時過ぎに就寝するまで4時間強しかなく，さらにこのなかに長い通勤時間を含んでいる。帰宅後夕食をとり入浴をすれば，ほどなく就寝の時刻である。日本の，他国に比較して遅い出勤時間と，職場滞在時間の長さ，そして遅い退社時間が，平日の生活リズムを，ゆとりのないものにしている。十分に休息がとれない平日の影響を受け，週末にはまず休息が必要ともなる。これでは旅行・行楽もその準備も家族の会話も遠のいてしまう。

日本とアメリカの拘束労働時間の長さは，よく見ればあまり差がない。しかし日本の終業時間の遅さは，始業時間の遅さに起因している。しかも日本では引き続き残業が現状である。小林は提案として①日本の仕事の始業時間を早くすること（それに伴い，終業時間を早くすること）を提案している。それでも日本のサラリーマンは暗くなるまで帰宅しないであろうと反論が出るとすれば，次案として②「毎日1時間程度早く出勤して，その分で週の半ばの水曜日を半ドンにする」ことを提案している。「時短の提案はすなわちコスト増」と身構える会社経営側の論理に対抗する案である。

また1日ではなく「1週間」のなかの休日の自由消費可能時間であるが，これは週休2日制が導入された職場ではどの国でも48時間で同様であり，年間で104日となる。図1-4に自由消費可能時間の「年間」パターンを示す（吉田，2007）。他国に比較して非常に少ないのが年次有給休暇日数である。日本では有給休暇の消化は，“放棄可能な（放棄しても労使双方へ罰則のない）”「権利」であり，実態として消化率は例年半数を下回っている。調査・報道で繰り返し指摘されている通り，年次有給休暇の実質取得日数は年間10日を下回る（松原，1996）。日本では有給休暇制度と別に傷病のための休暇制度が整えられておらず（傷病のために有給休暇を消化することが禁止されておらず），従って，自分自身や家族の傷病のために，有給休暇取得をある程度の日数以上残しておく場合も多いうえ，有給休暇を全日取得する「権利履行」に対しては職場風土が抑制的に働くことが少なくない。前述のとおり，権利であるが放棄は可能と（あるいは「放棄」することが「義務」とさえ）みなされているのが実態なのである。

働く大多数の日本人が現在，脇目もふらず仕事に一生を捧げそれを幸せとする価値観を持っているとは考えられない。「仕事に全力を傾ける」仕事志向の割合は逆に，5割から3割へと減少しており，一方で「仕事よりも，余暇の中に生きがいを求める」余暇志向の割合は男性で，1970年代の2割から2000年には3〜4割と増加している（5年ごと5,000人対象の「日本人の意識」調査によ

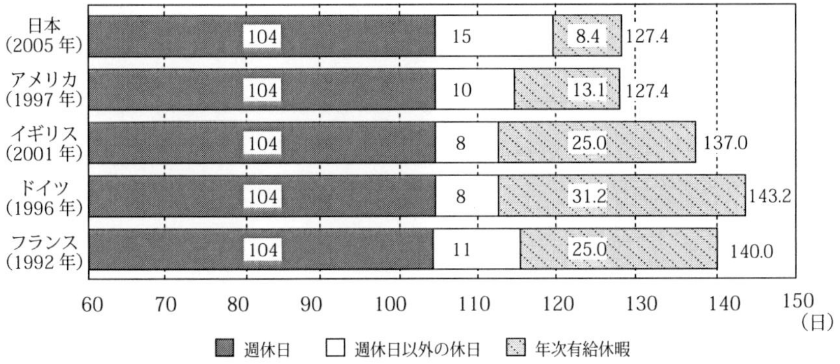

図 1-4　年間休日日数の国際比較

資料出所：厚生労働省「平成 16 年就労条件総合調査」（2004），ＥU及び各国資料より厚生労働省労働基準局監督課推計（日本以外の年次有給休暇は付与日数を示す。欧米においては年次有給休暇は「完全取得」が原則である)。

出典：吉田，2007 より転載。

る。NHK 放送文化研究所，2004)。にもかかわらずの長時間労働とゆとりのなさ，そして休暇の少なさが実態である。

長い人生の暮し方の一つの選択肢は，若い時代に平日連日勤務時間終了時刻を超えて長時間にわたり職場で過ごし，夜遅く帰宅して家族と過ごす時間も少なく，週末は疲弊，といった日々を 40 年間続け，そして幼かった子どもも手元を離れてやがて老後を迎えるとき，気力や活動範囲には制限が出てくる一方で若い時代に培った余暇資源も人間関係も，家族の思い出も少ない老後。暮し方のもう一つの選択肢は，子育てを含む若い時代の平日の勤務日に，できるだけ労働生産性を上げ仕事を早く終わらせ，平日に勤務時間後の家族との時間など自由時間を大切にする日々を過ごし，週末の時間や休暇の旅行も充実した日々を 40 年間続け，そして人間関係や興味の広がりや趣味，家族との沢山の思い出ほか様々なものを懐に持った状態で迎える老後（OECD 加盟国 34 カ国中 20 位—2010 年—と低かった日本の労働生産性がより高められた社会)。在職期間中に前者のような生活が約 40 年続く人生と，後者のようは生活が約 40 年続く人生と社会では，退職を迎える時点までに培うもの，充実感，そしてその後も，ずいぶんと異なったものとなることは容易に想像がつこう。

ここで観点を変え自由時間の経済効果についてみてみよう。試算によれば，一人あたり年間 9 日を，非農林業の雇用者総数（約 4700 万人）に乗じると年間で「4 億日」の年次有給休暇が放棄されている計算となり，これらが完全取得された場合の経済波及金額は 11.8 兆円，150 万人の雇用創出となる（経済産業省・国土交通省・財団法人自由時間デザイン協会，2002）。フランスで 1936 年，レオン・ブルム内閣時にいわゆる「バカンス法」があえて制定されたのは，大恐慌後の長引く不況時であり，これがフランス経済の回復に波及効果があったこと（観光地域経済フォーラム，2009）をいま一度思い出したい。

日本の現状では有給休暇取得日数は規模の大きな企業では多く，規模の小さな企業では少なくなっている。規模の小さな会社の労務管理に対して，オーナー社長の味方として実務的な助言をしている福田（2007）は，労働基準監督署の調査が入る場合，年次有給休暇を取得させるように指導されることを指摘し，年次有給休暇を順番に取れる会社にしていくしかなく，“あせらず”に経営努力する項目の一つ，と指摘している。

日本の取得休暇は連続しておらず細切れであることも特徴である。年間最低 2 労働週の連続休暇等を内容とする，ILO132 号条約を批准している国々（ドイツ，スウェーデンほか約 30ヶ国が批准）とは異なっており，国内の独自の取り決めも（たとえばフランス，アメリカやイギリスのようには）整備されていない。かろうじてハッピーマンデーのかたちで土曜・日曜・月曜の 3 連休が 1 年に数回提供されるが，人々にとってそれらの 3 連休は多数国民の一斉休暇であるぶん交通機関・宿泊施設ともに料金は上昇し，観光地は混み合う。ゴールデンウィークや年末年始，夏のお盆の時期も同様である。

以上のような結果として自由消費可能時間の年間パターンは，旅行・観光の大きな制約（コンストレイント）となっている。このため，生涯のうちいわゆる働き盛りの時期は自由消費可能時間が少ない「生涯」パターンのため，旅行・観光は困難，あるいはごく短期間となりがちである。

このような時間コンストレイントのほかに，日本人の場合，職場の人々や家族など，身近な周囲の人々に「遠慮」することがさらにコンストレイントとなり，自由時間活動が望むようなかたちで行えないことを，片山（2006）は調査により指摘している。

(3) 制約条件を超えて旅行がリピートされるとき

前項で，自由消費可能時間に制限があることにより観光行動が制限されがちであることを確認した。しかし一方で，旅の価値観に関する全国調査によれば（「レジャー白書」2007），「効率よくまわる」よりも「のんびり滞在」を新しい旅の価値観とする人々が多い（約６割）。のんびり滞在する旅行の潜在需要は高いとみることができよう。

では実際に日本人の「のんびり滞在」の旅行は実現可能であろうか。

沖縄県が実施した「航空乗客アンケート調査」を分析して安達（2006）は，沖縄訪問観光客は現地訪問回数が増えるに従い，「観光地巡り」「戦跡地参拝」「ショッピング」の比率が減少し，他方で「保養・休養」「ダイビング」「ゴルフ」などの比率が増加していることを指摘している。これは言いかえれば，現地訪問回数の増加に従い「観光地巡回型」が減り「滞在型」観光が増えているということであり，「レジャー白書（2007）」が示唆した潜在需要の変化（「効率よくまわる」から「のんびり滞在」へ）と対応する実態がみられるということである。国外旅行においてしばしば，日本人は観光好きで忙しく動き回るといわれるが，この調査をみると，同一地への観光を繰り返すにつれ，滞在を楽しむ型の観光となることがみてとれる。リピート旅行客の調査は「もしも旅行に関する制約条件がないとすれば（あるいは，制約条件を乗りこえることができる人々であれば）」どのような観光形態が可能であるかを示唆するものであり，老若男女にかかわらず，まずは「リピート旅行客」に焦点をあてて，一般法則を導こうとする研究視点といえる[7]。

たとえば健康に関する研究でいえば，人々はいかにして疾病となるかという「疾病生成論」の立場でも研究ができる一方で，（一部の）人々はいかにして（同じく悪しき環境にあっても疾病とならず）健康でありうるかという「健康生成論」の立場でも研究ができる。これと同様に，観光に関しても「コンストレイント（制約条件）があるためにいかに観光ができないか」との「観光抑制論」の立場でも研究ができるが，「人々は，コンストレイント（制約条件）を超えて，いかに観光をするか」を研究し明らかにする「観光生成論」の立場もありうる。

健康行動の促進の場合であれば，それに無関心の段階から関心を持ち準備，実行，維持に至る「理論横断モデル」が存在し（プロチャスカ，1995），日本では竹中ら（2005）の実践の蓄積がある。このモデルはまず働きかけようとする対象者がどの段階にあるかを判断し，その対象者に適切な形であつらえられテイラー化される変容モデルであるため，有効性が高い。

ただし健康行動と，観光を含む自由時間行動とでは，行動変容の様子や経験の蓄積の重要性に違いがある。そのため観光を含む自由時間行動全般の促進に応用して筆者は，ピット・イン（PIT-In）モデル（活動に無関心の状態から，興味を持ち，試行し，習慣化に至るモデル）を提唱したい。

これは当該の活動（観光等）に「(1) 人々が興味を持たない段階（**P**illow; 枕上)」「(2) 興味を持つが行動には至らない段階（**I**nterest; 興味)」「(3) とりあえず1度してみる段階（**T**rial: 試行)」「(4) 実際にそれを（定期的に，または不定期的に）している段階（**In** the habit; 習慣化)」の4段階に分けることで，その人の現在の関心・実行段階を，御本人の眼にも見える形で整理し理解をすすめようとするものである（図1–5)。このうち「(4) 習慣化」の段階はさらに，その活動に「没頭（**D**evotion)」する段階，定期的に行動する「習慣層（**H**abit)」の段階，不定期的ではあるがたまに活動を行う「浮動層（**B**oundary)」の段階，1度してみて楽しさに気づきはしたがその後は行動をしない「楽しさへの気づき（**A**wareness)」の段階，と分けることができる。

日本人の海外旅行の潜在需要の高さは，この図でいえば，とりあえず一度行ってみるという「試行（Trial)」段階以前の，「興味（Interest)」段階に大多数がとどまっており，定期的にリピートするような「習慣化（In the habit)」の段階からはほど遠い。「興味（Interest)」から「試行（Trial)」へと進ませる要因，

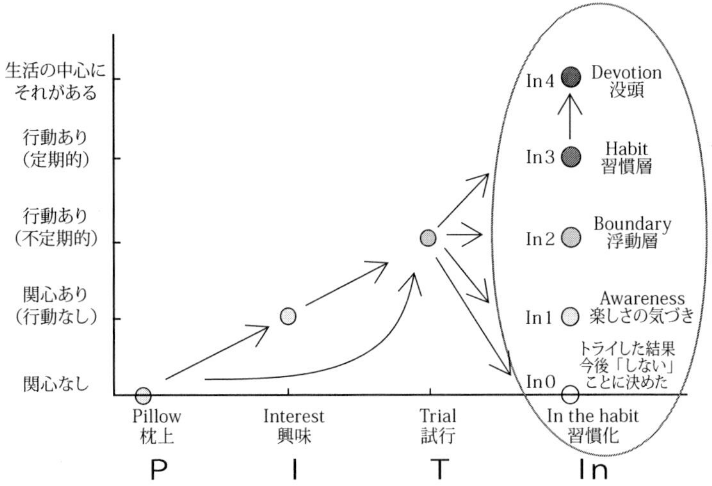

図 1-5　趣味の開始に関する PIT － In モデル

さらに「習慣化（In the habit）」の浮動層（1 度は行ったがその後，繰り返しは行かない状態），さらには定期的に行く習慣層の段階それぞれへの促進要因や，それぞれの段階に特有の心理状態は異なっている。それぞれの対象ごとに，促進要因や心理状態についての実証的研究とそれらの統合，そして理論化をすすめることは，当事者の自己理解のためにも，また促進的な働きかけをしたい人々のためにもプラスとなる。

またライフステージにより，自由裁量時間もまた移動可能範囲も異なる。片山（2002; 2003）は，自身の作成した心理尺度である自由時間志向性（刺激志向性）とデモグラフィック（人口統計的）データを同時に分析することにより，それらが観光行動や地域振興活動と関連していることを示している[8)]。具体的には，観光関連行動（観光に出かけていない時期の自由時間消費パターンを含む）のパターンを国内教養旅行派，国内行楽娯楽旅行派，海外旅行派，自然志向旅行派とパターン化して，ライフステージそして生活上の負荷の有無との関連で分析を行っている。先に紹介したフローの概念により分析すれば，リラックスした観光を好むライフステージ・家族形態（子どもの小さな家庭，男性で就業時間が長く自然に触れる観光をする層，等）と，旅行を挑戦の場とみなしフローを目的とするライフステージ・家族形態（若年層や１人暮らし等）があると考えることができる。

今後この観光行動の分野では，世代を超えて実証が可能なようなデータ収集方法と，そのための共通手続きの作成が期待される。一般に，大学に所属する研究者による質問紙調査では，対象を大学生とすることがしばしば批判を受けるが，日本では整備が関係者の努力によりすすめられているデータアーカイブ（http://ssjda.iss.u-tokyo.ac.jp/）の利用，そして理想的にはデータの寄贈が，今後一層普及することが望まれる。このデータアーカイブでは，質問項目は限定されているとはいえ，各世代の大規模サンプルについて，独自のデータ分析が可能である[9)]。調査の実施には少なからぬ費用がかかるゆえ，自作の質問文・選択肢により調査をする場合は規模の比較的小さな調査が行われることは珍しくない。また大学に籍をおく研究者であれば大学生を対象とする調査も行われる。例えば大学生対象の調査であっても，その知人にも回答を依頼するスノーボール法により，様々な年齢層からの回答を得ることも不可能ではない。観光行動といった，一般に人気の高い事柄をテーマとする調査であれば，回答の協力は比較的得やすいのではないかと考えられる。ただし学生と教員，といったしばしば力関係の発生する間柄の場合には，調査依頼がパワーハラスメントとならないような，強制力をもたない自主的協力を得られるような依頼の方法を確保することは，研究倫理上，当然留意すべき事柄である。

また先述の安達が，沖縄県の観光統計の整備が進んでいたために分析・推計が可能となったと指摘するように，国内であれば各都道府県等，地方自治体による観光統計の整備と公開も，早急に求められる事柄である。

3　観光行動の研究の視点――自由時間行動研究を参考として

２節において，制約条件，コンストレイントが人々の旅行・観光行動を大きく左右することを確認した。とはいえ観光行動が制約条件によってのみ左右さ

表 1-2 レジャー研究の統合（レクリエーション・システム理論の枠組みに基づいて）

		システムのカテゴリー		
〈A〉	分析モード	作用 (Function)	メカニズム	キャパシティー
	生物的	健康 ウェル・ビーイング	心理－生理学的研究 覚醒	遺伝学的根拠を持つ個人差 (例：気質、身長等) 性別、年齢
	社会的	社会的構造、文化、経済、 ボランティアイズム	社会的ネットワーク、 組織、小集団、家族、役割	階層、ジェンダー、 ライフコース、 コンストレイント（制約条件）
	心理的	自己実現、自己アイデンティティ	記憶と注意、スクリプトとプラン、フロー	パーソナリティー特性 (例：内向性)
〈B〉		第7章 レジャーへの動機づけと満足 第 10 章 レジャーの心理的利得 —概念・理論・証拠— 第 11 章 他の生活領域におけるレジャーの利得	第4章 心理状態および経験としてのレジャー 第5章 認知された自由と内発的動機づけ 第8章 社会化とレジャー志向の発達	第6章 パーソナリティとレジャー 第9章 生涯にわたるレジャー行動 第 12 章 レジャー・コンストレイントの調整と レジャー・アフォーダンスの創出

注 1：<A> 部分は More & Averill(2003) より一部抜粋，<B> 部分は More & Averill の 3×3 の枠組みに沿い，Mannell & Kleiber, 1997 の章立てを片山が整理したものである。

注 2：More & Averill 自身が指摘するように，<A> 部分の各カテゴリーは互いに背他的ではなく，オーバーラップする部分がある。

注 3：<B> 部分は各章で重点がおかれている内容に沿って，3 つのカテゴリー のいずれかとして分類したが，実際には各章は他の 2 つのカテゴリーの要素を含んでいる。なお生物的・社会的・心理的，の要素は各章内に混在することから，これらの区分は行わなかった。

れると考えることはもちろん適切ではない。

ここでは，観光行動・自由時間行動の発生条件についての，理論的研究についてみる。

モアとアヴェリル（More & Averill, 2003）は，自由時間行動を分析する際のモードを生物的モード，社会的モード，心理的モード，の 3 つに分け，3 つそれぞれの側面において，第 1 にレジャーの「作用（Function）」はどのようであるか，第 2 にどのようなメカニズム解明がなされているか，第 3 に，3 つそれぞれの側面においてレジャーの前提／背景となるキャパシティーにはどのようなものであるかを整理している（表 1-2. A 部分）。

まず第 1 の「作用（Function）」を主とした研究とは，人々が自由時間活動に参加することの作用（effect）について検討することである。この検討を，生物的自己にとっての作用，社会的自己にとっての作用，心理的自己にとっての作用，それぞれについて行う。

第2の「メカニズム」を主とした研究については，ある自由時間活動に関して，その活動機会，活動上のルール，活動を共にするクラブの存在，家族や友人からのサポート，社会的ネットワーク，等を変数として組み入れ研究することになる。これは「社会的」メカニズムの解明となる。社会的メカニズムではなく「生物的」メカニズムの場合，典型的には覚醒と自由時間行動の生起に関する研究がこれに相当する。「心理的」メカニズムの研究としては，1節に示したチクセントミハイのフロー理論等がその例であり，観光研究における前田(1995) の，緊張感と解放感のモデルも心理的メカニズムの例である。

第3の「キャパシティー」を主とした研究とは，自由時間活動を行うにあたって，何ならば可能であり，逆にいえば何は可能でないか，を説明する研究である。

そしてモアとアヴェリル (2003) は，このような3つの側面（作用・メカニズム・キャパシティー）を区別するレクリエーション・システム理論が，どのようなレクリエーション活動であっても，その組織的な分析に際して有効なガイドラインとなるであろうと述べている[10)]。

心理学そして社会心理学の分野においては，自由時間行動に関する研究は比較的新しい分野であり（マンネルとクリーバー，2004)，日本においてもそれは同様である（速水，2004)。そこでこの領域の諸研究が体系的にまとめられているマンネルらの書籍の章立てを，モアらの研究枠組みにあてはめてみると，表1-2.〈B〉部分のようになる。

観光行動研究を作用（Function)，メカニズム，キャパシティーの観点から，また生物的，社会的，心理的側面からみることは，実務に携わる行政や企業の方々にとっては，通常業務を振り返る際のヒントとなろうし，研究者にとっては，なぜ自身が現在のその立場から研究しようとしているのかを今一度考えるよい機会ともなろう。

自由時間行動・レジャー行動の研究と，観光行動の研究とは，まだ十分に橋渡しがなされているとは言い難い状況である。さらにこれら双方に関連の深い心理学・社会心理学分野の研究者は，既に自由時間行動・レジャー行動・観光行動を分析できるような心理変数を数多く研究していながら，それらが研究対象領域としては確立がされていない状態である。今後，心理学・社会心理学分野の研究者による自由時間行動・観光行動研究と，自由時間行動・観光行動研究者による心理学・社会心理学的な研究がすすむことにより，相互の交流とこの領域の研究の今後の進展が期待される。

引用文献・注：

1）梁塵秘抄（1957）：後白河天皇編著，佐々木信綱校訂（新訂）岩波書店。

2）上田設夫（2001）：『梁塵秘抄全注釈―新典社注釈叢書 10』新典社，pp.375-376。遊ぶ子どもの声に感慨をおぼえているのは老人との説，遊女との説等がある。

3）プラトン（1993）：『法律（上・下）』岩波書店（底本：バーネット版プラトン全集 J. Burnet, Platonis Opera, 5 vols., Oxford Classical Texts，森進一・池田美恵・加来彰俊訳）。

4）Huizinga, Johan（1958）：*Homo Ludens-Proeve eener bepaling van het spel-element der culture,* Tjeenk Willink & Zooon, Haarlem（ホイジンガ（1973）：『ホモ・ルーデンス』中央公論社，高橋英夫訳，p.436)。

5）ただしこの研究手法の限界については，片山（2007）を参照のこと。

6）Ellis, M. J.（1973）：*Why People Play,* Prentice-Hall, p.4,（M. J. エリス（2000）：『人間はなぜ遊ぶか―遊びの統合理論』黎明書房，森林・大塚忠剛・田中亨胤訳，p.18)。

7）ただし人々によって旅行パターンの嗜好には差異がある。安達と同じく財団法人日本交通公社の黒須・小林（2005）のインタビュー調査によれば，時間の制約が少ない（あるいは時間をつくることのできる）リピート旅行客（沖縄に限定されない）についてインタビュー調査をした結果，「紀行・観光」タイプ，「旅は人生」タイプ，「旅は戯れ」タイプの３つのパターンを析出している。

8）自由時間志向性／刺激志向性の尺度はその後，刺激回避の中核を「解放感」とする改訂が行われている。

9）参考までにＳＳＪで 2007 年９月時点で，質問票に「旅行」が含まれる公開データは 198 件にのぼる。また国際比較調査の２次データ分析利用についても検討の余地があろう（ICPSR, http://www.icpsr.umich.edu/ や ICPSR 国内利用協議会, http://ssjda.iss.u-tokyo.ac.jp/icpsr.html 等を参照）。

10) More & Averill は，作用（Function），メカニズム，キャパシティーをそれぞれ，アリストテレスの目的因（final causes），始動因（efficient cause），形相因（formal cause）にそれぞれ相当すると考えている。

引用・参考文献：

安達寛朗（2006）:「リピーターに着目した沖縄県の観光客の将来予測に関する研究」日本観光研究学会全国大会学術論文集，21，pp.201-204.

NHK 放送文化研究所編（2004）:『現代日本人の意識構造（第 6 版）』日本放送出版協会.

片山美由紀（2006）:「自由時間活動におけるコンストレイント（制約）と潜在希望活動の関連—各世代男女の生涯学習調査から」東洋大学社会学部紀要，44 (1), pp.103-113.

片山美由紀（2002）:「祝祭・獲得・刺激回避志向が観光行動に及ぼす影響—国内教養旅行派，国内行楽娯楽旅行派，海外旅行派，自然志向旅行派—」日本観光研究学会全国大会研究発表論文集，17，pp.29-32.

片山美由紀（2003）:「地域の連帯／振興活動への参加に影響を及ぼす push 要因の分析—生涯学習活動の実態調査から—」日本観光研究学会全国大会研究発表論文集，18，pp.89-92.

片山美由紀（2007）:「〈遊び〉概念の各言語系表現にみる遊びの内包感情—〈ホモ・ルーデンス〉を手がかりとして—」人間科学総合研究所紀要，7，pp.277-287.

観光地域経済フォーラム :「〈休暇〉から〈休活〉へ—有給休暇の活用による内需拡大・雇用創出」財団法人日本生産性本部余暇創研.

黒須宏志・小林英俊（2005）:「海外旅行リピーターの欲求心理からみたリピーター形成要因分析」日本観光研究学会全国大会学術論文集，20，pp.1-4.

経済産業省・国土交通省・（財）自由時間デザイン教会（2002）:「休暇制度のあり方と経済社会への影響に関する調査研究委員会報告書」.

小林良暢（1998）:「第 II 部第 2 章　生活のリズムとやすらぎ」，矢野眞和・連合総研『ゆとりの構造—生活時間の 6 か国比較』日本労働研究機構，pp.79-91.

財団法人社会経済生産性本部（2004）:『レジャー白書—特別レポート；余暇需要の変化とニューツーリズム—』ほか.

財団法人社会経済生産性本部（2007）：『レジャー白書―特別レポート；グラン・ツーリズム―もう一つの観光立国―』，p 14ほか.
総務庁統計局（1991，1996，2001，2006）：社会生活基本調査報告.
竹中晃二編，財団法人日本体育協会監修（2005）：『身体活動の増強および運動継続のための行動変容マニュアル』ブックハウス・エイチディ.
チクセントミハイ, M. 今村浩明訳（2000）：『楽しみの社会学』新思索社（Mihaly Csikszentmihalyi（1975）：*Beyond Boredom and Anxiety,* Jossery-Bass Inc. Publishers）.
プロチェスカ（2005）：『チェンジング・フォー・グッド―ステージ変容理論で上手に行動を変える』法研（Prochaska, James O., Norcross, John C. and Diclemente, Carlo C.（1995）：*Changing for Good*, William Morrow Paperbacks）.
ミハイ・チクセントミハイ，ジーン・ナカムラ（2003）：「フロー理論のこれまで」，今村浩明・浅川希洋志編『フロー理論の展開』世界思想社，pp.19-20.
速水敏彦（2004）：「監訳者あとがき」，マンネル&クリーバー『レジャーの社会心理学』世界思想社，pp.371-372.
福田秀樹（2007）：『監督官がやってくる！　小さな会社の労基署調査対策』日労研.
前田勇（1995）：『観光とサービスの心理学―観光行動学序説』学文社.
松原亘子（1996）：『ゆとり休暇のすすめ』労務行政研究所.
マンネル，クリーバー（2004）速水敏彦監訳：『レジャーの社会心理学』世界思想社，p.vii（Mannell, R. C. and Kleiber, D. A.（1997）：*Social Psychology of Leisure.* Venture Publishing）.
吉田和央（2007）「時短先進国ヨーロッパの現実」Business Labor Trend.
Gilmore, J. B.（1966）Play―“A Special Behavior,” in Haber, R. N. (ed), *Current Research in Motivation*. Holt Rinehart & Winston, pp.343-355.
More, Thomas, A. & James R. Averill（2003）“The Structure of Recreation Behavior,” *Journal of Leisure Research*, vol. 35 (4), pp.372-395.

第2章　観光者の欲求・動機とパーソナリティ

はじめに

旅行をするときに観光者が行う多くの決定や実際の行動を規定する要因は多種多様である。ところが，旅行で「どこに行くか」，「何をするのか」といった意思決定や行動の説明には，これまでは観光者の年齢，性別，職業，収入などの人口学的な要因が用いられることが多かった。しかし，最近では人口学的な要因ばかりではなく，心理学的要因も観光者の意思決定や実際の行動に影響を与えることを示す研究が数多く行われている。たとえば，観光者を旅行へと駆り立てる「欲求」や「動機」，あるいは観光者の「パーソナリティ」が観光者の意思決定や実際の行動を説明し，予測することが示されている。そこで本章では，観光者の意思決定や実際の行動を心理学的要因から説明する理論や最近の研究を紹介する。さらに，こうした心理学的要因をどのように活用することが，実際の観光に役立つのかについても言及していく。なお本章では，特に断りがない限り，旅行を観光旅行と同義のものとして記述していく。

1　観光者の動機と欲求

(1) push 要因と pull 要因

人を旅行へと駆り立てる動機や欲求を探ることは，観光を考える上で非常に重要な事柄であることが指摘されている（前田，1995; 佐々木，2000，2006; 片山，2006）。観光者が何を求めているのかを明らかにする枠組みを構築することは，観光学を研究する立場にある者にとっても，また観光産業に直接携わっている者にとっても，重大な関心事である。

観光者の動機や欲求を理解する枠組みの一つとして，現在最も一般的に用いられているのは，「push 要因」と「pull 要因」から観光者の動機・欲求を説明しようとするものである。「push 要因」とは，「旅行という行動を人に起こさせる個人的要因」であり，「発動要因」とも呼ばれる。佐々木（2000）によると，人を旅行に向かわせる欲求，すなわち push 要因は，大きく２つに分けられるという。一つは旅先での新しい経験や珍しい経験を求める「新奇性欲求」であり，もう一つは休養やリラクゼーションを求める「逃避欲求」である。この分類は大雑把なものではあるが，人が旅行をする理由，旅行に求めているものを端的に表していると言えるであろう。

一方，「pull 要因」とは，「人をある特定の場所に向かわせる要因」であり，「誘引要因」とも呼ばれる。たとえば，美しい自然の情景や魅力的な娯楽施設は，人にその場所に行ってみたいという欲求を起こさせる。ミル（Mill, 1990）は，旅行先の特徴を「太陽・海・リゾート」，「風景」，「動物」，「温泉・健康リゾート」，「都市的魅力」，「地方的魅力」，「スポーツイベント」，「（地域の気候や歴史・文化的背景を利用して）計画的に開発された魅力」の８つに分類している。これらの観光地の特徴は，その場所へ行ってみたい，その土地固有のイベントを経験したいという欲求を引き起こす pull 要因であると考えられる。

旅行に行くという行動の背景には，以上の個人の内的な push 要因と旅行先の pull 要因の両方が存在している。push 要因によって「旅行」をすることが決まり，pull 要因によって「どこ」に行くかを決定することがあれば，また，pull 要因によってある「特定の場所」への魅力が高まり，push 要因が刺激され，「旅行」に行くことが決まることもある。こうした決定プロセスについて一般化がなされていくことが今後の課題であろう。

(2) 旅行動機・欲求の多様性と測定方法

観光者の動機や欲求を体系的に考えることは観光を理解していく上で必須な事項である。しかしながら，観光者の動機や欲求を研究するには，人の欲求の幅広さとそれらを測定する上での方法論的困難さが伴うのも事実である (Pearce, 2005)。観光者の動機や欲求は，非常に多様であり，そして観光者は複数の動機や欲求を満たすように行動する。そして，このように多様な観光者の動機・欲求をいかに測定するかは，観光者の動機や欲求を研究する上で大きな問題となってくる。

観光者の動機や欲求を測るために，ピアス（Pearce, 2005）は，既存の観光についての文献から 143 個の動機に関わる項目を抜き出し，それらの中から内容が重複するものを除いた 74 個の動機項目を選び出し尺度化している。この尺度に関する調査を，北オーストラリアの観光者（国内観光客と国外観光客の両方を含む）を対象に実施し，最終的に 14 の旅行動機の因子を抽出した（表 2-1)。さらに彼はこうした動機をまとめ「新奇性」，「逃避・リラックス」，「関係性（強化)」が，観光者の旅行動機の根幹を成すものであるとしている。これ

表 2-1　ピアスの旅行動機尺度から抽出された 14 の旅行動機因子

因子名	内容
新奇性	・非日常的な経験や楽しい経験をする
逃避・リラックス	・日常のルーティンや生活の精神的・身体的ストレスから解放される ・休養する
関係性（強化）	・同行者である友人や家族との絆を深める
自律性	・一人の人間として独立する
自然	・美しい自然を鑑賞したり、体験したりする
自己発達（現地体験）	・異文化を体験したり、現地の人々と触れ合うことで、新たなことを学ぶ
刺激	・未知のことを学んだり、スリルや興奮を体験する
自己発達（個人的発達）	・自己の興味や能力、スキルを確認し、高める
関係性（安定）	・類似した価値観や興味を持った人々と知り合うことで、所属意識を高める
自己確認	・自分の内面についての洞察を深める
孤立	・対人的ストレスやプレッシャーを避け、一人でいることを楽しむ
郷愁	・懐かしい過去の記憶を思い出す
ロマンス	・恋愛をする

出典：Pearce (2005) より筆者訳。

らの３つの要因は，観光者の旅行経験にかかわらず重要視される共通の要因であると考えられる。

また日本では，佐々木（2000）が，フォッドネス（Fodness, 1994）の類型に基づき，観光者の旅行動機を，「新奇性欲求」と「逃避欲求」の大きな区分からさらに細かく検討し，「緊張を解消する（緊張解消）」，「楽しいことをする（娯楽追求）」，「人間関係を深める（関係強化）」，「知識を豊かにする（知識増進）」，「自分自身を成長させる（自己拡大）」の５つにまとめている。

いずれの研究においても，人が旅行をする動機として，①日常生活のストレスから解放されること，②新しい経験をすること，③同行者との関係を深めること，④精神的・能力的に自分を成長させることが挙げられており，これらが大まかな観光者の旅行動機・欲求であると考えられる。そして，観光者一人ひとりの旅行動機は，これらの様々な動機の組み合わせによって成り立っており，観光者が旅行に何を望むかは，その組み合わせによって異なってくる。

(3) 個人・集団による旅行動機・欲求の差異

以上のように，人が旅行をする理由は千差万別である。このような多様な観光者の動機や欲求を理解していく上で，従来から研究されてきたのが観光者の年齢，性別の違い，すなわちデモグラフィックな観点からのアプローチである。たとえば，女性は「身体的なリラックス」，「精神的なリラックス」，「他者との経験の共有」を旅行の動機として報告する傾向がある（Ryan, 2002)。また，スモール（Small, 2002）は，年配の女性にとっては，家庭に関する精神的・身体的な負荷からの解放が，良い休暇旅行経験の第一要素であると示している。つまり，一般的に女性は佐々木（2000）で言うところの逃避欲求が男性よりも強いと言われている。

また，年齢層と旅行動機との関連においては，若年層では「日々のストレスの解消」や「決まりきった生活からの脱却」といった旅行動機が強く，中高年層では「スケールの大きな自然の体感」や「有名な遺跡や歴史的建造物の鑑賞」といった旅行動機が強いことが指摘されている（林・藤原，2005)。

観光者の中でもユニークな旅行動機を持っているのが「バックパッカー」である。バックパッカーはアジア太平洋地域における主要な観光者区分の一つであり，オーストラリアでは外国人観光者のおよそ12%がバックパッカーであるという報告がある（Buchanan & Rossetto, 1997）。バックパッカーは，宿泊は安く済ませ現地での経験にお金をかけ（Pearce, 1990），自主的に計画したフレキシブルな旅行スケジュールを好み，社会的志向が高く，現地での様々な活動に積極的に参加するという特徴を持つ。バックパッカーは，「人生の移行期」とされる大学卒業後や離職後に旅に出ることが多く（Riley, 1988; Desforges, 2000），他の観光者と異なり，旅先での非日常的体験を通じて，人生における新たな価値観を得ることや自己の成長を望む。つまり，佐々木（2000）が言う新奇性欲求の強いグループであると考えられる。

林・藤原（2004）は，観光者を，バックパッカーに代表される旅行期間が3ヶ月以上の「長期旅行者」と旅行期間が3ヶ月未満の「休暇旅行者」に分類し，両者の旅行動機の違いを検討した。休暇旅行者は，現実逃避や気分転換を目的とした「解放動機」や買い物や美味しい物を食べるといった「娯楽的動機」が強く，同行者との親睦を深めることも旅行の目的として比較的大きなウエイトを占めていた。その一方で，長期旅行者はこれまで自分が触れたことがなかった文化や民族，生活に触れたり，雄大な自然を見たりする「見聞動機」やそれらを五感で体験したいという「体感動機」が強く，旅行経験を通して自分探しや自己の成長を望む「精神的動機」も高いという。

(4) 旅行動機・欲求と旅行目的地

また，旅行の目的地によっても，観光者の旅行動機は異なってくる。旅行の目的地が文化的・歴史的価値の高い場所である場合，そこを訪れる観光者は教養を深めたいという動機が強いと推測される。目的地が景勝地や美しい自然の残された地である場合，そこを訪れる観光者にとっては，自然を体験することが重要であろう。あるいは，都市を訪れる観光者にとっては，買い物やアミューズメント施設で遊ぶことが旅行の動機となると思われる。たとえば，ヨーロッパに向かう観光者は，博物館や美術館を訪ねるといった知的好奇心を満たそうとする動機が強く，オセアニア地方に向かう観光者は，自然を体感しようとする動機が強いという（林・藤原，2005)。

このように，観光者の動機は旅行地の特徴と強く結びついている。そのため，観光事業発展のためのマーケティングあたっては，旅行地の持つ特徴を考慮する必要がある。たとえば，花井他（Hanai，Okamoto，Shimizu，& Oguchi，2004）は，東京都内の新宿地区に地域焦点を絞り，そこにあるホテルの特徴と実際の予約件数の関連を検討している。その結果，新宿地区のホテルでは「当日予約が可能」や「駅から徒歩５分以内」といった利便性を示すサービスや特徴が人気の高さと関連していることが示された。新宿は日本でも有数の商業，ビジネスの集積地域であり，ビジネス目的の旅行者が多いが，都内の買い物スポットや都内のアミューズメント施設などでの観光を目的としている観光者も多い。このような新宿を訪れる旅行者，観光者の動機・欲求を満たすには，ホテルの利用可能性の高さやアクセスの利便性が重要となってくる。実際，花井他（2004）の研究では，新宿地区という地域の特徴とそこを訪れる旅行者，観光者の旅行動機・欲求との関連が，実際の観光者のホテル選択という観光行動にも関連していることを示している。この研究結果は，新宿地区という特定の地域に存在するホテルが対象であるという限定があるが，新宿を典型的な集積地域と考えると，結果を都市一般に敷衍することが可能であろう。

しかしながら，旅行先とそこを訪れる観光者の動機の関連については，その土地の持つ固有の地域的特性が訪れる観光者の特定の動機を強めるのか，ある特定の動機を強く持った観光者がその場所を訪れるのかは定かではない。モスカルド他（Moscardo，Pearce, & Morrison，1996）は，動機が観光者の旅先での活動や目的地での期待，目的地の選択に影響を与える要因であると指摘している。動機や欲求といった観光者の内的要因が，どのような場所を旅先とするかの選択に関わることは，実際の目的地選択行動からも容易に推察されよう。たとえば，冒険好きで刺激的な旅行を望む人は，野生動物と触れ合える場所や異文化を経験できる場所を目的地に選ぶであろう。おそらく，観光者の動機が目的地の選択に与える影響と目的地が観光者の動機に与える影響は排他的なものではなく，相互作用的に影響しあっていると考えられる。ある特定の動機を強く持っていれば，それが目的地の選択に影響を及ぼすであろうし，事前に特定の動機を強く持っているわけでなくとも，目的地が決定すれば，それに関連した動機や欲求が強まることもある。こうしたプロセスについても検討していく必要がある。

(5) 旅行動機・欲求とトラベルキャリア

また，観光者の動機と欲求は，観光者の旅行経験によって発達していくという考えもある。ピアス（Pearce, 1988）の「トラベルキャリア・ラダー・アプローチ（Travel Career Ladder Approach）」は，マズロー（Maslow, 1954）の欲求の階層理論に基づき，旅行動機は5つの異なるレベル（「リラクゼーション欲求」，「安心・安全欲求」，「関係欲求」，「自尊心と成長欲求」，「自己実現欲求」）から成ると仮定している。そして，それらは梯子状になっており，観光者は5つの欲求の中で優先となるある一つの欲求に依拠しながらも，複数の欲求を同時に持っており，そのパターンはライフステージや旅行経験によって変わっていくというものである。さらに，佐々木（2000）も，旅行動機を「緊張解消」，「娯楽追及」，「関係強化」，「知識増進」，「自己拡大」という5次元に集約し，これらがトラベルキャリアの観点からみたとき，低次から高次への階層構造になっていると述べている。このトラベルキャリアは，トラベル・スキルとの関連からも検討されている（布施・難波・小平・久木山，2005）。

トラベルキャリアによる旅行動機の違いは，観光者による実際の旅行経験の記述からも理解することができる（Pearce, 1982; Pearce & Caltabiano, 1983; 佐々木，2005）。観光者の旅行での「良い経験」と「悪い経験」の具体的な内容を見ると，「良い経験」は旅行経験を通じての自己の成長や人間関係に対する志向に関わるものについての言及が多く，「悪い経験」は安全性の問題についての言及が多い。そして，旅行経験が豊富な観光者は，旅行経験のあまり豊富でない観光者よりも，「良い経験」と自己の成長に関する経験との関連が強い。このことは，旅行経験が豊富なトラベルキャリアの高い人は，トラベルキャリアの低い人よりも，より高次の欲求の充足を求めることを示唆している。

また，トラベルキャリア・ラダー・アプローチは，旅行動機を理解する初期段階で役立つ概念化であり，特にエコツーリズムやグリーン・ツーリズムといった領域における観光者の旅行動機および行動の理解に有用であると考えられる。最近では「ラダー」という言葉の響きは，一時に一歩しか進めないという印象を与えることから，「トラベルキャリア・パターン・アプローチ（Travel Career Pattern Approach)」とされている（Pearce，2005)。

(6) 旅行動機・欲求研究の応用

これまで述べてきたように，観光者の旅行動機・欲求は一人ひとり異なり，個人の旅行動機・欲求もまた複数の動機や欲求から成り立っている。特にホテルなどの宿泊施設では，様々な目的を持った観光者が訪れるため，画一的な対応では観光者を満足させることが難しい。

このような観光者の旅行動機・欲求を理解し，満たすためにさまざまな方策があるが，そうした方策のうちの有効なものの一つとして，最近のインターネット上における口コミ情報の活用が考えられる。インターネット上では，あらゆる商品に対して，従来のような供給側からの一方的な情報提供ではなく，利用者，受け手などの需要側からの情報発信が，活発に行われるようになってきている。旅行商品や宿泊施設に対する口コミ情報は，そうした有力な情報の一つである。

このような口コミ情報が旅行サイトにおいてどのように活用されているのかを，松島・清水・小口（2005）が検討している。そこでは，口コミ情報を含む旅行サイトと口コミ情報を含まない旅行サイトとの利用の程度を比較しており，口コミ情報を含む旅行サイトの方が，アクセスが多く，高い評価がなされて，活用されていることを明らかにしている。つまり，インターネット上のサイトに口コミ情報があるとそのサイトの利用が多くなるのである。

インターネット上の口コミ情報があると利用者が増えるばかりでなく，それを活用することによって，利用者の動機や欲求をうまく捉えることができ，さらには有効な対策をも立てることができることが次のような研究から示唆されている。インターネット上の宿泊予約システムに登録されたホテル，旅館などの宿泊施設を利用した人が，滞在した宿泊施設に対して行った評価を小口他（Oguchi, Okamoto, Shimizu, & Matsushima, 2004）が分析している。インターネット上の宿泊予約システムとは，様々な条件のもとに宿泊施設を検索する機能をインターネット上で提供し，選択された宿泊施設の宿泊手配を行うサイトである。このようなサイトでは，宿泊施設を手配する際に参考になるように，その宿泊施設を利用した人が宿泊後に宿泊施設をいくつかの側面から評価し，公表するシステムを採っていることが多い。小口他（2004）は，利用した宿泊施設の総合的な評価が，そこに働く「従業員の態度」に対する宿泊施設利用者の満足度によって規定されていることを明らかにしている。

さらに，オンライン宿泊予約システムにおいて，利用者によって書かれたコメントから，宿泊施設利用者が滞在した施設への評価が検討されている（Hanai, Matsushima, Ando, Yamaguchi, & Oguchi, 2005）。そこでは，宿泊施設に対する自由記述での評価から，その宿泊施設を機会があったら再び利用したい，あるいは利用したくないについて言及しているコメントを抜き出し，それらと宿泊施設の「立地」，「設備」，「従業員の態度」，「清潔さ」に対する満足度との関連を検討した。その結果，宿泊施設の「従業員の態度」に対する不満が強いほど，その宿泊施設を二度と利用したくないと答えている人が多くなっていた。

このように，多様な旅行動機・欲求を持った観光者への対応が求められる宿泊施設においては，それらに柔軟に対応できる従業員のサービス・クオリティを高めることが不可欠となってくる。また，そういった従業員のサービス・クオリティの高さは，宿泊施設の顧客へのアピール・ポイントにもなる。

ところが，従業員のサービス・クオリティの高さは立地条件や設備情報と異なり，消費者に明示的に示しにくいという問題がある。立地条件や設備情報であれば，地理的情報や保有する設備の有無，グレードの情報といった客観的情報によって提示することができる。ところが，サービスの評価は実際にそのサービスを経験した人の主観的評価によって決まるものであるため，客観的情報として伝えることが難しい。サービスについての情報は消費者にとっては入手しにくく，またサービスの提供者側としては伝えにくいものである。

しかしながら，インターネットの発展に伴い，オンライン宿泊予約システムが「宿泊施設利用者―宿泊施設応答システム」を伴うようになってきており，このシステムは，これまで伝えにくかったサービス面での情報を顧客に伝える可能性を秘めている（Hanai & Oguchi, 2006; Oguchi, Hanai, & Watanabe, 2006）。ここで「宿泊施設利用者―宿泊施設応答システム」とは，宿泊施設利用者による宿泊施設の評価に対して，宿泊施設側がコメントを返すという形で応答可能なシステムである（図 2-1）。このシステムでは，宿泊施設側は宿泊施設利用者の評価に対して，コメントを返すことも返さないこともできる。宿泊施設側のコメントを返すか否かの判断は，その宿泊施設の経営陣の顧客対応ポリシーを明示していると考えられ，さらには従業員に対する教育方針とも繋がると推測できる。そのため，インターネット上でのコメントへの返信の有無は，従業員のサービス・クオリティを間接的にではあるが伝えていると考えられる。

実際，宿泊施設利用者の評価に対し，コメントを返答している宿泊施設の方が返答をしていない宿泊施設よりも評価が高く，利用してみたいという回答が多く，さらに誰が回答をしているのかを明示することによって利用意向は一層高まることが示されている（Hanai & Oguchi, 2006; Oguchi et al., 2006）。さらに花井・小口（2006）は，宿泊施設側の返答の有無が「立地」，「設備」，「従業員の態度」，「清潔さ」といった宿泊施設に関するあらゆる側面に関連しており，宿泊施設利用者のコメントに返答している宿泊施設の方が返答していない宿泊施設よりもそれらの評価が高く，特に「従業員の態度」においてその関連が強いことを示している（図 2-2）。

以上の研究から示されているように，観光者の旅行動機・欲求を的確に捉え，それらに適切に対応するシステムを構築することが，観光産業の発展には不可欠である。その際にインターネット上の口コミ情報の利用は有効な情報となり，さらには広告媒体ともなりうるのである。

例)○○ホテル

☆「ホテル利用者→ホテル」の評価（評価はホテル利用者の任意）

ホテルの諸側面についてのレーティング評定

：「立地」、「設備」、「従業員の態度」、「清潔さ」といったホテルに関する側面（領域はオンライン予約システム側が決定）について、5 件法や 100 点満点の点数方式で評定

ホテルの設備やサービスについてのコメント

：ホテル利用者による自由記述方式の評定

☆「ホテル→ホテル利用者」の応答コメント（応答はホテルの任意）

「ホテル利用者→ホテル」の評価に対する応答

：ホテルの利用についてのお礼やホテルの設備やサービスについてのコメントで指摘された問題についての返答。自由記述方式

図 2-1　オンライン宿泊予約システムにおける「宿泊施設利用者－宿泊施設応答システム」

出典：筆者作成。

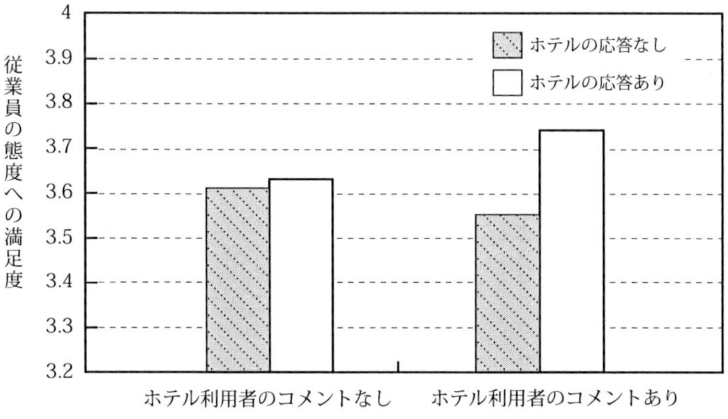

図 2-2　ホテル利用者のコメントに対するホテル応答の有無とそのホテルの従業員の態度への満足度との関係

注：従業員の態度への満足度は 1 点～5 点で評定。

出典：(Hanai & Oguchi, 2006)。

2　観光者のパーソナリティ要因

(1) 観光者のパーソナリティ

観光者の行動を説明する心理学的要因として，観光者の動機と欲求をこれまで取り上げ，述べてきた。これはほとんどの観光者に共通する原因を探すものである。これから述べるもう一つの心理学的要因としての観光者のパーソナリティは，観光者による違い，個人差を捉えるものである。観光者のパーソナリティは，旅行動機や欲求と共に，観光行動に影響を与える。

観光者のパーソナリティとして，本節では「刺激欲求」と「セルフ・モニタリング」とを取り上げる。バーライン（Berlyne, 1960）の探索行動理論で示されているように，人には最適な刺激レベルがあり，現在の刺激がその最適レベルを下回っているときには新奇なものを求める欲求が高まる。一方，現在の刺激が最適レベルを上回っているときには刺激を低減させるような逃避的な欲求が高まるという。ここで，この新たな刺激を求める個人差を表すのが刺激欲求であり，逃避的な欲求に関わる個人差としてセルフ・モニタリングをあげる。この二つと観光行動との関連，さらには旅行動機や欲求との関わりについて述べてゆく。

(2) 刺激欲求

「刺激欲求」とは刺激や興奮を求める個人の欲求である。この欲求の強さの個人差を測定する刺激欲求尺度が古澤（1989）によって作成されている。そこでは，刺激欲求は「スリルと危険を求める傾向」，「新奇な体験を求める傾向」「抑制からの開放を求める傾向」の３因子に分けられている。この３因子の刺激を観光行動に当てはめると，スリルと危険の欲求が強い者は冒険できる場所を好み，抑制からの解放を求める者はテーマパークやショッピングモールといった娯楽性の高い行動ができる場所を好むことが示された（八城・小口，2003）。冒険ができる場所や娯楽性が高い場所は，新奇性欲求（佐々木，2000）を満たす観光地と考えられる。普段から刺激や興奮を求める傾向が強い者は，観光行動においても新しい刺激を求める傾向が伺える。

(3) セルフ・モニタリング

「セルフ・モニタリング」とは，スナイダー（Snyder, 1974）が提唱したパーソナリティの一つである。セルフ・モニタリングにもさまざまな捉え方があるが，ここでは場面や状況に応じて相応しい行動がとれること（「変容性」）と，また他者の気持ちや行動の意図を読み取れること（「感受性」）に関する個人差を表す概念（Lennox & Wolfe, 1984）と定義する。

このセルフ・モニタリングの尺度を用いて，小口・八城（2003）は，大学生における旅行への態度とパーソナリティとの関連について検討した。その結果，男子学生においては，感受性が高い人ほど旅行経験が多かった。さらに，女子学生においては，変容性が高い人は，自然や名勝地を観光地として選好しやすいことが示された（八城・小口, 2003）。セルフ・モニタリングの高い人は，対人関係に気を使い，他者の期待に沿うように行動する傾向が高い人であると言える。さらに，自然や名勝地は，逃避欲求（佐々木, 2000）を満たす機能を持つ観光地でもあると考えられる。こうしたことから，セルフ・モニタリングの高い人は，セルフ・モニタリングの低い人よりも，日常生活の中で気を使っていることが多いので，旅行のときには，人間関係のしがらみから離れ，他人に神経を使うことなくのんびりと休養できる場所を好むのであろう。すなわち，セルフ・モニタリングを考慮することによって，人の旅の選好を理解することができ，特に逃避欲求を考える際に有効であると言えよう。

このように，観光者の行動を説明する上でパーソナリティは有益な指標となりうる。しかし現実には，観光行動をパーソナリティから検討している研究は決して多いとは言えない。さらに，観光産業におけるパーソナリティの研究では，観光者のパーソナリティよりも，サービスを提供する側（山口, 2006; 小口・大橋, 1997）のパーソナリティに注目したものの方が多い。それは，もてなす側にとっては，観光者からの評価が非常に重要なものだからである。しかしながら，観光者ニーズが多様化，個別化してきている現在の観光においては，観光者（観光主体）のパーソナリティに目を向けることは個別的な対応を図る際には不可欠なものであり，研究の発展が求められる分野であろう。

まとめ

以上述べてきたように，観光者の動機・欲求，そしてパーソナリティといった心理学的要因を考慮することで，観光場面における観光者の様々な意思決定や行動をより明らかにすることができる。従来から指摘されることが多い年齢，性別，職業，収入といったデモグラフィック要因による観光者の意思決定や行動の違いの背景には，観光者の動機・欲求，パーソナリティの違いがあると考えられる。たとえば，一般に女性の観光者が男性の観光者よりも，温泉やリラクゼーション施設を好むと言われるのは，女性の方が男性よりも強いリラックス欲求を持っているからであろう。

また，心理学的要因を観光研究のモデルに組み入れることによって，観光者が「なぜ，その観光地を目的地として選んだのか？」，「なぜ，旅先でそのような行動を取ったのか？」といった，観光者の意思決定や行動のプロセスを説明することができるようになる。さらに，これらのプロセスを理解することによって，観光者のニーズがクリアとなれば，観光者を受け入れる側が，それに合わせた観光商品の提供へと知見を応用することが可能になってくる。こうした意味において，心理学の視点からの観光研究が一層進展することが望まれている。

引用・参考文献：

＜日本語文献＞

大橋泰二・小口孝司（1996）：「〈面食い〉は〈推進派〉？—観光事業への態度を規定する社会心理学的個人差に関する研究—」日本観光研究学会全国大会研究発表論文集，11，pp.1-6.

小口孝司・八城薫（2003）:「グリーン・ツーリズムへの参加を規定する社会心理学的要因」観光研究, 14, pp.27-36.

片山美由紀（2006）:「旅をする理由―引き寄せられて・後押しされて―」, 前田勇・佐々木土師二監修, 小口孝司編『観光の社会心理学』北大路書房, pp.28-43.

佐々木土師二（2000）:『旅行者行動の心理学』関西大学出版部.

佐々木土師二（2005）:「〈旅行者モチベーション〉および〈旅行経験〉の基本的特性の分析」関西大学社会学部紀要, 36, pp.133-165.

佐々木土師二（2006）:「観光の社会心理学の構成」, 前田勇・佐々木土師二監修, 小口孝司編『観光の社会心理学』北大路書房, pp.10-26.

林幸史・藤原武弘（2004）:「長期旅行者と休暇旅行者のモチベーション行動の相違」関西学院大学社会学部紀要, 97, pp.97-105.

林幸史・藤原武弘（2005）:「観光旅行者のモチベーション構造に関する研究」日本社会心理学会第 46 回大会発表論文集, pp.558-559.

布施光代・難波久美子・小平栄志・久木山健一（2005）:「トラベル・スキルとトラベル・キャリアとの関連」観光研究, 17, pp.1-8.

前田勇（1995）:『観光とサービスの心理学―観光行動学序説』学文社.

松島久美子・清水誠・小口孝司:「宿泊予約サイトにおける利用頻度・評価と口コミとの関連」国際観光学会論文集, 12, pp.71-74.

八城薫・小口孝司（2003）:「観光地選好に及ぼす個人的原風景と心理学的個人差」観光研究, 15, pp.27-33.

山口一美（2006）:「観光業におけるホスピタリティ」前田勇・佐々木土師二監修, 小口孝司編『観光の社会心理学』北大路書房, pp.74-88.

古澤照幸（1989）:「刺激欲求尺度・抽象表現項目版（Sensation seeking scale - Abstract expression）作成の試み」心理学研究, 60, pp.180-184.

Berlyne, D. E. (1960) *Conflict, Arousal, and Curiosity,* McGraw Hill Book.

Buchanan, I. & Rossetto, A. (1997) "With My Swag upon My Shoulder," Occasional Paper No.24.

Desforges, L. (2000) "Traveling the World: Identity and Travel Biography," Annals of Tourism Research, 27, pp.926-945.

Fodness, D. (1994) "Measuring Tourist Motivation," Annals of Tourism Research, 21, pp.555-581.

Hanai, T., Okamoto, N., Shimizu, M., & Oguchi, T. (2004) "The Features of Popular Hotels in 'Shinjuku' on Internet Business Websites," *Globalization and Tourism*

Research: East Meets West, pp.1208-1213.

Hanai, T., Matsushima, K., Ando, K., Yamaguchi, K., & Oguchi, T. (2005) "What is the Most Important Component for Lodgings Getting Repeat Business?," *New Tourism for Asia-Pacific vol.II*, pp.819-830.

Hanai, T. & Oguhi, T. (2006) "Don't Leave Voice of Customer Unsolved," Proceeding of Asia Pacific Tourism Association 12th Annual Conference, pp.222-233.

Lennox, R. D. & Wolfe, R. N. (1984) "Revision of the Self-monitoring Scale," Journal of Personality and Social Psychology, 46, pp.1349-1364.

Maslow, A. H. (1954) *Motivation and Personality*, Harper & Row.

Mill, R. C. (1990) Tourism, *The International Business,* Prentice-Hall.

Moscardo, G., Pearce, P., & Morrison, A. (1996) "Evaluating Different Bases for Market Segmentation: A Comparison of Geographic Origin versus Activity Participation for Generating Tourist Market Segments," *Pacific Rim Tourism 2000,* pp.242-252.

Oguchi, T., Okamoto, N., Shimizu, M., & Matsushima, K. (2004) "Factors Predictive of Consumers' Satisfaction with Hotels through Analysis of Internet Evaluations on A Travel Website," *Globalization and Tourism Research: East Meets West*, pp.1126-1130.

Oguchi, T., Hanai, T., & Watanabe, K. (2006) "The Effect of Responses to Comments of Guests on The Internet Website on Evaluations of Lodgings," Proceeding of Asia Pacific Tourism Association 12th Annual Conference, pp.193-197.

Pearce, P. L. (1982) *The Social Psychology of Tourist Behaviour*, Pergamon Press.

Pearce, P. L. (1988) *The Ulysses Factor: Evaluating Visitors in Tourist Settings,* Springer-Verlag.

Pearce, P. L.(1990) *The Backpacker Phenomenon: Preliminary Answer to Basic Questions,* James Cook University.

Pearce, P. L. (2005) *Tourist Behaviour: Themes and Conceptual Schemes*, Channel View Publications.

Pearce, P. L. & Caltabiano, M. L. (1983) "Inferring Travel Motivation from Travelers' Experiences," Journal of Travel Research, 22, pp.16-20.

Riley, P. (1988) "Road Culture of International Long Term Budget Travelers,"

Annals of Tourism Research, 15, pp.313-328.

Ryan, C. (2002) *The Tourist Experience 2nd edition*, Continuum.

Small, J. (2002) "Good and Bad Holiday Experiences: Women's and Girl's Perspectives," In M. B. Swain & J. H. Momse (eds), *Gender/ Tourism/ Fun, Cognizant Communication Corporation*, pp.24-38.

Snyder, M. (1974) "Self-monitoring of Expressive Behavior," Journal of Personality and Social Psychology, 30, pp.526-537.

第3章　「成長する観光者」への動態的アプローチ

はじめに

初めての海外旅行に出かけるとき，私たちの多くは何らかの形で旅行会社の世話になる。言葉も習慣もわからない初めての外国で，まるで「子ども」のような観光者にとって，旅行会社は「頼れる母親」のような存在だ。旅行に関わる様々な商品やサービスをパッケージツアーとして提供し，安心して旅行できるようにしてくれるのが「旅行業」の基本的な機能である。しかしながら，1964（昭和39）年の日本人の海外渡航自由化から半世紀近くが過ぎ，多くの日本人が海外旅行を経験する中で，私たちと旅行業との関わり方も変化してきた。

個々の消費者行動の集積が市場を構成するという見方をすれば，海外旅行市場全体の変化は個々の観光者レベルでの欲求，行動，経験の変化が反映された結果とみなせる。本章では，こうした視点から，とくに近年の日本人の海外旅行の特徴としての「個人志向化」に焦点をあて，なぜそうした変化が進みつつあるのかについて，旅行経験の蓄積にともなう観光者個々人の内的な変化の視点から考察する。特に，観光者と旅行業との関わり方の変化，すなわち「頼れる母親」からの「子ども」の巣立ちや自立，という「個々の観光者の成長」の視点からとらえることによって，海外旅行市場全体の変化の本質に迫りたい。

まず，日本人の海外旅行における個人旅行志向と海外旅行経験回数との関係について述べた後，観光者を旅行業との関わり方（旅行の参加形態）から分類する類型研究を概観し，その貢献と限界を示す。次に，観光者を動態的に捉えようとする先行研究を概観し，本章における理論的研究課題を明らかにし，筆者によって行われた英国を旅行した日本人への調査の結果分析を題材として観光者の成長について論じる。最後に，これらの議論を通して「観光者の成長段階モデル」を試論として提示し，今後の研究課題との関連を示している。

1　海外旅行経験の蓄積と個人志向化

国内旅行と比較すると，海外旅行市場全体ではパッケージツアーのシェアは依然として高いものの，フリータイム型パッケージや個人手配の自由旅行など，旅程や現地での行動を観光者が自由に決められるタイプの旅行が増加している。旅行会社が旅行に関わる「部品」をすべて用意して作り上げた「完成品」としてのパッケージツアーではなく，観光者自らが好みの部品を組み立てて創り上げる「手作り旅行」を求める「海外旅行の個人志向化」は，1990年代以降特に顕著になっている。

日本人海外旅行市場の傾向について毎年報告を行っている調査結果（JTB Report）を参考に，個人志向化について見てみよう。自由行動時間の多いフリータイム型パッケージツアーや，往復の航空券とホテルだけを組み合わせたスケルトンタイプのパッケージツアーも個人志向に対応した旅行商品と考えれば，1994年時点の調査では，海外観光旅行の56.9%が個人志向の旅行を行っている（「JTB Report 1995」p.39，p.65）。その後もこの傾向は変わらず，2000年以降毎年ほぼ60%以上が個人志向の海外観光旅行をしている。

何故このような個人志向化が起きているのだろうか。この調査結果から作成した図3-1を見ると，概して海外旅行経験回数が増えるにつれて個人志向が高まっており，特に経験回数10回以上のグループの個人志向が強いことがわかる。このことから，海外旅行のリピーター化が進んだことが個人志向化に影響しているのではないかと推測できる。すなわち，日本人が海外旅行経験を重ねてきたことの結果として，「自分自身で作り上げた旅行がしたい」という欲求が高まっているのではないかと考えられる。

なお，このような傾向は海外旅行に限ったことではなく，団体旅行から少人数グループ旅行や家族旅行，個人旅行への変化は国内旅行においても指摘され

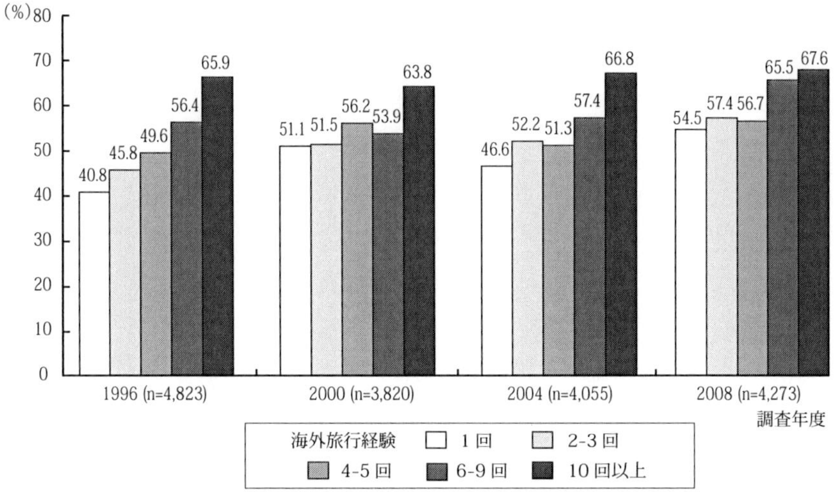

図 3-1 海外旅行経験回数と「個人志向」の旅行の割合（%）

注：「個人手配旅行」と「フリータイム型パッケージツアー」の合計値。観光目的以外の海外渡航者も含む。

出典：財団法人日本交通公社（1997），株式会社ジェイティービー（2001），ツーリズム・マーケティング研究所（2005），ツーリズム・マーケティング研究所（2009）より筆者作成。

ている（須田 2007）。しかし海外への旅行は国内旅行に比べ，言葉や生活，文化，習慣の違いなどから，旅行業への依存度は高くならざるをえないという性質を考慮に入れるならば，海外旅行における個人志向化は，注目に値する現象といえる。

2 旅行の参加形態による観光者分類

(1) 観光者の旅行への関与

観光行動の諸特徴を包括的に記述する試みとして，旅行や旅行者・観光者をさまざまな基準によって分類する研究が展開されている（佐々木 2000）。旅行の参加形態による分類としては，たとえば，林（1989）が「手作りの旅，お仕着せの旅」という視点から「企画旅行」と「参加旅行」を分類している。前者は個人旅行と団体旅行（修学旅行など）であり，後者はパック旅行などである。この区分では「誰が旅行を企画するのか」は問題にしておらず，実態的外形による「旅行そのもの」の名義的分類といえる。

その点について，前田（1995）は観光者の企画への関与に着目し，旅行を「自己計画型」と「参加型」に分類している。前者は交通・宿泊をはじめとする旅行の構成要素を自分（達）で「組み立てた」タイプを意味しており，後者は「旅行商品」を購入したり，内容が決まっている旅行に加わる場合である。この場合，修学旅行や職場旅行などの団体旅行は「参加型」に分類される。

前田による分類基準は，旅行経験における観光者自身の旅行への主体的な関わり方の重要性を根拠としている。前田によると，観光者は観光事業者との関係においては「観光者」であり，なんらかの欲求を満たすための手段・方法の提供を事業者に期待しているため，事業者への依存性を本質的にもっている。しかしながら，事業者が提供できるのは旅行商品という「外側」すなわち，旅程や利用施設条件の部分だけであって，旅行の楽しさという「中身」をいかにつくるかは観光者自身が「どう関わるか」によって決まる部分が大きいのである（前田 1995）。本来，各人の自由裁量によって自由時間に行われる余暇活動の一部としての観光行動の本質を考えるとき，観光者の旅行への自覚的関与が旅行経験の中身に与える影響は大きいといえよう。

(2) ツーリストとトラベラーの二分論

このような，観光者の「旅行への自覚的な関わり」を切り口として，観光者を「ツーリスト」と「トラベラー」に二分する見方がある。二分論を初めて提唱したブーアスティン（Boorstin, 1962；後藤・星野訳, 1964）によると，ツーリストは旅の構成要素はすべて旅行業によって予め準備されていることを期待する受身な観光者であるのに対し，トラベラーは冒険的な体験と旅を通しての人との出会いを希求する者である。ブーアスティンの主張は欧米でのマスツーリズム発展期という時代背景の中で行われたが，その後もこのアイディアは多くの研究者によって踏襲されてきた。たとえば，シャープリー（Sharpley, 1994）

の二分論では旅行業の大量生産システムによるパッケージ商品の購入者がツーリストであり，一方そのような産業主導の旅行に異を唱え，旅における自由，個性，冒険心を重要視し，低予算で長期間の旅をするバックパッカーがトラベラーである。前者はパッケージツアーという商品を購入する消費者（観光者）としての側面が強調され，後者は自ら旅を手配しながら旅の経験を能動的に創りだす行動者（観光者）としての側面が強調されている。

これら二分論に通低しているのは，旅行経験の質には優劣があり，トラベラーはツーリストに比べ，より知的で高尚な経験をしているという人々の見方である（Horner and Swarbrooke, 1996）。しかし，そのような見方は人間としての観光者の行動や経験の多様性や複雑さを捨象し，単純化しすぎてはいないだろうか。

(3) コーエンの分類

基本的には上記の二分論的発想に立脚しながらも，個人間の多様な差異を認め，旅行業や訪問先社会との関わり方の「度合い」によって観光者を区分したのが社会学者のコーエン（Cohen, 1972）である。コーエンによると，旅行経験とは目新しい経験を求める好奇心（新奇性）と普段慣れ親しんだ環境を保持することによる安心（熟知性）という，相反する経験の組み合わせであるという。「新奇性（novelty)—熟知性（familiarity)」は連続的関係を構成し，すべての観光者はこの連続体上のどこかに位置づけられる。そのなかでの典型的な4タイプは，「放浪する人（The drifter)」「探索する人（The explorer)」「個人的なマスツーリスト（The individual mass tourist)」「組織化されたマスツーリスト（The organised mass tourist)」である。

コーエンは，旅行における「熟知性」は旅行業による「旅行の規格化」によって保障されるものととらえ，それを「環境の泡（environmental bubble)」と呼んだ。「環境の泡」とは，あたかも人間が宇宙空間で活動する際に着用する宇宙服のようなものである。それによって観光者は日常とは異質な時空間との直接的な接触が制限される。異文化を体験するとしても，それは通訳ガイドの視点と言語による解釈を通して行われるのであり，また訪問先の住民との接触は一定の状況に限られる。すなわち，旅行業による規格化の度合いは，観光者が「環境の泡」によって訪問先社会から隔離される度合いであり，それが旅行経験の質に影響を与えると考えたのである。

コーエンの類型論は，「同時代に暮らす人々の旅行モチベーションには差異が相当に大きく，また，同一の目的地を訪れる人々の動機にも共通性と差異性が交じり合っているという現実，すなわち，個人間の多様な差異を総括的にとらえようとした[1]」点において，先述した二分論とは一線を画すものである。

(4) 静態的な類型論の課題と観光者の多面性

しかしながら，これらの類型論は静態的である。そこに欠けているのは，ひとはさまざまな旅行経験を経る過程で異なる観光者タイプを変遷し（Burns, 1999），異なる旅行経験を積みながら観光者として成長するという視点である（Swarbrooke and Horner, 1999）。それゆえ，観光者の生涯を視野に入れた類型化でなければ意味をなさないとの主張もある（Lowyck et al. 1992）。

経験的にも一人のひとが様々なタイプの旅行経験を求めることは容易に理解できるだろう（Ryan, 2002）。一緒に旅行に出かける相手が異なれば求める旅行経験の内容も変わってくるし，ライフサイクルのステージが変われば旅行のモチベーションも変化する。たとえば子供のいる家庭を例にとってみると，子供を中心に企画したテーマパークへの旅行，家族全員で楽しむリゾートでの滞在，夫婦二人だけで楽しむ美術館巡りの旅行，などを一年のあいだに，或いは異なるライフステージで使い分けると考えられる。すなわち，個々の旅行が実施される時期や状況によって中心となる欲求が異なるために，求める旅行経験も多様になり，その結果異なる観光行動となって現れる。研究対象としてみた場合，一人のひとが異なる旅行においては異なる観光者タイプとして観察されることになる。

このような「個人内」の旅行経験の多面性を指摘し，「多才で自由自在な観光者（Versatile Tourist）」と呼んだのが，オオイ（Ooi, 2002）である。私たちは必ずしも一定の観光行動のパターンを取るわけではない。観光者向けの出し物的なイベントを楽しむこともあれば，演出性のない「本物」の旅行経験を追い求めることもある。個々の観光者は多様な欲求を持ち，その観光行動は多面的で必ずしも一貫性があるとはいえない（Ooi，2002）。

コーエンが「個人間」の多様な差異に着目したのに対し，オオイは静態的な類型論では括りきれない「個人内」の多面性を巧みにとらえたが，旅行参加形態の多様性や変化といった点については言及していない。この点については自説を交えて後述する。

そこで次節では，観光者を成長し変化する存在として動態的に捉えようとした数少ない先行研究として，ピアス（Pearce）による研究を検討する。

3 成長する観光者

(1) 旅行キャリアモデル

人々が旅行経験を積むにつれ，その旅行の欲求がマズロー（Maslow，1954；小口訳，1971）の欲求階層説に従って段階的に上昇する，という仮説をもとに旅行欲求の一般理論構築を目指し一連の実証研究を積み重ねたのがピアスである。

ピアスらの実証研究では，調査対象者を過去の旅行経験量に基づいて低・中・高の3グループに分け，それぞれの旅行経験評価を比較分析した（Pearce and Caltabiano，1983）。その結果に基づき，人々の旅行経験量が増えるにつれ旅行に求める欲求がマズローの欲求五段階の下位から上位へ（生理的→安全→所属と愛→自尊→自己実現），段階的に上昇するとの仮説を形成，ある個人の旅行欲求は旅行に関するキャリアレベルのどこかに位置づけられるとし，「旅行キャリア（travel career: 以下TCと略称）」と呼んだ（Pearce and Moscardo, 1985）。旅行欲求のレベルが異なれば求められる旅行経験のレベルも異なると考え，(i) 旅行経験量，(ii) 旅行欲求のレベル，(iii) 求める旅行経験の質，には関連性があり，それは「はしご（ladder)」のように一定の順序で段階的に進行していく

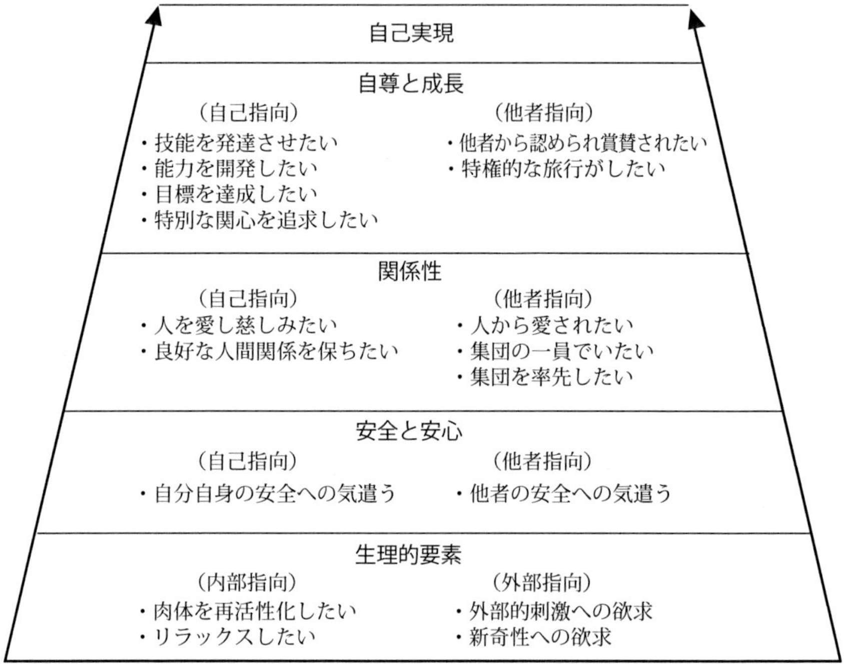

図 3-2 Pearce の旅行キャリアモデル

出典：Pearce（1988），佐々木（2000）より筆者作成。

ものと考えたのが「旅行キャリアモデル（travel career ladder）」（Pearce, 1988）（図 3-2）である。

例を用いて説明しよう。初めての海外旅行では安全な環境のなかでリラックスできるようなパッケージ旅行（たとえばリゾートホテルでの滞在）を求めるが，やがて経験を積むにつれて訪問先の文化や歴史について興味を持つようになり（たとえば民族歴史博物館を訪れる），訪問先地域との一体感を味わい（たとえばゲストハウスに宿泊する），また異文化体験を通して自己イメージを高める経験をするようになる（たとえば訪問先の祭りに参加する）。最終段階は旅行を通した自己実現である。たとえば，ほとんど観光者が行かない秘境を個人で旅行することによる達成感や人間としての成長を実感するような経験である。

ピアスの考える観光者は，過去の旅行経験から学習し，旅行に求める経験の質がより高次になるとともに旅行業に依存しない旅行を志向するような動態性を備えている。また，それぞれの段階で自己指向と他者指向の二側面があるとした。

このモデルでは観光者の成長の基礎をこれまでの旅行経験量に求めていると同時に，TCの「入り口」は個人によって異なるとする。もっとも下位のレベルからスタートする者がいる一方で，最初から比較的上位のレベルに位置する個人もいるのである。

(2) 自律的な観光者

動態的アプローチから観光行動をとらえようとした点において，旅行キャリアモデルが果たした役割は大きい。その反面，旅行欲求と観光行動の変化を一方向の変化としてとらえた点には課題が残る（Ryan，1998; Kim et al. 1996)。そこには観光者を欲求段階的に分類する意図が含まれているが，もしそうであるならば一旦上位レベルの旅行経験をしたひとはもはや下位レベルの経験を求めないことになる。しかし，第2節（4）で例示したようなケースを考えると，個々の観光者の行動が一方向にのみ変化するとは必ずしもいえないだろう。また，そもそも旅行欲求を欲求階層説に準じた5つのレベルによって階層的に捉えようとすること自体への疑問も残されている（布施ほか， 2005)。

これらの批判に対して，その後Pearce自身も旅行キャリアを「はしご」に喩えたことによって，旅行欲求と観光行動の階層構造とその中での一方向の変化だけが強調された点を認め‘travel career ladder’に代わって，より柔軟な動態性を包含した概念として「旅行キャリアパターン（travel career pattern: TCP)」という用語を提案した（Pearce and Lee，2005)。

そこでひとつの推論として，これまでのTCの最高到達レベルを上限として，観光者はその時々に自分が置かれた社会的・経済的・物理的・心理的状況に応じて，その旅行欲求レベルを自由に昇降すると考えられないだろうか（無論，最高到達レベルはいつでも記録更新の可能性がある)。ある時点まではより高次の欲求に向かうが，やがて自分の守備範囲内で柔軟に行動するようになり，旅行業への依存度も一方向的に自立の方向に向かうのではなく，その時々の欲求レベルによって意識的に操作する多面性と自由自在性を備えた観光者像である。すなわち，旅行経験を積んだからといって，全ての個人が全ての場合に個人志向になるとは限らない。その点において，ピアスが想定している究極の観光者像が「自立的（＝自分だけで物事を行う）」であるのに対し，筆者が想定している成長する観光者像は「自律的」，すなわち，旅行業との関わり方を自由自在に自分で仕切る観光者なのである。

前出のオオイ（2002）の「多才で自由自在な観光者」は，旅行欲求と行動，経験の多面性を表象している。一方，筆者が着目しているのは，そのような観光者の多面性の結果として現れた，また，旅行経験の蓄積による成長の結果として現れた，旅行業との関わり方に対する自由自在な活用能力である。この「多才で自由自在な観光者」とは重複する性質を持ちながらも異なる概念として区別し，「自律的な観光者」という用語を用いることとする。

そこで，「自律的な観光者」を「TC レベルを自由に昇降し，個々の旅行の状況（同行者，時期，目的など）に合わせて自由自在に旅行業との関わり方をコントロールする，成長した観光者」といったん仮定する。次節では筆者が行った調査事例に基づいて，観光者の成長過程を「自律的な観光者」概念と関連づけながら論じたい。

4　動態的な観光者分類と海外旅行観～英国と日本での調査結果

(1) 英国での質問紙調査

ピアスの旅行キャリアモデルを下敷きとしながら，より実態に即した観光者の成長過程の枠組みを探るための予備調査として，海外旅行経験が豊富な日本人の海外旅行履歴に関する調査を英国コッツウォルズ地方（The Cotswolds）で行った。英国で調査を行ったのは，当時筆者が在住していたためという現実的な理由からだが，コッツウォルズ地方を選択したのは日本人の個人旅行者（旅行キャリアモデルによると，個人旅行者は旅行経験量が多くTCレベルの高い観光者と考えられている）に遭遇する可能性が高いと考えたためである。

コッツウォルズ地方は英国中南部に位置する丘陵地帯で，英国的な田園風景のなかに小さな町や村が点在する人気の観光地である。2000年当時，パッケージツアーの参加者は地域内でも比較的大きな町や村に観光バスで一時停車して短時間観光するのみであり，小さな村で出会う日本人観光者はレンタカーなどを利用した個人旅行者である可能性が高かった。参照すべき観光統計は存在しなかったが，筆者は1997年から2000年にかけて約30回現地を訪問し，その間の観察および，ツーリストインフォメーションやベッド・アンド・ブレックファースト（Bed & Breakfast: 英国風の民宿。以下B&Bと略称），またロンドンの日系旅行会社でのヒアリングを通してそのような実感を得た。その過程で同地方の一軒のB&B経営者から調査協力をいただけることになった。調査概要について表3-1，表3-2にまとめる。

ここでは過去の海外旅行履歴に限定して調査結果を報告しよう。回答者の海外旅行参加形態変遷の様態を比較し，そのパターンから回答者を下記3型に分類した。

①個人型：常に完全個人手配旅行をしている場合

②自由自在型：旅行形態に一貫性がなく，多様な形態を使い分けている場合

表3-1 英国での質問紙調査の概要

調査対象	英国コッツウォルズ地方のB&Bに宿泊した日本人観光客
データ収集の方法	B&Bへの質問紙の（間接的）留置法（2000年4月～8月）。 期間中に宿泊した日本人客に対し、宿の経営者からチェックイン時に質問票への記入を依頼してもらい、チェックアウト時に回収。
回収率	11.4％ （期間中の日本人宿泊客220人中25人から回収）
質問の内容	1.過去の海外旅行履歴 2.訪問地独自の体験に対する態度 3.回答者の人口統計的特徴
分析方法と結果	各回答者の過去の海外旅行履歴を図3－3の分類に従ってチャート化し、参加形態の変遷パターンを「個人型」「自由自在型」「キャリア途上型」の三型に分類

表 3-2 英国での質問紙調査における回答者の分類

A. フルパッケージ	全行程がすべて固定され、観光ルート、観光の内容、食事など全てが決められている。
B. フリータイム付きパッケージ	上記フルパッケージよりも自由時間が多いパッケージ。
C. スケルトン型パッケージ	渡航手段と宿泊先のみがパッケージされ（現地の空港と宿泊先間の送迎が含まれる場合あり）、現地での行動はすべて自由なもの。
D. 準個人旅行	渡航手段、宿泊先、旅行期間、出国および帰国日について旅行会社が用意したリストのなかから選択し組み合わせ、パッケージとして購入するもの。
E. 完全個人手配旅行	渡航手段、宿泊先を自分で手配（航空会社、ホテルなどから別々に直接購入する場合、旅行会社経由で購入する場合、ウェブ上の旅行サイトなどから購入する場合などが考えられる。購入ルート、購入方法、選択肢は完全に個人の自由裁量）。
F. 依存型個人手配旅行	渡航手段および（または）宿泊先を訪問先に居住する家族、親戚、知人、友人などが手配したもの。
G. その他	上記のどれにも当てはまらないもの。

注：過去5年間の海外旅行履歴について，旅行した年，行き先，旅行日数，目的を記述してもらい，参加形態については上記の分類から選択してもらった。

③キャリア途上型：パッケージから個人旅行へ移行し，逆行が見られない場合

質問票作成にあたっては，旅行中にアンケートに協力いただく回答者への記入上の便宜を考慮し，過去5年間の海外旅行についての記述に限定したため，得られたデータは各回答者の全海外旅行履歴の一部分であり，また，回答率が低く少ないサンプル数での分析となったが，そのうえで少なくとも下記の考察が得られた。

(i) キャリア途上型が示すように，旅行キャリアモデルが想定したような旅行経験の蓄積によるパッケージから個人旅行への移行が起こる。

(ii) しかし自由自在型が示すように，旅行経験の蓄積が旅行形態の一方向の変化には必ずしも結びつかない場合もある。自由自在型は「自律的な観光者」像を体現したグループと考えられる。

(iii) 海外旅行経験量の豊富な観光者は個人型または自由自在型に分化する傾向が見られる（海外旅行経験回数が多いほど①または②であるケースが多かった）。

この分類は，Pearceの旅行キャリアモデルに「自律的な観光者」概念を取り込んだ，より実態に即した観光者の成長過程の下絵といってもよいだろう。

(2) 日本での面接調査

日本での面接調査では，この下絵をもとにそれぞれの型に特徴的な海外旅行観を抽出し，それらを色づけしていくことによって，観光者の成長過程モデルを描くことを目指した。調査方法としては質的研究のアプローチを用いた。海外旅行観は主観的なものであり，そのような性質のデータ収集および分析にふ

表 3-3 日本での面接調査の概要

調査対象	英国を観光目的で旅行したことのある日本人（国内在住者）
データ収集の方法	複数の英国旅行情報ウェブサイト上で調査目的と筆者の経歴を示し、調査協力の呼びかけを行った。応募があった方、またその方から紹介いただいた方などのなかから、調査対象の条件を満たした方に面接調査を実施した（2002年4月～8月）。
面接の方法	被調査者が希望する場所で面接を実施（オフィス、自宅、カフェなど）、半構造化インタビューの手法を用いて、過去の全海外旅行履歴、旅行参加形態を決める際に考慮したこと、異なる参加形態による旅行での経験についての感想などについて自由に語ってもらった。被調査者数17名。
分析方法と結果その1	過去の全海外旅行履歴をもとに、英国での調査で得られた3型に分類、さらに専らパッケージに参加している人の場合は「パッケージ依存型」とし、全部で4型に分類した。海外旅行経験回数との関連では、回数が増えるに従って「I.パッケージ依存型（平均3.8回）」→「II.キャリア途上型（平均5回）」→「III.個人型（平均8回）」→「IV.自由自在型（平均15.5回）」となる傾向がみられた。全体の平均は7.6回。
分析方法（と結果）その2	各人のインタビュー・トランスクリプト（テキスト・データ）をコーディング法を用いてケースを分析した。上記4型ごとにコード（以下、具体的コード名は『』を用いて表記）のクロスチェックを行い、型内で共通して見られるコードを核として、型ごとに特徴的な海外旅行観をまとめた。

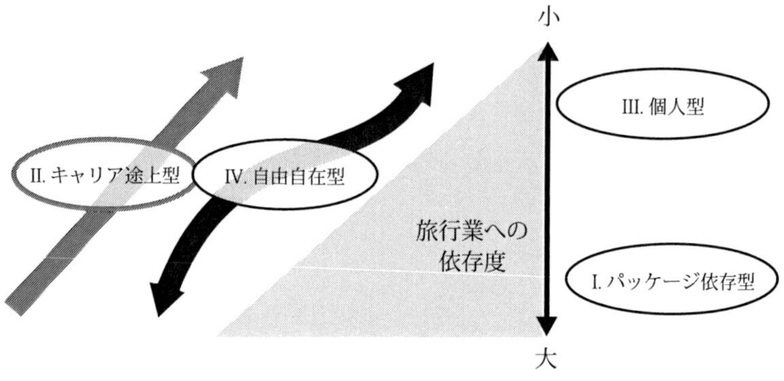

図 3-3 動態的な観光者分類の4型

出典：筆者作成。

さわしいと考えたためである。調査概要について表 3-3 にまとめた。面接調査の結果，英国での調査で抽出された 3 型に新たな 1 型を加えた 4 型が得られた (図 3-3)。この分類を「動態的な観光者分類」と呼ぶこととし，次項以下，4 型それぞれの海外旅行観の要約を述べる[2]。

(3) 経験が浅いグループ「I. パッケージ依存型」と「II. キャリア途上型」の旅行観

この 2 型には海外旅行経験が少ない人たちが区分された。「I. パッケージ依存型」では「言語への不安」「自分への自信のなさ」や「パッケージの利便性」が共通コードとして現れ，今のところまだスケルトン型や個人旅行を選択する自信はない。「II. キャリア途上型」にはフルパッケージからフリータイム型パッケージへ，さらにスケルトン型パッケージへと移行している人たちが区分された。自ら積極的に旅行に関わってゆく「主体性」の重要性を感じ始めており，それによって「現地のひとびととのふれあい」や「現地のひとびとの暮らしぶり」を経験してみたいという旅行観が見られた。また，後述する「III. 個人型」や「IV. 自由自在型」に見られる「『他の日本人観光者』がもたらす心理的な負の影響」についても認識しているが，「言語への不安」や「自分への自信のなさ」から，完全な個人旅行へ踏み切るにはまだ迷いや躊躇いがある，という段階である。

「II. キャリア途上型」は海外旅行経験が浅い人たちでありながらも，「I. パッケージ依存型」の延長線上にあって観光者として一段階成長が進んだ状態と考えられる。海外旅行経験の蓄積が新たな旅行経験への欲求を刺激し，それが旅行参加形態に影響を与えつつある段階で，今後「III. 個人型」や「IV. 自由自在型」に移行する萌芽が見られる。

(4)「III. 個人型」の旅行観

本調査では予備調査とは異なり，過去の全海外旅行履歴を聞き取りの対象としたため，海外旅行経験の浅い時期にパッケージに参加したことがあるが，その後は一貫して個人旅行のみ，という人（2 名）もこの型に含めた。

この型の旅行観で最重要視されているのが『主体性』である。計画および実行段階での主役は自分である。そのためには一定の能力とスキルが必要であり，事前の情報収集や学習（渡航手段，言語，訪問地の自然，文化，歴史，地理など）が重要と考えている。

実行段階においては自由行動志向が強く，そのためにパッケージ旅行に対する否定的な見方を持っている。過去に参加したパッケージ旅行での『過商業的』な経験が原因である。観光コースに必ず土産物屋への立ち寄りが組み込まれていたり，頼んでないのに写真を撮られたり，などの例が挙げられる。また，常に『他の日本人観光者』とともに行動するために，異国を旅行している気分が削がれる，という点も共通してみられた。彼らにとって個人旅行はパッケージ旅行の対極にあり，常に個人旅行で海外に行きたいと考えている。

旅行中のトラブルや予想外の出来事（ダブルブッキング，道に迷う，言葉が通じないなど）に対しても「海外個人旅行ならではの経験」として肯定的に捉え，そのような経験も含めて個人旅行では，それを成し遂げたことによる達成感や自己実現感が得られる。自分への自信が高まり，個人旅行へのロイヤリティが深まるという循環が生まれている。

(5)「IV. 自由自在型」の旅行観～概念的な「自律的な観光者」との相違

3節で仮定された「自律的な観光者」は特定の旅行形態に対する好みはなく，旅行ごとの状況に合わせて多様な形態を使い分ける，と想定していた筆者にとってやや意外だったのは，「自律的な観光者」像を体現したグループと考えられる「IV. 自由自在型」の旅行観が，実際には個人旅行志向だったことである。前述の「III. 個人型」と類似しており，自由行動志向が強く，旅行における『主体性』を重視し，旅行を通して自己実現のレベルにも達している。そのため，一般的にパッケージ旅行に対する負のイメージを持っているが，それにもかかわらず，場合によってはパッケージ旅行をしているのである。パッケージを選択した際に考慮した要素として①価格比較，②特化された目的の旅行（スペシャル・インタレスト・ツアー），③旅行業による「環境の泡」への依存が必要な場合，が挙げられる。

価格比較については，同じ行き先，期間，時期で個人旅行よりもパッケージ旅行が安い場合である。この場合のパッケージはスケルトンタイプで，状況に応じてオプショナルツアーを追加して，自分の目的にあった行程を作り上げる。すなわち，選択段階で「自分がしたい旅行，味わいたい経験」が明確であり，旅行形態はそれを実現するための手段にしか過ぎないと考えるため，より安く旅行できる形態を選択するのである。そのため，パッケージとは言っても個人手配に近い形の旅行になっている。このような選択が見られた場合の条件はふたつあり，(i) 旅行の目的意識がはっきりしていること，(ii) 各種パッケージ商品，個人手配できるフライトや宿泊先の情報を自分で入手し比較判断できること，である。

訪問目的が特化された「スペシャルインタレスト・ツアー」のパッケージ旅行を選択する場合には，前述のようなパッケージ旅行に対する負のイメージは見られない。高度な知識を持つガイドが同行し，同じ興味を持つ人たちとともに旅行するパッケージは，「通常のパッケージ」と明確に区別されて認識されている。

「環境の泡」への依存を必要としてパッケージを選択する場合の要素としては，英語圏以外の国に旅行する際の『言語への不安』や，治安が不安定な地域への旅行が挙げられた。

3節での「自律的な観光者」が「骨格」或いは「概念」であるとすれば，本調査で確認できた「IV. 自由自在型」は，より生身の「自律的な観光者像」である。彼らは旅行観として強い自由行動志向がある。すなわち，TCレベルの最上位にある「完全に自由行動できる個人旅行による自己実現」を理想の状態と考え，そのような旅行を実行するだけの経験やスキルを持ちながらも，個々の旅行の状況次第では合理的な選択として旅行業に依存した旅行形態も受け入れ，それぞれの旅行から最大限の満足を得ようとする人々，としてここで再定義したい。

5　観光者の成長段階モデルと今後の研究課題

(1) 観光者の成長段階モデル　～《依存》《自立》の対立から《自律》へ

英国での調査結果からは，海外旅行経験の豊富な観光者は「III. 個人型」と「IV. 自由自在型」に分化する傾向が窺われたが，それぞれの旅行観を詳しく聞き込んだ日本での調査結果では，2型とも基本的に「個人旅行志向」を示しており，旅行経験量と旅行参加形態の志向との関連については，旅行キャリアモデルを裏付ける結果となった。

この考察をさらに進めると，「III. 個人型」に該当した人が今後「IV. 自由自在型」になってゆく可能性が考えられる。近年，さまざまなタイプのパッケージ旅行が流通しており，特に航空券と宿泊施設とを自由に組み合わせるパッケージ商品である「ダイナミック・パッケージ」が近年登場したことで，内容的にはほとんど個人旅行と違わない旅行が可能となった。「III. 個人型」が尊重する『主体性』を損なうことなく，価格面では有利なパッケージを購入する可能性は大いにあるだろう。また，逆に「IV. 自由自在型」の人がある時期には個人旅行を続けることもあるだろう。そこで，「III. 個人型」と「IV. 自由自在型」に

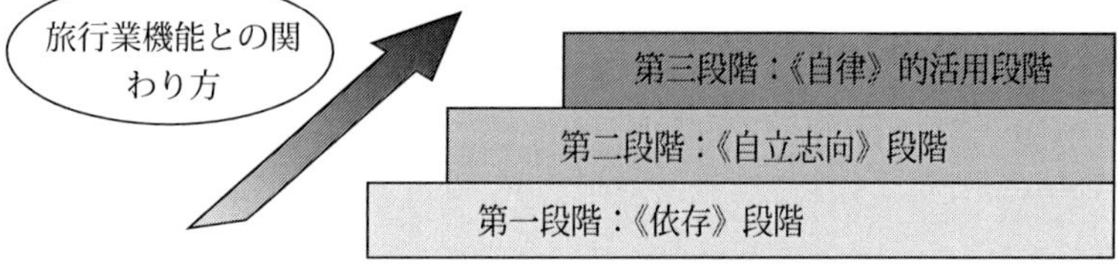

図 3-4 観光者の成長段階

出典：筆者作成。

よって体現された観光者の成長段階を合わせて《自律的活用》の段階とし，4節で述べた調査結果をもとに，典型的な観光者の成長段階を図 3-4 のように示したい。

前田（1995, pp.93-96）の指摘のように，「観光者」としての私たちは旅行業への《依存》性を本質的に持っているが（「I. パッケージ依存型」の段階），旅行経験を積むにつれ「子ども」から「おとな」へ「観光者」として学習，成長し，「母親」としての旅行業からの《自立を志向》するようになる（「II. キャリア途上型」の段階）。実際に《自立》し，すべてを自分だけで行うことのできる段階に達する人もでてくる（「III. 個人型」）と同時に，旅行業を必要に応じて自在に使いこなせる成熟した観光者（「IV. 自由自在型」）も見られるようになる。言い換えれば，「旅行経験の蓄積による個人志向化」を旅行形態の変化の視点から捉えるだけでは市場全体の変化の本質を見誤ることになる。観光者にとってのボトムラインは「自分にとって価値ある旅行を経験し，そこからできる限りの満足を得ること」である。個々の観光者にとって価値のある旅行は異なる。その時々に適った，自分にとっての価値ある旅行とはどんなものか，そのために自分にとっての外部存在である旅行業とどう関わるか，その舵取りができる自律性こそが「旅行の個人志向化」の本質であり，観光者の二分論では捉えられない，成長した観光者の特徴といえるのではないだろうか。

なお，ここで提起している観光者の成長段階モデルは典型的なパターンであり，そこには様々なバリエーションが考えられる。成長段階の「入り口」はピアスの旅行キャリアモデルと同様，個人によって差があり，またすべてのひとが段階を経て成長するとは限らない。初めての海外旅行から個人志向で《自立志向》段階に位置づけられる人がいる一方で，経験を積んでも《依存》段階にとどまる人もいる。実際の調査でもそのようなケースが複数見られ，得られたデータの分析から推測されたのは，過去の海外旅行経験以外の要素，たとえば国内旅行での経験や子供時代の家族旅行経験，さらにパーソナリティなどが影響を及ぼすということである。すなわち，経験豊富な観光者のすべてが旅行参加形態において個人志向化するわけではないし，「子ども（観光者）」の成長の仕方は一様ではないのである。

(2) 今後の研究課題

観光者の成長段階モデルにおける「旅行業機能」は「旅行の素材を仕入れてパッケージ商品化し，粗利を上乗せして販売する」という，伝統的な旅行業の基本的ビジネスモデルを指している。しかし，市場の成熟とともに旅行業と情報産業の境界が曖昧になりつつある。先述したダイナミック・パッケージは旅行業の，より情報産業的なビジネスの一例である。従来の旅行業機能には全面的に依存する必要のない《自立志向》や《自律的活用》段階に達した観光者にとっても，情報産業的な旅行業機能への依存度はかえって高くなる可能性もある。「子ども（観光者）」の様子をつぶさに観察しながら，その成長とともに「母親（旅行業）」自身もまた変化することによって，成熟市場においても旅行業はその存在価値を確かにし続けることができるのではないだろうか。

本章では，日本人海外旅行市場が量的に拡大しただけでなく質的に成熟したことを，個々の観光者レベルの視点から見ることによって，《依存》段階の観光者とは「質的に」異なる《自立志向》や《自律的活用》段階の観光者が存在することを示唆した。それぞれの段階を市場セグメントとして見た場合には，それぞれが「量として」どの程度の市場規模に達しているのか，また，それぞれのセグメントのライフスタイルや人口統計的特徴との関係などを今後の調査によって明らかにすることが，観光産業の立場からは必要である。今後の実務的研究課題の一として挙げたい。さらに，日本人以外の他国の観光者との共通点と相違の検討を進めることによって，観光者の成長段階モデルを深化させることが理論的研究課題である。

注：

1）佐々木（2000）pp.280-281.

2）調査内容と結果の詳細については Takai-Tokunaga（2007）を参照されたい。

引用・参考文献：

株式会社 JTB（2001）：『JTB Report 2001 日本人海外旅行のすべて』.

財団法人日本交通公社（1997）：『JTB Report 1997 日本人海外旅行のすべて』.

佐々木土師二（2000）：『旅行者行動の心理学』関西大学出版部.

須田寛（2007）：「新しい観光―展開と課題」総合観光学会編『新時代の観光―課題と挑戦』同文舘出版，pp. 3−19.

ツーリズムマーケティング研究所（2005）：『JTB Report 2005 日本人海外旅行のすべて』.

ツーリズムマーケティング研究所（2009）：『JTB Report 2009 日本人海外旅行のすべて』.

林周二（1989）：『比較旅行学』中央公論社.

布施光代，難波久美子，小平英志，久木山健一（2005）：『トラベル・スキルとトラベル・キャリアとの関連』観光研究，17 (1)，pp. 1−8.

前田勇（1995）：『観光とサービスの心理学―観光行動学序説』学文社.

Booastin, D.（1962）*The Image: A Guide to Pseudo-events in America*, New York: Harper（後藤和彦・星野郁美訳『幻影の時代』東京創元社）.

Burns, P.（1999）*An Introduction to Tourism & Anthropology*, London: Routledge.

Cohen, E.（1972）“Towards a Sociology of International Tourism,” *Social Research: An International Quarterly of the Social Sciences*, 39, pp.164−82.

Horner, S. and Swarbrooke, J.（1996）*Marketing Tourism, Hospitality, and Leisure in Europe*, London: International Thomson Business Press.

Kim, Y., Pearce, P., Morrison, A. and O'Leary, J.（1996）“Mature Versus Youth Travellers: the Korean Market,” Asia Pacific Journal of Tourism Research, 1 (1), pp.2−12.

Lowyck, E., van Langenhave, L. and Bollaert, L. (1992) "Typologies of Tourist Roles," *Choice and Demand in Tourism,* P. Johnson and B. Thomas Eds. London: Mansell, pp.13-32.

Maslow, A. (1954) *Motivation and Personality,* New York: Harper & Row (小口忠彦訳『人間性の心理学』産業能率短期大学出版部，1971)

Ooi, C. S. (2002) *Cultural Tourism & Tourism Cultures: The Business of Mediating Experiences in Copenhagen and Singapore*, Copenhagen: Copenhagen Business School Press.

Pearce, P. (1988) *The Ulysses Factor: Evaluating Visitors in Tourist Settings*, New York: Springer Verlag.

Pearce, P. and Caltabiano, M. (1983) "Inferring Travel Motivation from Travelers Experiences," *Journal of Travel Research,* 22 (2), pp.16-20.

Pearce, P. and Lee, U. (2005) "Developing the Travel Career Approach to Tourist Motivation," *Journal of Travel Research*, 43 (3), pp.226-237.

Pearce, P. and Moscardo, G. (1985) "The Relationship Between Travellers' Career Levels and the Concept of Authenticity," *Australian Journal of Psychology*, 37, pp.157-74.

Ryan, C. and Glendon, I. (1998) "Application of Leisure Motivation Scale to Tourism," *Annals of Tourism Research,* 25 (1), pp.169-84.

Ryan, C. ed. (2002) *The Tourist Experience 2nd ed*, London: Continuum.

Sharpley, R. (1994) *Tourism, Tourists and Society,* Huntingdon: Elm Press.

Swarbrooke, J. and Horner, S. (1999) *Consumer Behaviour in Tourism*, Oxford: Butterworth-Heinemann.

Takai-Tokunaga, N. (2007) *Beyond the Western Myth of the Japanese Tourist: Career Development in Holidaymaking*, Unpublished PhD Thesis, University of Reading.

第 4 章　観光行動に影響をおよぼすイメージと情報

はじめに

情報とイメージは，観光行動の仕組みを説明するうえで，ともに重要な概念である。

観光はサービス商品の特徴を持っている。その 1 つに生産と消費が同時に行われる「不可分性」という性質があり，観光者があるデスティネーションへのパッケージツアーを申し込んだとしても，現地に赴かない限りツアーを体験することはできない。また，購入前に商品を見ることも，味わうことも，触れることも，聞くことも，匂いをかぐこともできない「無形性」という性質もあり，出発前に現地でどのような体験をできるのか試すことができない。加えて，観光においては情報の非対称性が存在しており，買い手である観光者よりも，売り手であるデスティネーションやサプライヤー側のほうが正確かつ多様な情報を有しているとの指摘もある（中村，2004）。

その中で，潜在観光者が旅行で来訪しようとするデスティネーションを決定するにあたっては，各個人が抱くイメージに基づいて評価を行い選択すると考えられる。この傾向は初めてその地を訪れようとする潜在観光者に顕著に見られる。人々がデスティネーションに対して抱くイメージは，接触したさまざまな情報などを基に形成されるため，デスティネーション側は人々に魅力を認知してもらうべく様々な取り組みを行っている。

そこで本章では，情報・イメージと観光行動の関係を扱った国内外の研究の動向を概観するとともに，今後の方向性を展望することを目的とする。構成は以下の通りである。まず，潜在観光者の情報探索の類型に関する研究の概要を述べ，続いて，イメージの類型と観光におけるイメージ測定の研究事例を検討する。次に，潜在観光者は情報をもとにイメージをどのように形成していくのか，その一連のプロセスのモデルを概観する。最後に，情報と観光行動の関係を扱った研究，イメージと観光行動の関係を分析した研究をみたうえで，今後の研究の展望を述べる。

1　観光者の情報探索行動とその影響要因

観光者の情報探索は，大きく「内部情報探索（internal information search)」と「外部情報探索（external information search)」にわけられる（Crotts, 2000)。内部情報探索とは，消費者がニーズや問題を認識した際に，満足する選択肢が存在するかを決定するために，過去の情報探索の結果や過去の旅行経験，消極的な低関与学習などの結果として長期記憶に蓄えられている情報を検索することをいう。外部情報探索とは，内部情報探索では意思決定をするに不十分であるとわかった場合に，ガイドブックやインターネット，友人知人からのクチコミなどの外部情報源から情報を得る探索プロセスのことを意味する。外部情報探索はさらに，特定のデスティネーションへの旅行の意思決定と計画のためになされる購買前探索（pre-purchase search）と，必ずしも直近の旅行のためではなく単なる知識欲求などのために比較的規則的になされる進行的探索（ongoing search）に区分される。

情報探索の特徴について，フォドネス & マレー（Fodness & Murray, 1997）は，観光者の情報探索行動を，程度（情報源の使用量と探索時間）ならびに方向（使用する情報源の種類）を基準に，習慣的情報探索（routine search)，限定的情報探索（limited search)，広範的情報探索（extended search）の３つに分類している。習慣的情報探索は少ない時間で少数の情報源を利用するものである。限定的情報探索は，探索時間または使用する情報源の数を限定した情報探索のことを指す。広範的情報探索は時間をかけてたくさんの情報源にあたることをいう。

ガーソイ & マックリアリー（Gursoy & McCleary, 2004）は，情報探索行動に影響を与える要因についての検証を行っている。直接的に影響を与える要因として関与水準と情報探索の知覚コストを指摘している。関与が高まるほど，内部情報探索・外部情報探索の双方を行うようになる。記憶に十分な情報を持っていないと感じた場合は内部情報探索のコストが高いと知覚してこれを中止し外部情報探索をするようになる。一方で，十分な内部情報を持っており，時間と金銭をかけて新たに情報探索をしても得られるものがないと感じると外部情報探索のコストを高いと知覚し，内部情報探索に依存するようになる。さらに，情報探索の知覚コストに影響する要因として熟知と専門性がある。過去の来訪経験があり，関与や学習が高まるほどデスティネーションを熟知するようになり，記憶から情報を直接獲得できることから，内部情報探索のコストの低下と外部情報探索のコストの上昇を知覚するようになる。また，以前の来訪経験があり，関与や学習が高まるほど専門性は高まり，効率のよい内部情報探索が行われる。同時に，専門性が高まった結果，デスティネーションの新たな魅力に気づき，さらに外部情報探索を行う可能性もあるとも考えられている。

2　イメージの類型と観光における研究事例

(1) イメージの定義と類型

イメージとは，「対象に対する感情を伴った主観的評価あるいは印象一般」（前田，1995），「人がデスティネーションに対して抱く信念，観念，印象の総和」（Crompton，1979），「人がある対象・人・出来事や場所に対して抱く知覚，信念，印象，観念や理解」（Gartner，2000）と定義される。

イメージの類型として，ガン（Gunn，1972）は「組織イメージ（organic image）」と「誘導イメージ（induced image）」の2つの要素から構成されるとしている。組織イメージとは，各個人が新聞や雑誌，地理の本，小説などの観光とは直接関係しない情報源に長年接触することで形成されるイメージのことをいう。もう1つの誘導イメージとは，広告，雑誌記事，ガイドブック，テレビ番組など，観光当局による意識的なプロモーションやパブリシティの努力の成果から発生するイメージと説明される。この概念は数多くの論文で引用され，さまざまなイメージ形成過程のモデルの基礎となった。例えばファケエ & クロンプトン（Fakeye & Cromptom, 1991）は，ガンによる2つのイメージ要素をもとにしつつ新たな要素として，実際にデスティネーションを訪れた経験を踏まえて形成される複合イメージ（complex image）を加えた。さらにガートナー（Gartner, 1993）は，発信者を基にイメージ形成につながる情報の媒体の分類を行い，誘導イメージを4種類，組織イメージを3種類に細分化したほか，デスティネーションとは独立に制作されたニュースや映画，ドキュメンタリーなどから短期間で形成される自律イメージ（autonomous image）の存在を指摘している。

このほか，認知イメージ（cognitive image）と感情イメージ（affective image）に分類するものもある（Gartner, 1993；Baloglu & McCleary, 1999；Beerli & Martin, 2004）。認知イメージとは，デスティネーションを構成する客観的な属性に対する信念または知識，評価のことを指す。感情イメージとは，デスティネーションに対する感情のことをいう。これら2つのイメージがあわさって全体イメージ（overall image）ができると考えられている。

エクトナー & リッチー（Echtner & Ritchie, 1993）はイメージに関して3つの次元があると提起している。1つめは「属性（attribute）―全体（holistic）」であり，価格水準や天候などの属性と全体的な雰囲気でわけるものである。2つめは「機能的（functional）―心理的（psychological）」となっており，機能的は景色などの直接観察・測定できる特徴を，心理的では友好性や安全などの抽象的で目に見えない特徴を指している。3つめは「共通（common）―ユニーク（unique）」の次元である。共通とはあらゆるデスティネーションで共通して評定されており比較可能な要素を指し，一方でユニークとは，あるデスティネーションに特有の要素を示している。

(2) イメージの測定事例

1) 日本における観光イメージ研究の萌芽

日本における観光とイメージに関する最初の本格的な論考は，東京都民が「観光」という語に対して抱くイメージの測定結果を示した前田（1971）によるものである。観光とイメージについて，その役割等についてより具体的に論じた論考は，前田・大森（1980a；1980b；1980c）により『月刊観光』（日本観光協会）に連載されたものまで待たなくてはならない。この論考では，各自治体や調査機関が実施した観光イメージに関する調査結果を，県民と県外者による比較，立場（旅行客・エージェント・旅館主）による比較，旅行前と旅行後の比較など多様な視点から整理した。さらに，これらの検討を踏まえ，イメージの一般的性格や観光行動におけるイメージの役割と機能について論じている。

2) 日本におけるデスティネーション・イメージの研究動向

日本においては，デスティネーションのイメージを測定する調査はいくつも行われている。以下では，5 つの観点から研究を類型化し，主な結果を概観する。

①知識との関連

知識とイメージの関連については，前田・前田研究室（1986）が，中国，韓国，オーストラリア，香港の 4 カ国のイメージを把握した研究がある。この研究では，各国についての知識を問う問題を 10 問ずつ作成し，その正答率をもとに回答者を 3 つのグループに分け，グループ間でのイメージ評定の差異についての検証を行っている。その結果，中国，韓国，オーストラリアについては差異を認めることができなかった一方で，香港については，知識の高い者ほど「どちらでもない」という中庸な反応ではなく，プラスとマイナスの両極の表現に対して反応している傾向があることを示した。幸田（2005）は，前田・前田研究室（1986）の方法に準じて，韓国の知識とイメージの関連を分析している。

②来訪経験との関連

石見・安居（1990）は，ハワイ・グアム・沖縄のイメージに関する調査を実施し，来訪経験の有無のイメージへの影響を検証したところ，沖縄とハワイについては，来訪経験のない人よりもある人の方が各項目を強く評定しており，ハッキリとした，明確なイメージを持っているとの結果を示している。

西村（1991）は，海外旅行の経験がほぼ皆無の大学生を対象に，旅行したい場所の名称とその場所に対するイメージについて自由記述による回答を求めた。その結果，旅行したい場所として選ばれたのは，日本ではよく知られている場所，よく宣伝されている場所，調査実施時に話題になっている場所，地理歴史の教科書に頻繁に登場する場所であった。イメージの記述を見ると，①「きれい」「すてき」などの感覚的な表現が多い，②「大自然」「景色がきれい」などの視覚的な回答が多い，③「自然が多い」など断定的な評価を含むイメージが目につく，④場所を特定できるような表現が少ない，⑤世界史の教科書によく登場する国では「歴史・文化」，そうでない国では「自然」に関する表現が多い，といった特徴が見られた。さらに，この結果はマスメディアの影響が大きいと結論づけている。

③地域住民と地域外居住者の持つイメージの比較

田中（1997）は，北海道網走市の市内居住者が網走に対して持つイメージ（＝対内的イメージ）および市外居住者が網走に対して持つイメージ（＝対外的イメージ）の調査を行った。対内的イメージは「流氷」「刑務所」の２項目が想起されている一方，対外的イメージについては「刑務所」を想起する回答が多数見られた。さらに，網走市以外の北海道居住者と他地域（＝北海道外）居住者との間でイメージ想起の傾向が異なっている。例えば「雪」の想起率については他地域居住者のほうが高くなっている。これは，網走の情報をあまり持たない北海道外の回答者が，北海道という大地域のイメージを，網走という北海道内の小地域のイメージにあてはめた結果であり，このことから，人々が持つ知識や情報量の蓄積の違いによって，想起するイメージが異なると考察した。

また，宮森（1995）は本土からの観光客の沖縄に対するイメージ（以下，対外的イメージ）と，沖縄県民が考える観光客が沖縄に対して抱くイメージ（以下，対外的イメージに対するイメージ）の比較を行っている。その結果，①対外的イメージ，対外的イメージに対するイメージの双方とも，「青い海・空」「マリンスポーツ」「トロピカル」といった要素の回答が共通して多い，②観光客は「温暖」「工芸品」「首里城」「エキゾチック」「ショッピング」などの項目を評価する一方，県民は「のんびり」「リゾートホテル」「琉球料理」「離島」のイメージを観光客が抱くと考えている。このことから，観光客と沖縄県民のイメージ評定の間には共通点と同時に乖離する部分も見られるほか，沖縄のことを本土の観光客は知っているだろうと沖縄県民が過剰評価している傾向もある。なお，宮森（2001）では，首都圏住民を，宮森（2002）では韓国人を対象に，対外的イメージと対外的イメージに対するイメージを比較しており，ほぼ同様の結果を得ている。

中村（2008）では，観光地としての沖縄のイメージについての首都圏居住者と沖縄在住者との間での相違を，自由記述による調査結果から検討している。その結果，回答が「海」に集中したり，沖縄独自の要素ではなく他地域においても想起される言葉が回答される点が共通していた。同時に，関東在住者は沖縄を美化したイメージを持つ一方で，沖縄在住者は沖縄文化の独自性や人への誇りをイメージとして表現しているという違いも見られた。

④大型イベントの関連

大型イベントが開催されると，開催地のマスメディアへの露出が一時的に増加する。こうした大型イベントと開催地のイメージとの関連を検討した研究としては，2000 年の沖縄サミットの開催が沖縄のイメージに及ぼす影響を検討した宮森（2001）がある。ここでは，首都圏住民の沖縄に対するイメージを開催前後で比較した。その結果，沖縄の全体イメージについてはあまり変わらないとする人が半数以上を占めるものの，項目別にみていくと「エイサー」や「沖縄音楽」などの芸能面，戦争の傷跡，観光資源の豊富さなどに関するイメージが，開催後に強くなっていることが示された。宮森（2002）では韓国のソウル市内の在住者を対象に同様の調査を実施している。

⑤時代変遷

特定のデスティネーションのイメージの時代による変化の検討については，幸田（2005）による韓国のイメージの研究がある。ここでは前田・前田研究室

(1986) の方法に準拠して，韓国への知識の高低とイメージ評定との関係を分析している。前田らによる 1985 年の調査では，韓国に対する知識の高い学生と低い学生との間にイメージの差異が全くといって良いほどみられなかった。これに対して，幸田の 2005 年の調査では，韓国に関する知識の高い学生のほうが極端ではなく中庸なイメージを持っているといった結果が見られた。また，韓国に関係する人物を自由記述法で連想させたところ，1985 年の調査では政治家 2 名と歌手 1 名に回答が集中していたのに対し，2005 年の調査では，俳優や女優に多くの回答が集まった。この背景として，20 年の間に日本における韓国の情報量が増加したこと，ならびに興味関心がエンタテインメント方面にシフトしたことを指摘している。

これらの日本の調査事例を総括すると，次の 4 点が考えられる。第一に，デスティネーション来訪経験との関連では，経験がある人は明確なイメージを表現する一方で，未経験の人はメディアの影響を受けて，紋切り型で場所を特定できない一般な表現をしやすい傾向がある。第二に，デスティネーションの住民が抱く対内的イメージと非住民が抱く対外的イメージを比較すると，共通する要素はあるものの，知識・情報の蓄積量や滞在歴の違いが影響し，相違する部分も多く見られる。第三に，大型イベントが開催されたとしても，イメージの変化は限定的であり，認知・評価が高まるのはメディアで露出のあった項目にとどまっている。第四に，あるデスティネーションに対して想起するイメージは，時代とともにメディアで流通する情報量とその内容が変化することで，人々の興味関心の対象が移りゆく影響もあり，変化していく可能性がある。

3　イメージ形成のモデルと情報のイメージへの影響

(1)　ボウルディングの議論

現在までの観光行動研究を見ていく上で，Boulding (1956；ボウルディング，1961) によるイメージの議論を避けて通ることはできない。彼は，外の世界から受け取った情報や過去の経験の総合的な結果として人はイメージを形成し，さらに人間は，客観的なリアリティよりもイメージに依存して行動していることを指摘している。

ある種の情報が与えられると，イメージは次の4パターンで構成される。1つはイメージが変わらずに現状通りというものである。2つ目は根本的なイメージは変わらないが，何かを付加する程度の変化を起こすとするものである。3つ目は既存のイメージの中核をなすものと情報がぶつかり全体がすっかり変わってしまうものである。4つ目は，以前は漠然としていたものを明確にするというものである。

また，人は価値というフィルターを通して情報を受け入れており，これがイメージに及ぼす効果を決める。人は現在持っているイメージと同様の情報であれば簡単に受け入れることができる。しかし，現在のイメージと葛藤する情報を受け取った場合，当初はそれを真実ではないとして拒否するが，そのような情報を継続して受けとると抵抗がなくなっていき，やがては受け入れて抱くイメージをすっかりと変えてしまうことになる。

これらの議論は，のちの観光行動研究に数多く引用され，大きな影響を与えた。

(2) イメージ形成のモデル

観光行動におけるイメージ形成のプロセスを説明した主要なモデルを紹介する。

ファケエ & クロンプトン（1991）は，ガン（1972）をもとに図4-1のモデルを提起した。まず，選択の候補となる想起集合に含まれるデスティネーションに対する「組織イメージ」を形成する。旅行へのモチベーションが生ずると，積極的な情報探索が行われ「誘導イメージ」を作っていく。そして，「組織イメージ」と「誘導イメージ」をもとに，選択肢の候補が評価され，デスティネーションの最終選択がなされる。さらに現地への来訪経験をふまえて，「複合イメージ」ができあがっていくとしている。

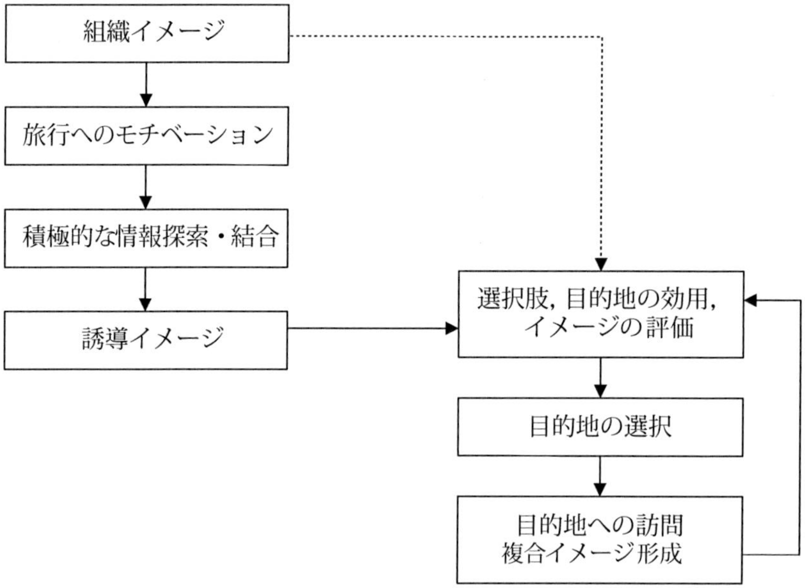

図 4-1　ファケエ & クロンプトン（1991）のモデル

出典：Fakeye & Crompton（1991）　Figure1 をもとに筆者作成。

バログル & マックリアリー（1999）は，先行研究をもとに図 4-2・図 4-3 のモデルを構築した。デスティネーションのイメージは，刺激要因と個人要因の 2 つから影響を受けて形成される。刺激要因の構成要素としては，情報源の種類と量，および以前の訪問経験などがあり，個人要因には価値，動機やパーソナリティといった心理的要因，ならびに年齢，教育，婚姻状況などの社会的要因が含まれる。イメージは，認知イメージと感情イメージの 2 つから成立している[1)]。認知イメージは，主として刺激要因である情報源の量と種類，さらには年齢，教育水準の影響を受けて作られる。感情イメージは認知イメージに強く依拠しているほか，個人要因の 1 つである社会心理的な旅行へのモチベーションからも影響を受けている。さらに，認知イメージと感情イメージの双方から影響を受けて全体イメージが形成されるが，感情イメージの及ぼす力のほうが

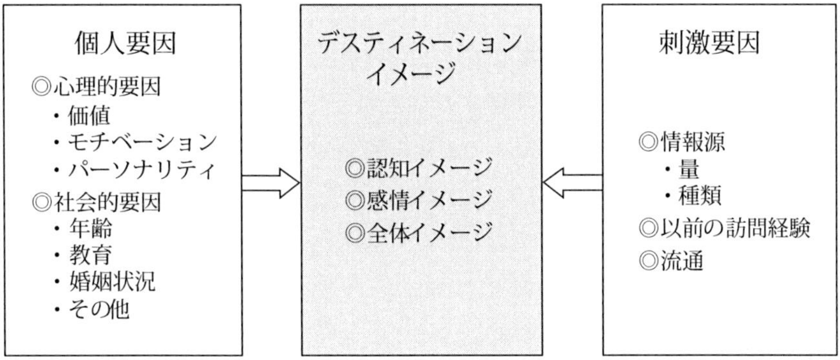

図 4-2　バログル & マックリアリー（1999）のモデル（その 1）

出典：Baloglu & McCleary（1999）　Figure1 をもとに筆者作成。

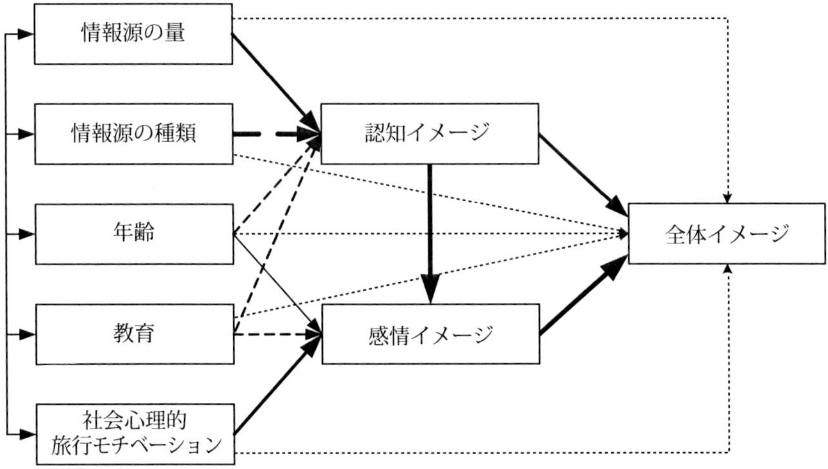

図 4-3　バログル & マックリアリー（1999）のモデル（その 2）

出典：Baloglu & McCleary（1999）　Figure2 をもとに筆者作成。

大きいと考えられている。なお，図 4-3 と同様の考え方のモデルを，ビーリ & マーティン（2004）も提示している。

(3) 情報のイメージへの影響に関する研究事例

それでは，情報はイメージ形成に具体的にどのように影響したのだろうか。ここでは，映画のイメージ形成への影響に関する研究を事例に検討する。

イワシタ（Iwashita, 2008）は，イギリスの映画やテレビドラマが，日本人観光者のデスティネーション選択に果たす役割をインターネット調査とインタビューを基に研究した。その結果，①最初に一般的なイギリスへの興味を人々に生み出す，②イギリス全体や個別の地域を含めて，旅行をするのに役立つイメージを形成する，③潜在観光者への認知と興味を作り出し，メディアに示されたイギリスの特定の場所への旅行を促す，④追加情報を提供したり記憶を喚起したりすることにより，人々のイギリスへの興味を維持・再生させる，⑤イギリスへの知識，イメージを提示するガイドブックとして機能する，の５点を指摘した。

映画の舞台となった場所を訪れた人に対して，視聴した作品がイメージ形成に寄与したかについての研究事例もいくつかある。バスビー & クルグ（Busby & Klug, 2001）は，1999 年公開の映画「ノッティングヒルの恋人（Notting Hill)」の舞台となったイギリス・ロンドンのノッティングヒルの来訪者を対象に調査を実施した。その結果，映画を見たことを直接の理由としてノッティングヒルを訪れた人は少ないものの，多くの来訪者はすでに映画を視聴しており，来訪前にノッティングヒルに対して明確なイメージを持っていることを明らかにした。

メルシーレ（Mercille, 2005）は，映画「セブン・イヤーズ・イン・チベット（Seven Years in Tibet)」「クンドゥン（Kundun)」が，チベットを初めて訪れた観光者が想起するイメージに与える影響を検証したところ，視聴経験の有無とイメージ評定の間には明確な相関は見られない結果となった。これは，さまざまな映画やテレビ番組に登場するチベットの映像はどれも同じものであるが故に，特定の映画による効果を把握できなかったと解釈された。

映画を回答者に実際に見せてその影響を測定した研究として，キム & リチャードソン（Kim & Richardson, 2003）がある。ここでは，学生を 2 つのグループ（実験群・統制群）に分け，実験群にはオーストリア・ウィーンの歴史文化的な魅力が描かれている映画「恋人までの距離（Before Sunrise）」を，統制群にはウィーンを舞台としていない「恋はデジャ・ブ（Groundhog Day）」を見せ，上映終了後，双方のグループに対して，ウィーンの認知イメージ，感情イメージを測定した。その結果，実験群・統制群の学生との間で認知イメージに違いが存在し，また，実験群の学生のほうがウィーン来訪への興味が高いことが示された。

これらの研究から，確かに，映画の映像がイメージ形成に影響していることはある程度認められており，作品視聴者と非視聴者との間には想起するイメージの相違が見られる。視聴者は，舞台となるデスティネーションの個別の要素をしっかりと認知し，よりポジティブなイメージを形成している。しかし，メディアへの登場が多く似通った画像が露出している場合は，個別作品による影響を特定することが困難になることもあると考えられる。

4　情報が観光行動に与える影響に関する研究

近年の研究をみていると，映画やテレビ番組など発地で利用できるメディアによる情報が来訪者数に及ぼした影響の分析や，ガイドブックの役割を研究したもの，観光地現地で提供される情報による観光行動の変化を検証したものまで，多岐にわたっている。

(1)　メディアによる情報の来訪者数への影響

旅行番組は場所の様子や音を伝達し，観光者の目的地に対するイメージの形成，来訪の意思決定に大きな影響を及ぼすとされている。その中で，テレビドラマ・映画の上映が，撮影地・舞台となった場所への来訪者数に及ぼす影響についての研究はいくつか存在する。

ライリー & ヴァン・ドーレン（Riley & Van. Doren, 1992）では，デスティネーションに新しいイメージを付加するとともに，市場から観光者を撮影地に誘引するプル要因として映画を位置づけ，アメリカおよびオーストラリアを舞台とした映画の上映による，舞台となるデスティネーションの来訪者数の変動を分析した。その結果，単に来訪者数が増加するだけではなく，来訪者の発地の範囲が拡大していることを示した。トゥーク & ベイカー（Tooke & Baker, 1996）では，イギリスの4つのテレビドラマ・映画を分析し，放映開始後に撮影地への訪問者が増加したことを示す一方，来訪者の大幅な増加に対応できる環境収容力を持っていない撮影地が多く，望ましくない事態が起こりかねないことも指摘している。ライリーほか（Riley, Baker & Van. Doren, 1998）においては，12のアメリカの映画を分析し，映画は撮影地に来訪者を誘引する力があり，上映後少なくとも4年間効果が持続することを指摘した。

日本の研究をみると，中村（2003）では，NHKの大河ドラマの舞台や撮影地となった場所への来訪者数の放映前後での変化を分析し，3つに類型化している。1つは，放映年だけ一時的に来訪者数が増加するが終了後はもとの水準に逆戻りする「一過型」，2つめは放映を機会に来訪者数が増加し終了後は放映前よりも多くの来訪者を持続的に集める「ベースアップ型」，3つめは放映をきっかけとした大きな来訪者数の変動が見られない「無関係型」としている。さらに，ドラマの長期間にわたる放映は，既に知名度が高い場所にとっては新たなイメージが付加されることを，知名度が低く来訪者を集めていない場所にとっては，ドラマの映像そのものが地域のイメージになることを指摘している。

これらの研究から，映画やドラマの映像は，観光者を舞台となるデスティネーションに引きつけるプル要因として働き，上映・放映時には来訪者数の増加のインパクトが見られ，数年間効果が持続する場合もあると言えよう。さらに，この効果はとくに小さな撮影地で観察されやすく，来訪者の発地の範囲が拡大する傾向も見られる。

(2) ガイドブックと観光行動

ニシムラは，日本人海外旅行者のガイドブックの利用に関して研究した。ニシムラほか（Nishimura，Waryszak & King，2006）では，ガイドブックを旅行時に使用する人は，旅行中は機能的な情報を求めており，旅行前・旅行後の段階では機能的な情報に加え，快楽や美しさや革新性などの情報も必要とすることを示した。ニシムラほか（Nishimura，King & R.Waryszak，2007）は，旅行形態，つまり旅行行程中の自由度の程度によって，旅行前・旅行中に使用する情報源が異なることを指摘した。旅行前の段階では，フルパッケージ，スケルトン型のパッケージツアー参加者はガイドブックに加えて旅行会社のツアーパンフレットを活用する一方で，個人旅行者はガイドブックに強く依存している傾向がみられた。旅行中においては，パッケージツアー参加者はガイドブックと現地ツアーガイドの情報の双方を活用しており，一方で個人旅行者が依拠する情報源は専らガイドブックであることを明らかにした。

(3) 着地情報の提供と観光行動への影響

観光者がデスティネーション到着後に現地で利用できる情報源は，パンフレットやマップ，観光案内板，携帯電話など多岐にわたっている。そのなかから1つの媒体を取り上げ，観光者が提示された情報の受け止め方と現地行動への影響をみた研究がいくつか存在する。

武内（2004）は，外国人観光者の行動特性や現状の観光対象の解説表示（以下，説示とする）の実態，説示を制作する上での技術的な課題を検討した上で，英語を第一言語としない外国人が理解しやすい説示を執筆する上では，「客観性」「可読性」「記号性」の3つの条件を満たすことが必要であるとした。ここで「可読性」とは，使用頻度の高い国際語として英語が採用されることが多い中で，実際に英語を第一言語としない外国人にとっても判読・理解できる内容であることを意味する。「記号性」とは限られたスペースの中で地域性と娯楽性を満たした適切な情報を提示することを指す。これら2つの条件の有効性を検証するべく，京都市の清水寺ならびに松江市の八重垣神社を対象として，それぞれの実際に使用されている英語の説示と，上記の条件を満たすべく新たに作成した改良案を非英語圏の被験者に提示し，双方を比較した上で，「可読性」「記号性」「総合評価」の観点からの評定を求めた。その結果，英語を第一言語としない人は，清水寺・八重垣神社の双方について，現状よりも改良案のほうが「可読性」「記号性」が高いと評価しており，この傾向は非インド・ヨーロッパ語族の人に顕著であった。「総合評価」についても，双方とも非インド・ヨーロッパ語族の人からは改良案のほうが高い評価を得られた。

金・西井・佐々木（2006）では，山梨県富士五湖地域来訪者を対象に実施した調査をもとに，観光者の情報利用と観光地現地に到着してから帰路につくまでの周遊行動との関連を分析し，次の知見を示した。1つは，観光スポットの認知水準が高い観光者ほど，現地での周遊中の情報利用程度が高くなっていることがある。2つめは，観光地へのアクセス中や現地での周遊行動中における情報利用の頻度が高いほど，訪問観光スポット数が増加し，周遊空間の範囲が広がり，さらに滞在時間が長くなる影響が見られることである。

これらの研究から，現地での行動中については，「可読性」「記号性」を含めてもっぱら機能的な情報が必要とされていることがわかる。さらに，現地について熟知している人ほど現地において情報を積極的に利用するようになり，行動範囲や滞在時間が拡大する傾向があると考えられる。

5　イメージが観光行動に与える影響に関する研究

イメージの観光行動における影響としては，1つにデスティネーションの選択があり，人々は好ましいイメージを抱いているところを選択するというのがある（Fakeye & Cromptom，1991）。もう1つは意思決定後の行動である（Bigné，M.Sánchez, & J. Sánchez，2001）。これら2つの観点から，既存の研究を見ていくことにする。

(1)　来訪意向との関連

フィリップス & ジャン（Phillips & Jang，2007）は，認知イメージならびに感情イメージが旅行意向にあたえる影響を，アメリカの大学生を対象に，ニューヨーク市をデスティネーションと想定した調査をもとに検証している。その結果，認知イメージの評定が高いほど，ポジティブな方向の感情イメージが高いほど，旅行意向が強まることを示した。さらに，モチベーションによる調整効果も検証しており，仮に感情イメージがポジティブに強い場合であっても，モチベーションが低い場合には，旅行意向が高まらない結果となった。

(2) 現地での評価／行動との関連

デスティネーション・イメージの影響は，デスティネーション選択の段階に限られるものではなく，観光者の行動全般に影響すると考えられる。

ビーニュほか（2001）は，デスティネーション・イメージと，現地での知覚品質，満足，購買後行動（再来訪意向，他人への推薦の意思）との間の相互関係を，スペインの 2 つのリゾートで来訪者に対して実施した調査結果をもとに分析している。その結果，観光者がデスティネーションに対して好ましいイメージを持っていることは，現地滞在中に受けるサービスの品質を好ましく受け止め，満足し，再来訪や知人への推薦の意思を示すという連鎖関係を見いだせることを示した。ただし，満足と購買後行動の間の関係はデスティネーションによって異なっており，一概には言えない結果となっている。

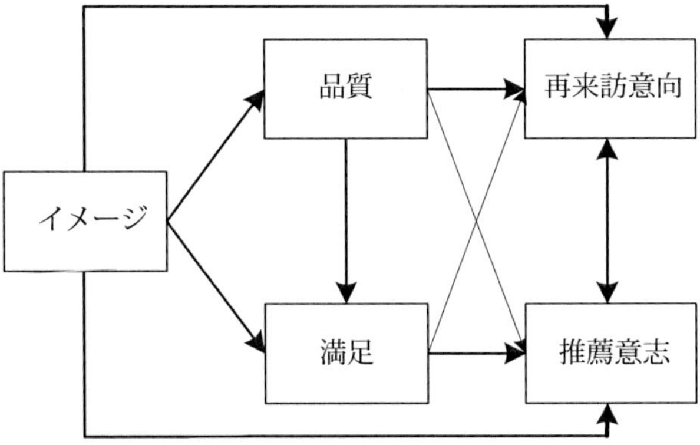

図 4-4　ビーニュほか（2001）のモデル

出典：Bigné, Sánchez & Sánchez（2001）をもとに筆者作成。

6　今後の研究の展望

本稿では，国内外の既存研究をもとに，情報・イメージが観光行動に及ぼす影響に関する研究を概観してきた。日本におけるイメージ研究は，1970年代からはじまり，とくに1990年代後半以降はさまざまな研究者によって取り組まれていることがわかる。近年では，情報や行動との関連にも焦点をあてた研究も見られるようになりつつある。しかしながら，日本ではこの分野の研究の蓄積は少ないうえに，課題を抱えているのが実情である。具体的には次の4点を指摘できる。

第一に，日本の研究と海外の研究の接点・関連がきわめて少ないことである。本稿で引用した日本におけるデスティネーション・イメージの研究をみると，海外の研究を引用・検討したものが数えるほどしかない状況にある。今後，海外の研究で構築されている理論を踏まえて発展させていこうとする姿勢が必要とされる。

第二に，散発的な個別の事例の研究に留まっていることである。国内外の既存の研究をもとに，イメージに関する理論体系，ひいては観光行動の理論体系を構築していくという取り組みがなされていない。そのため，情報からイメージ形成，選択，現地での行動に至るまでの一連の流れを視野に入れた理論モデルの提案が見られない。本稿で紹介したような海外の既存のモデルを参考にしながらも，情報，イメージ，選択と単独に研究するのではなく，一連の観光行動ととらえて理論化を目指していくことが求められよう。

第三に，情報ならびにイメージがデスティネーションの選択から旅行中に至るまでの行動に及ぼす影響を直接的に把握したものが少ないことである。これを克服するための調査手法として，例えば，同一の観光者に対して，使用した情報源から，形成したイメージ，現地での行動，事後の評価に至るまでを追跡していくことが考えられる。このほかには，情報媒体利用の有無で観光者をグループ分けして現地行動の内容の相違を比較するような実験を行うことも想定できる。しかし，これらの手法を実施に移すには，調査参加者を長時間にわたって拘束することになり，多数の人から協力を得ることには困難を伴う。実現への障壁は多くあるが，より妥当な調査手法の開発に挑戦することが求められる。

第四に，観光者が合理的に行動することを仮定した研究が多いことが指摘できる。観光者は必ずしも合理的に行動するとは限らず，非効率な行動や直感による行動がしばしば観察される。このような点にも目を向けた調査の実施と理論の構築をすることも求められる。

日本の観光行動研究の発展に貢献に向けて，我々研究者に課せられた役割は，上記の課題を認識しつつ，新たな理論の体系を構築することを念頭に置いた上で，実証的な研究に取り組み，それを積み重ねていくことにある。

注：

1) 原典では，知覚・認知評価（perceptual / cognitive evaluations）と感情評価（affective evaluations）となっているが，本稿ではそれぞれ「認知イメージ」，「感情イメージ」と表記を統一している。

引用・参考文献：

石見利勝・安居信之（1990）:「観光地のイメージにもとづく観光地選択行動」都市計画論文集（日本都市計画学会），25，pp.295-300.

金賢・西井和夫・佐々木邦明（2006）:「富士五湖地域における観光客の情報利用と周遊行動との因果構造分析」都市計画論文集（日本都市計画学会），41 (3)，pp.13-18.

幸田麻里子（2005）:「韓国に対するイメージと知識・訪問意向に関する研究」日本観光研究学会全国大会学術論文集，20，pp.121-124.

武内一良（2004）:「観光地における説示情報提供に関する研究：国際語としての英語使用を中心に」立教大学大学院観光学研究科博士論文（未公刊），166p.

田中美子（1997）:『地域のイメージ・ダイナミクス』技報堂出版，pp.55-83.

中村哲（2003）:「観光によるマスメディアの影響」，前田勇編著『21 世紀の観光学』学文社，pp.83-100.

中村哲（2004）：「観光における情報の非対称性の発生要因」日本観光研究学会全国大会研究発表論文集，19，pp.217-220.

中村哲（2008）：「沖縄のデスティネーション・イメージ測定」敬愛大学研究論集，73，pp.213-244.

西村孝彦（1991）：「旅行したい場所とそのイメージ―福岡教育大学生に対するアンケート調査の結果から」福岡教育大学紀要，第2分冊社会科編，40，pp.37-50,

前田勇（1995）：『観光とサービスの心理学』学文社，pp.97-122.

前田勇（1971）：『観光論の原点：観光に対するイメージの分析』観光（日本観光協会），40，pp.4-8.

前田勇・大森信治郎（1980a）：「観光」と「イメージ」＜上＞観光（日本観光協会），161，pp.35-38.

前田勇・大森信治郎（1980b）：「観光」と「イメージ」＜中＞観光（日本観光協会），162，pp.36-39.

前田勇・大森信治郎（1980c）：「観光」と「イメージ」＜下＞観光（日本観光協会），163，pp.48-51.

前田勇・前田研究室（1986）：「観光における〈知識〉と〈イメージ〉に関する研究：東アジア・オセアニアの国・地域についての調査分析」応用社会学研究（立教大学），27，pp.97-129.

宮森正樹（1995）：「観光イメージに影響を与える要因の研究：沖縄県のケースを中心に」商経論集（沖縄国際大学），23(1)，pp.125-147.

宮森正樹（2001）：「沖縄の観光イメージを全国に発信する為の沖縄サミットの広報・広告活動に関する研究」商経論集（沖縄国際大学），30(1)，pp.67-82.

宮森正樹（2002）：「沖縄サミットが韓国の持つ沖縄観光のイメージに与えた影響に関する一考察」商経論集（沖縄国際大学），31(1)，pp.45-58.

Baloglu, S. & McCleary, K.W.（1999）“A Model of Destination Image Formation,” *Annals of Tourism Research*, 26(4), pp.868-897.

Bigné, J., M. Sánchez, & J. Sánchez（2001）“Tourism Image, Evaluation Variables and after Purchase Behavior; Inter-relationships,” *Tourism Management*, 22(6), pp.607-616.

Beerli, A. & J. D. Martin（2004）“Factors Influencing Destination Image,” *Annals of Tourism Research*, 31(3), pp.657-681.

Boulding, K.（1956）*The Image -Knowledge in Life and Society*, Ann Arbor, MI: The University of Michigan Press（大川信明訳（1961）：『ザ・イメージ』誠信書房，

pp.1-21).

Busby, C. & J. Klug (2001) "Movie-induced Tourism; The Challenge of Measurement and other Issues," *Journal of Vacation Marketing,* 7 (4), pp.316-332.

Crompton, J. L. (1979) "An Assessment of The Image of Mexico as a Vacation Destination and the Influence of Geographical Location upon the Image," *Journal of Travel Research*, 17 (4), pp.18-23.

Crotts, J. C. (2000) "Consumer Decision Making and Prepurchase Information Search," Pizam.A & Y. Mansfeld (eds), *Consumer Behavior in Travel and Tourism*, New York: The Haworth Hospitality Press, pp.149-168.

Echtner, C. M. & J. R. B. Ritchie (1993) "The Measurement of Destination Image; An Empirical Assessment," *Journal of Travel Research*, 31 (4), pp.3-13.

Fakeye, P. C. & J. L. Cromptom (1991) "Image Differences between Prospective, First-Time, and Repeat Visitors to the Lower Rio Grande Valley," *Journal of Travel Research*, 30 (2), pp.10-16.

Fodness, D. & B. Murray (1997) "Tourist Information Search," *Annals of Tourism Research*, 24 (3), pp.503-523.

Gartner, C. W. (1993) "Image Formation Process," *Journal of Travel and Tourism Marketing,* 2 (2/3), pp.191-196.

Gartner, C. W. (2000) "Image," Jafari, J. Ed., *Encyclopedia of Tourism*, London: Routledge, p.295.

Gunn, C. A. (1972) *Vacationscape*, Austin, TX: Bureau of Business Research, pp.111-113.

Gursoy, D. & K.W. McCleary (2004) "An Integrative Model of Tourists' Information Search Behavior," *Annals of Tourism Research*, 31 (2), pp.353-373.

Iwashita, C. (2008) "Roles of Films and Television Dramas in International Tourism; the Case of Japanese Tourists to the UK," *Journal of Travel & Tourism Marketing*, 24 (2/3), pp.139-151.

Kim, H. & S. L. Richardson (2003) "Motion Picture Impacts on Destination Images," *Annals of Tourism Research,* 30 (1), pp.216-237.

Mercille, J. (2005) "Media Effects on Image: The Case of Tibet," *Annals of Tourism Research*, 32 (4), pp.1039-1055.

Nishimura, S., R. Waryszak & B. King (2006) "Guidebook Use by Japanese Tourists: A Qualitative Study of Australia Inbound Travellers," *International Journal of*

Tourism Research, 8, pp.13–26.

Nishimura, S., B. King & R. Waryszak (2007) “The Use of Travel Guidebooks by Packaged and Non-packaged Japanese Travellers; a Comparative Study,” *Journal of Vacation Marketing*, 13 (4), pp.291–310.

Phillips, W. & S. Jang (2007) “Destination Image and Visit Intention; Examining the Moderating Role of Motivation,” *Tourism Analysis*, 12 (4), pp.319–326.

Riley, R., D. Baker and C. Van. Doren (1998) “Movie Induced Tourism,” *Annals of Tourism Research*, 25 (4), pp.919–935.

Riley, R. and C. Van. Doren (1992) “Movies as Tourism Promotion: A Push Factor in a Pull Location,” *Tourism Management*, 13, pp.267–274.

Tooke, N. and M. Baker (1996) “Seeing is Believing; the Effect of Film on Visitor Numbers in Screened Locations,” *Tourism Management*, 17, pp.87–94.

第5章　観光における接遇──観光者満足の視点から

はじめに

本章では，観光におけるホストの接遇とは何かを明らかにし，どのような接遇が観光者の満足を向上させることができるのかを検討する。具体的には，まずホストの接遇と観光者満足との関わりについて，続いて笑顔，アイコンタクト，挨拶などの接遇，観光者との相互作用における接遇，ならびにサービスの質として評価される接遇について先行研究をとりあげ，それらと観光者満足との関わりを明らかにする。次に，ホストの接遇に影響を及ぼすパーソナリティ，人的資源管理に関わる要因の先行研究を紹介し，それらが接遇とどのように関わり，観光者満足に影響を及ぼすのかを考える。その上で，接遇と観光者満足に関わる要因について，以上より明らかにされた知見から推測できることを整理し，今後の検討されるべき課題について述べることとする。

1　ホストの接遇と観光者満足との関わり

(1) 観光におけるホストの接遇

観光におけるホストの接遇とはどのような行動をさすのであろうか。接遇とは，「もてなし，接待，あしらい」という意味をもつ[1)]。したがって接遇とは，人をもてなす応対行動であると言える。たとえば，空港でのチェックインカウンターではグランド・スタッフが観光者の荷物を預かり，観光者の希望を聞きながら座席を決め，航空券を発券する。これらの一連の行動において，実際の航空券発券などの業務ではその業務を行うための基本的な知識や技術が必要である。同時に応対する際に好感のもたれる挨拶をすることでコミュニケーションのきっかけをつくったり，観光者の座席の希望を聞きそれに応えることで，空の旅がより快適なものになるよう努力する。このようなもてなしの応対行動が接遇である。

観光業は，業務に人的対応の場面が多いために，ホストの接遇は観光者の観光目的を達成するために必要不可欠な役割を果たす。なぜならば，上記の空港の例のような観光者の諸活動が円滑に行われるには，旅行中の随所でホストの適切な接遇が必要とされるのであり，そうした適切な接遇なくして，自然や人々と触れ合い，快適に学び，遊ぶなどという，観光の目的を達成することは不可能だからである。このように観光者が自らの観光目的を達成することができたときに，観光者満足は向上する。

(2) 接遇と観光者満足との関わり

人間の満足感とは，「何らかの行動や行為現象についての事前の期待や希望が充足された後に得られる感情である[2)]」。したがって，観光者がある期待をもって観光地を訪れたときにその期待が充足され，あるいは期待以上のものが提供されたときに，観光者は満足感を得るといえる。その満足感が充分なものであれば，観光者満足が向上し観光者自らが再訪問する行動や友人にその地を訪れるよう勧めるなどの行動につながるのである。

1) ホストの接遇

観光者に満足してもらうために，ホストの接遇は重要な役割を果たす。先にあげたグランド・スタッフが無愛想であったり，提供された座席が一緒に行った友人と離れた席であったとしたら，それだけで観光者の満足度は低下してしまうからである。それではどのような接遇が観光者満足に影響を及ぼすのであろうか。

ホストの笑顔，アイコンタクトは第一印象に影響を及ぼす（山口，2000）接遇である。加えて挨拶も未知の二者間の気まずさを取り除く（深田，1998）とされていることから，ホストの第一印象に影響を及ぼす接遇であると言えよう。

観光者との出会いのときの第一印象の良し悪しは，その後の観光者との相互作用を決めてしまうことが多いため，観光者満足に影響を及ぼす重要なものである。また，観光者はさまざまな目的をもって観光活動を行うため，たとえば丁寧な思いやりのある行動や機敏な行動など，観光者個々のニーズに合わせた接遇も必要となる。これらの行動は観光者から，ホストの提供するサービスの質として捉えられ，評価されることが考えられよう。

2）ホストのパーソナリティ

状況に合わせた接遇を行うためには，ホストのパーソナリティも重要な役割を果たすであろう。それは，ホストの行動の中でもマニュアル化されていない行動が彼ら個人のパーソナリティに大きく影響されていることからもわかる（前田，1995）。また，ホストが観光者に適切な接遇を行うには，企業の人的資源管理のあり方が問われるであろう。なぜならば明確な職務内容が提示され，ホストがその内容にやりがいと満足を感じていることや，ホストの能力を育成するための学習の機会を与えるなどの人的資源管理が行われることは，接遇に影響を及ぼすからである。

以上のことから，第2節ではこれらの接遇に関する研究について，第3節で接遇に影響を及ぼすホストのパーソナリティに関する研究について，それぞれ紹介する。

2　観光者満足に影響を及ぼすホストの接遇

(1) ホストの笑顔，アイコンタクト，挨拶と観光者満足

1）ホストの笑顔とアイコンタクト

笑顔は，魅力的な容貌特徴であり（Cunningham，Barbee & Pike，1990），相手に好感をもっていることを伝え，一般的には肯定的に受け取られる（Linden，Martin & Parsons，1993）。したがって，対人接客場面の多い職場に従事する者にとっては，笑顔を表わすことが仕事の一部であると言われている（Hochschild，1983）。

アイコンタクトはその機能から観光者に好意を持っていることを知らせ，ホストの接遇に対して観光者がどのような感情をもったかを知ることや，会話の流れを調節することができる（山口，2001）。つまりホストはアイコンタクトを適切に行うことで，観光者のニーズを知り，そのニーズに合わせた接遇をすることが可能となり，その結果，観光者の満足を高めることができるのである。

ホストの笑顔とアイコンタクトが観光者の評価に与える影響についての検討が，数は少ないもののいくつか検討されている。山口・小口（2001）は旅館の客室係の笑顔とアイコンタクトを取り上げ，検討を行った。その結果，観光者に応対する際や部屋を退出するときの挨拶の際にアイコンタクトを多く行った客室係は，能力があり，満足するサービスであったと観光者から評価されていた。湯茶のサービスを行いながら，アイコンタクトを多く行い，観光者からの質問の意図を正確に理解し適切に答えることができたため，観光者から能力のある客室係であると評価され，結果的に満足したサービスであったと評価されたものと考えられる。橋本（1999）も旅館において，観光者に笑顔で丁寧に接することやバリアフリーなど社会的弱者への対応がなされることが必要であり，それらを強化することは，特に女性顧客の満足度をあげるために重要であることを明らかにしている。

グランディほか（Grandey，Fisk，Mattila，Jansen & Sideman, 2005）は笑顔，アイコンタクトなどを含む肯定的な感情表現と観光者の満足度を検討している。グランディらは，研究1で実験協力者にホテルのフロントスタッフとして二種類の感情を表わすように依頼した。一方は「心から」観光者を助けたいと思ってアイコンタクトを行い笑顔を表わすことを，もう一方は顔の「表情だけ」で笑顔をつくることを伝え，観光者への挨拶，予約の確認，かかってきた電話に出る，ルームキーを渡すなどの業務を行ってもらい，その様子をビデオで撮影した。それらのビデオを7段階評価（“非常に満足（7)”から“非常に不満足（1)”まで）で評価した実験参加者は，アイコンタクトを行い「心から」の笑顔を表わして業務を行ったスタッフの方を親しみやすいと評価し，観光者満足度が高かった。とりわけ，適切な業務が行われていたときのアイコンタク

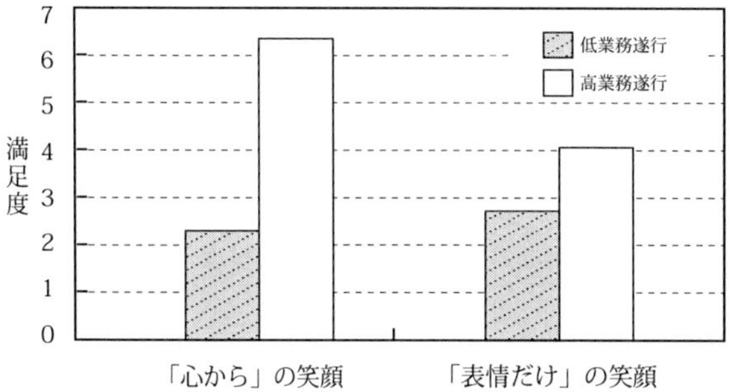

図 5-1　観光者満足における「笑顔」の種類と業務遂行との関係

出典：グランディほか（2005)96，Figure2 より筆者作成。

トと「心から」の笑顔は適切な業務が行われていないときに比べて，応対全体に対する満足度が有意に高かった（F（1.54)=77.15，p<.001）（図 5-1)。この結果からは，実際の業務が適切に行われた上で，「心から」の笑顔やアイコンタクトなどの肯定的な感情表現がなされることが重要であることが示されている。

研究2では実際のレストランの給仕人を実験対象者として，応対の際の「心から」の笑顔などの肯定的な感情表現と親しみやすさに関する観光者の評価との関わりが，業務の忙しさの影響を受けるのかどうかを検討した。その結果，業務が忙しいとき，「心から」の肯定的な感情表現は給仕人の親しみやすさの評価に与える影響が少ないという結果であった。この結果は人が忙しいときには，ホストが心を伴わない笑顔を表わしたとしても，その原因を表わすその人の特性に帰属させるのではなく状況にその原因を帰属させるため，親しみやすいという個人の特性に影響を及ぼすことが少ないことを示している。しかし，プー（Pugh, 2001）の検討では，業務の忙しさそのものは顧客が認知するサービスの質に対する評価に影響を及ぼすという結果がだされている。このことは，業務が忙しいことで提供されるサービスの質が落ちるであろうと顧客が認知していることを示している。このように業務が忙しいことはホスト自身が肯定的な感情表現を表わしにくいという結果からは，人的資源管理の視点から業務内容の見直しや人員配置の検討が必要であることが示唆されている。

2）ホストの挨拶

挨拶については，大久保（2003）が旅館の女将の職務について分析し，チェックイン時の出迎え，宴会場，チェックアウト時の見送りという3つの場面での挨拶が重要であることを明らかにしている。これら3つの場面での挨拶は，「日常的に行われている制度的対応であるが，和服を着用して宿泊客の前に姿を表わすことによって，旅館がもてなしの場であることの印象を与える効果が期待できる[3)]」ものである。

田仲（1998）は旅行業におけるカウンター係員の観光者への対応について，来店時，対面時，退出時におけるそれぞれの挨拶，商品や業務知識などを調査し，それらと全体的な評価との関わりの検討を行っている。その結果，商品や業務知識，退出時の挨拶が全体的評価に影響を及ぼしていることが明らかになった。これらのことから，充分な商品知識や業務知識を持ち，観光者のニーズに合わせた説明や助言をした上で，適切な挨拶をすることが重要であることが示されている。

(2) 相互作用の際におけるホストの接遇と観光者満足

サービスを提供する際の対人相互作用の立場からホストの接遇が観光者満足に及ぼす影響をついて検討した研究を紹介する。

シェイ（Hsieh，2005）は653軒のレストランを利用した観光者に，ウエイターとの相互作用における彼らの接遇に対する満足度および親密度が，レストランに対する全体的な満足度に及ぼす影響について調査を行った。そこではウエイターの接遇に対する満足度（「ウエイターが自分の感情や反応に考慮した行動を示してくれる」など），ならびに親密度（「毎回同じウエイターにサービスしてもらいたい」など），レストランに対する満足度（「全体的にこのレストランに満足している」）をそれぞれ取り上げた。その結果，レストランに対する満足感は，ウエイターの接遇に対する満足感と関わりがあることが明らかになった。ホストは観光者の感情やニーズを理解し，状況に合わせた適切な接遇で相互作用を円滑に行うことが求められているのである。ビットナーほか（Bitner,

Booms, & Tetreault, 1990）が行ったレストラン，ホテル，エアラインにおいて観光者が経験した699にわたる決定的な出来事の分析からも，ホストとの相互作用の際の接遇に対する満足度が，全体的な観光者の満足感に影響を及ぼすという結果がだされている。サレックとヘンセリー（Sulek & Hensely, 2004）は，レストランの従事者の対人相互作用のスキルが全体的満足度に影響を及ぼすことを明らかにしている。

(3) ホストのサービスの質（service quality）に対する評価と観光者満足

ホストの接遇を含むサービスに対する観光者の評価に焦点をあて，それらと観光者満足について検討した研究について検討する。

サービスの質とは，質の高いサービスと関連する顧客の全般的な判断や態度であり，これは顧客の知覚によって決定される相対的な概念であるといわれている（Parasuraman, Zethaml & Berry, 1988）。サービスの質に対する評価が観光者満足に及ぼす影響を検討した研究は，パラサラマンら（1988）の作成したSERVQUAL尺度を使った研究が数多く見られる。この尺度は，顧客の期待と実際のパフォーマンスとの差をみることで顧客満足をはかろうとする尺度である。

アンダリーブとコンウエイ（Andaleeb & Conway, 2006）は，レストランの従事者の接遇を含むサービスの質に対する評価と観光者満足との関わりを検討した。その結果，観光者満足に最も影響を及ぼしている要因として，「丁寧で思いやりがある」，「助けてくれる」，「機敏である」，「観光者のニーズを理解している」，「礼儀正しい」などがあげられた。レストランの照明，レストランの清潔さなどの要因に対する評価は観光者満足と関わりが見られなかった。レストランにおいては，食事をサービスしてくれる際の接遇の方がレストランの設備や環境よりも重要であると観光者が考えていることが推測できよう。

ホテルのサービスの質の評価と観光者満足との関わり，ならびに観光者満足と観光者の「次の行動」（そのホテルを他の人に勧めるかなど）との関わりの検討はオロルイニオほか（Olorunniwo, Hsu & Udo, 2006）が行っている。検討の結果，観光者によって認知されたサービスの質に対する評価においては，第一にホテルのスタッフの礼儀正しさや観光者の要求に応えてくれるなどの接遇，第二に業務知識，第三に従事者が不適切なサービスに対して補償できるエンパワーメントをもっているなど，第四にホテルの清潔さや外観の美しさなどが観光者満足と関わりがあることが明らかになった。これらのことから，サービスの質を向上させ，よりよい評価を得るためにはスタッフが礼儀正しく，ゲストの要求に的確に応えるなどの接遇が最も重要であり，これは上述したアンダリーブら（2006）の研究と同様の結果であった。しかし，レストランでは照明や清潔さなどが観光者満足と関わりが見られなかったが，ホテルの清潔さや外観の美しさなどの設備に関する評価は観光者満足と関わりが見られた。このことは，飲食業と宿泊業では観光者が重視するサービスの質に違いがあることが示されている。またこれらの接遇を含むサービスの質に対する評価は観光者満足へ影響を及ぼし，それが観光者の「次の行動」，つまり他の人にそのホテルを勧める，再度訪れるなどの行動に影響を及ぼすこと，加えてサービスの質に対する評価の高いことは観光者の次の行動へ直接影響を及ぼすことも明らかにされている。以上のことから，接遇を含むサービスの質に対する評価の良し悪しは，観光者の「次の行動」を起こすための重要な要因であることが推測できる。とりわけホテルではフロントスタッフの業務がサービスの質に対する評価に最も強く関わることも指摘されている（Hartline，Wooldridge & Jones，2003）。

近年の自然志向ツーリズムの高まりから，自然に親しむために国立公園などを訪れる観光者も多く存在する。このような国立公園などの従事者が提供するサービスの質に対する評価と観光者満足ならびに観光者の「次の行動」との関わりの検討も行われている。リーほか（Lee，Graefe & Burns，2004）は森林公園を訪れた観光者に対して，質問紙調査を行っている。そこでは，サービスの質に対する評価として，レンジャーの親しみやすさや適切な情報提供などの接遇，トイレやゴミ箱の清潔さなど，環境に合った危険性のない設備などをとりあげ，それらの評価と観光者満足，観光者の「次の行動」との関わりを検討している。その結果，レンジャーの親しみやすい行動や正確な情報提供などの接遇に対する評価の高いことは観光者満足を向上させ，それらの満足が，観光者が他の人にこの場所を勧めるなどの行動に影響を及ぼすことが明らかにされた。ここでもホストの接遇が観光者満足に影響を及ぼすことが明らかにされている。しかし，自然や森林公園での観光者満足は天候や他のグループとの相互作用などホスト側で統制できない要因の影響を受けることが多いため，他のタイプの観光業と比較して観光者満足を向上させる試みには難しさがつきまとっていよう。

第２節では先行研究から，接遇の中でも，笑顔，アイコンタクトと挨拶が第一印象に影響を及ぼし，その第一印象が良いことで観光者満足が向上すること，とりわけ業務が適切に行われた上でそれらの接遇が行われることが観光者満足に影響することが明らかにされた。また，観光者との相互作用の中で行われるホストの接遇の研究から，観光者満足を向上させるためにはホストが顧客のニーズを理解し，適切な接遇で円滑な相互作用を行うことが求められていることが示された。加えて，サービスの質に対する観光者の評価と観光者満足との関わりの研究からは，ホストの丁寧で顧客の要求に応えた接遇が観光者満足と最も関わりのある要因であり，それらが観光者満足に影響を及ぼし，観光者満足が向上すると観光者の「次の行動」へ影響を及ぼすことが明らかになった。また，丁寧で適切な接遇は，直接観光者の「次の行動」へ影響を及ぼすことも示された。このような接遇は，どのような要因の影響を受けて生じるのか，次の節で明らかにする。

3　ホストの接遇に影響を与える要因

ホストの接遇に影響を与える要因として，ホストのパーソナリティ，人的資源管理に関わる要因を取り上げ，それらに関する先行研究を通して考える。

(1)　ホストのパーソナリティ

夏休みなど多くの観光者が訪れる観光案内所では，観光者の質問や疑問にすばやく適切に答え案内することが望まれる。同様のことが旅行会社のカウンターを担当している者にも要求されるであろう。このように初めて訪れた観光者に対して臆することなく，状況を判断し適切な接遇ができるホストは，どのようなパーソナリティを有していることが望ましいのであろうか。

1）セルフ・モニタリング（self-monitoring）

観光者の行動に敏感で何を望んでいるかを察知し，その行動をとることのできるパーソナリティとしてセルフ・モニタリングがあげられる。セルフ・モニタリングとはスナイダー（Snyder, 1974）が提唱したパーソナリティで，人が自分のおかれた状況での適切さの基準に合うように自らの行動を観察して統制する傾向性のことである。したがってセルフ・モニタリングの高いホストは，観光者のニーズを発見し，そのニーズに応えるためにすぐに接遇ができる。スナイダーが提唱したセルフ・モニタリングの考えに基づき，レノックスとウォルフ（Lennox & Wolfe, 1984）がその傾向を測る尺度を作成している。彼らの尺度からは，セルフ・モニタリングには2つの因子，「他者の表出行動への感受性（以下，「感受性」と記す）」と「自己呈示の修正能力（以下，「修正能力」と記す）」があることが明らかにされている。「感受性」は，他者の感情や行動に敏感で何が適切かをすぐに見つけ出すことに優れている傾向を示す。また，「修正能力」は他者の要望に合わせて，自分の行動を変えることができる傾向を示すものである。

山口・小口（2000）は航空会社のキャビン・アテンダントとグランド・ホステスへの就職を希望していた学生（156名）のパーソナリティと採用との関わりを検討した。その結果，キャビン・アテンダントとグランド・ホステスに採用が決定した者はセルフ・モニタリングが高く，とりわけ相手の望む行動をすぐにとれる修正能力の高い者であった。セルフ・モニタリングの高い志願者は面接場面で面接者の質問に臨機応変に対応したことで，面接者からは個々の観光者のニーズを理解し，適切な接遇を行うことができる人材であると評価されたため採用されたものと思われる。以上のことから，セルフ・モニタリングの高いホストは，観光者に状況に合った接遇を行い，結果として観光者満足が高くなることが推測できよう。

2）対人不安（social anxiety）

接遇と関わるパーソナリティとして，対人不安の低いことがあげられる。対人不安とは，人前に出たときに感じる不快感のことである。観光業では，はじめてその旅館を訪れた観光者に応対することや，他の観光者が見ている前で応対することが業務上よく起こる。そのような場面で恥ずかしさや不安を感じると観光者へ必要な情報を的確に提供するなどの接遇を行うことは難しいため，ホストは対人不安が低い方が望ましい（山口，2006）。

先行研究から対人不安が低いホストほど，就業への満足感や同僚などを含めた職場環境に満足しており，健康度も高いことが明らかになっている（小口・安藤・長縄，1998）。対人不安が低いと，初めて会った観光者に対しても不安がらずに接遇することができる。そのため，自分も充分に仕事ができたという充実感をもつことができ，仕事への満足度も高くなり，そのホストの接遇を受けた観光者の満足度も上がるものと考えられる。

対人不安はセルフ・モニタリングと関わりがあり，対人不安の低い人は，セルフ・モニタリングが高いという研究結果が明らかにされている（山口，2003）。つまり，対人不安が低いため，むやみに不安を感じることなく観光者のために接遇することができるのであろう。

3）共感性（empathy）

観光地の店先で地図を片手にキョロキョロしている人を見かけたあなたは，すぐにその観光者のそばに行って助けてあげようとするであろうか。このような行動をとることのできるホストは共感性の高い人といえよう。

共感性とは，「他者がある感情をもっていることに気づき，その感情をあたかも自分自身のもののように感じること」である[4)]。この共感性は他者の感情を理解する「情緒的共感性」と，他者の視点に立ってものごとを捉えることができる「認知的共感性」とに分けることができる。

共感性について，山口・小口（2001）が旅館の客室係のパーソナリティとその客室係の対応を受けた観光者からの評価の検討を行なっている。その結果，認知的共感性の高い客室係が，観光者から客室係として好感の持てる人だという評価を得ていた。観光者の立場に立ってものごとを捉えて接遇を行った結果，観光者満足が高くなったものと推測できる。

認知的共感性は対人不安と関わりがあり，認知的共感性の高い人は対人不安が低いといわれている（Parkinson，1991）。対人不安が低いため人と関わることが多く，相手の立場に立ったものの見方をする機会が増えることで，共感性が育成されるのである。共感性は，社会的スキル訓練で高めることができる（菊池・堀毛，1994）と言われていることから，適切な学習の機会が提供されることで共感性は変化しうると考えられる。

(2) 観光業の人的資源管理と接遇

タサーとリン（Tsaur & Lin，2004）は，ホテルにおける人的資源管理の役割と接遇との関わりの検討を行っている。42 の異なるホテルの従事者（203 名）とそこでの観光者（272 名）を対象として，人的資源管理の項目として，採用と選抜，訓練と開発，給与と福利厚生，人事評価などをとりあげ，それらと接遇ならびにサービスの質に対する観光者の評価との関わりを検討した。その結果，採用と選抜，訓練と開発，給与と福利厚生が接遇に影響し，接遇はサービスの質に対する観光者の評価に影響を及ぼしていた。観光業において適切な人材を採用し，必要な能力育成，開発を行い，業務遂行に見合った給与や適切な福利厚生が提供される人的資源管理を行うことが，接遇のレベルを向上させる。それがサービスの質に対する観光者の評価につながり，観光者満足が向上することが示されている。また観光業の人的資源管理において，ホストにエンパワーメントを与えることの重要性も指摘されている（Hartline & Ferrell, 1996; Looy, Gemmel，& Dierdonck，2003）。

適正な人材資源管理が行われることで，ホスト自身の満足も向上する。ホテルの従事者自身の満足と観光者満足との関わりを検討した研究として，スピネリとカノボス（Spinelli & Canavos，2000）がある。そこではホテルの従事者 240 人の満足ならびにそこを利用した観光者 100 人の満足をそれぞれ調査，検討した。その結果，従事者の満足（観光者を満足させるために全員でサービスを提供しているという満足）は観光者の満足（適切な接遇を受けていると認識できたという観光者の満足）と関わりがあることが明らかになった。このことは，従事者同士が信頼し合い協力して接遇を行うことが，観光者に良いサービスを受けたと満足してもらうために重要であることを示している。また，会社の意思決定に関与し，よりよい仕事をするために必要な研修が提供され，従事者が自分の意見を聞いてもらえる有能なマネージャーのもとで，福利厚生も充実していることが従事者の満足と関わっていた。このような人的資源管理が行われることは従事者の満足をあげ，観光者への接遇に影響を及ぼすのである。それはホテル業での組織内のコミュニケーションが職務満足（劉，2000）やその組織の生産性に影響を及ぼす（劉，2002）という結果からも推測できる。

4　ホストの接遇が観光者満足に及ぼす影響

第 2 節，第 3 節で示された先行研究から，ホストの接遇がどのように観光者満足に影響を及ぼしているかについて整理してみよう。

ホストは観光者に対してアイコンタクトを行いながら笑顔で挨拶をする。ホストはそれらの行動を通して観光者に興味をもっていることを知らせるとともに，観光者のニーズを理解する。そのニーズに合致したホストの接遇を受けて，観光者はホストに対してよい第一印象を持ち，好感を抱き，ホストに笑顔や挨拶を返す。これは「共時態の効果」と呼ばれるもので，二者間の相互作用において人が自らの行動を他者の行動に似せる適応が起こっていることを示している。観光者のこれらの行動はホストに好意を抱いていることや観光者が相互作用を持ちたいと感じていることをホストに知らせる。観光者のその気持ちはホストにとって仕事を続けることへの励ましや喜びにつながる。その結果，ホストの職務満足は向上し，観光者のニーズや状況に合わせた行動を行うことが可能となり，相互作用が円滑に行われる。円滑な相互作用で提供される接遇は質が高く，それは観光者に認知され満足度が向上する。満足した観光者は他の人にこの地を訪問することを勧める，再度訪問するなどの次の行動を起こすといえる。

上記のような接遇を行うためには，ホストのパーソナリティが関わり，とりわけ，接遇と関わるパーソナリティとして，主としてセルフ・モニタリングや共感性が高く，対人不安の低いことがあげられよう。さらに人的資源管理として，適切な人材の採用や教育，適正な給与や充実した福利厚生があげられ，ホストがそれらに満足していることが接遇に影響を及ぼす要因であり，その結果，観光者満足を向上させることが示唆された。しかし，このような接遇が結果的に観光者満足に影響を及ぼすという一連の流れについての検討は行われていないことから，今後の継続した検討が望まれるであろう。

観光業におけるホストの接遇についての検討は，数多くの検討課題が残されている。

第一に，観光業の異なる業種において観光者満足を向上させるために重要とされる接遇に関する研究を行う必要がある。上述に示された先行研究からは，飲食業と宿泊業でサービスの質に対する評価において最も重要とされる要因は接遇であった。しかし，宿泊施設のタイプによってサービスの質に対する評価が異なるという結果（Kang，Okamoto & Donovan，2004）も出されている。したがって，旅行業，運輸業，販売業などをはじめとする他の観光業においてホストのどのような接遇が観光者満足に影響を及ぼすのかの検討は必要であろう。第二に，ホストとしての地域住民による行動が観光者満足に与える影響の検討が必要であろう。「ホスト（もてなす人）は狭義には直接的に接遇を行う人を指すが，広い意味では観光者に接する地域住民もホストの一部に含まれる」との説[5)]に従えば，観光者がさまざまな場面で出会い，触れ合う地域住民の接遇（もてなしの行動）が観光者の満足にどのような影響を及ぼしているのかの検討は重要である。第三に，接遇の際に表わされる非言語的行動の効用の検討が必要であろう。笑顔，アイコンタクト以外にも，たとえば，うなずきは相手への関与の高さを表わす（大坊，1991）とされているように，うなずき，声のトーン，姿勢など観光者との円滑な相互作用に影響を及ぼすと思われる非言語的行動がある。しかし，それらの非言語的行動のどのような機能が観光者満足に影響を及ぼしているのかは研究されていない。第四に，接遇と研修効果との関わりの検討が必要であろう。多くの非言語的行動は練習と経験によって上達するという知見（DePanlo，1992）や言語的行動を含む研修を実施したのちに業績があがったという報告（山口，2006）からは，研修が重要であることが示されている。

以上，観光業におけるホストの接遇に焦点をあてて，それらと観光者満足との関わりについて先行研究を通して明らかにした。観光の発展に伴い，観光業の拡大が予測される中，観光者との人的対応の場面でのホストの接遇は，今後ますます重要な役割を果たしていくと思われる。しかし，この領域についての研究は充分になされているとは言いがたく，さらなる検討を行うことが急務の課題であろう。

引用文献：

1）新村出（1993）：『広辞苑（第4版）』岩波書店，p.1442.
2）大友純（1996）：「顧客満足とマーケティング」，41-65，福永昭・鈴木豊編著『ホスピタリティ産業論』中央経済社，p.43.
3）前田勇（2006）：「マネージャー」，89-103，小口孝司編集『観光の社会心理学』誠信書房，p.99.
4）Buss, A. H.（1986）：*Social Behavior and Personality*, Lawrence Erlbaum Associates（大渕憲一監訳（1991）：『対人行動とパーソナリティ』，p112）.
5）小口孝司（2006）：『観光の社会心理学』北大路書房，p.3.

参考文献：

小口孝司・安藤清志・長縄久生（1998）：「対人サービス業従事者のパーソナリティ」産業・組織心理学研究，12，pp.39-48.
大久保あかね（2003）：「旅館と女将」，前田勇編著『21世紀の観光学』学文社，pp.213-231.
菊池章夫・堀毛一也（1994）：『社会的スキルの心理学』川島書店.

大坊郁夫（1991）:「対人行動としてのコミュニケーション」，対人行動学研究会編『対人行動の心理学』誠信書房.

田仲美穂（1998）:「旅行業におけるカウンターサービス評価・分析に関する研究」日本観光研究学会全国大会研究発表論文集，13，pp. 17-24.

橋本佳恵（1999）:「観光サービス評価における性差に関する研究—旅館におけるサービスの提供・利用を事例として」日本観光研究学会全国大会研究発表論文集，14，pp.309-314.

深田博己（1998）:『インターパーソナル・コミュニケーションー対人コミュニケーションの心理学』北大路書房.

前田勇（1995）:『観光とサービスの心理学—観光行動学序説—』学文社.

山口一美（2000）:「就労希望者の自己宣伝におけるスマイル，アイコンタクトが評定者の就労希望者に及ぼす影響」日本社会心理学会大会発表論文集，41，pp.238-239.

山口一美（2001）:「採用面接における志願者の自己呈示と非言語的行動」経営行動科学，15，pp.57-71.

山口一美（2003）:「ホスピタリティ・マネジメントにおける従事者の評価に関する研究」文教大学生活科学研究，25，pp. 1-14.

山口一美（2006）:「観光業におけるホスピタリティ」，小口孝司編『観光の社会心理学』北大路書房，pp. 74-88.

山口一美・小口孝司（2000）:「サービス産業における採用および就労満足に関連するパーソナリティ」社会心理学研究，16，pp. 83-91.

山口一美・小口孝司（2001）:「旅館客室係の評価を規定する心理学的要因」観光研究，12，pp. 9-18.

劉亨淑（2000）:「ホテル業におけるコミュニケーション満足に関する研究」日本観光研究学会全国大会研究発表論文集，15，pp. 149-152.

劉亨淑（2002）:「ホテル業におけるコミュニケーション満足・職務満足・生産性に関する研究：構造方程式モデルを用いて」観光研究，13，pp. 11-20.

Andaleeb, S. S. & Conway, C.（2006）Customer Satisfaction in The Restaurant Industry; an Examination of The Transaction-specific Model, 20, pp.3-11.

Bitner, M., Booms, B., & Tetreault, M.（1990）“The Service Encounter; Diagnosing Favorable and Unfavorable Incidents,” *Journal of Marketing*, 54, pp.71-84.

Cunningham, M. R., Barbee, A. P., & Pike, C. L.（1990）“What Do Woman Want ? Facialmetric Assessment of Multiple Motives in the Perception of Male Facial

Physical Attractiveness," *Journal of Personality and Social Psychology*, 59, pp.61-72.

Depaulo, B. M. (1992) "Nonverbal Behavior and Self-presentation," *Psychological Bulletin*, 111, pp.230-243.

Grandey, A. A., Fisk, G. M., Mattila, A. S., Jansen, K. J., & Sideman, L. A. (2005) "Is 'Service with a Smile' Enough ? Authenticity of Positive Displays During Service Encounters," *Organizational Behavior and Human Decision Processes*, 96, pp.38-55.

Hartline, M. D. & Ferrell, O. C. (1996) "The Management of Customer Contact Service Employee: an Empirical Investigation," *Journal of Marketing*, pp.52-70.

Hartline, M. D., Wooldridge, B. R., & Jones, K. C. (2003) "Guest Perceptions of Hotel Quality; Determining Which Employee Groups Count Most," *Cornell Hotel and Restaurant Administration quartely*, pp.43-52.

Hochschild, A.R. (1983) *The Managed Heart,* California University Press.

Hsieh, H. (2005) "The Influence of International Satisfaction on Customers Overall Satisfaction; Evidence from a Study in Upscale Restaurant Selling," The 11th APTA Conference Proceedings, *New Tourism for Asia-Pacific,* July 7-10, pp.176-87.

Kang, S., Okamoto, N., & Donovan, H. A. (2004) "Service Quality and Its Effect on Customer Satisfaction and Customer Behavioral Intentions: Hotel and Ryokan Guests in Japan," *Asia Pacific Journal of Tourism Research*, 9, pp.189-202.

Lee,J., Graefe, A. R., & Burns, R. C. (2004) "Service Quality, Satisfaction, and Behavioral Intention among Forest Visitors," *Journal of Travel & Tourism Marketing*, 17, pp.73-82.

Lennox, R.D. & Wolfe, R. N. (1984) "Revision of the Self-monitoring Scale," *Journal of Personality and Social Psychology*, 46, pp.1349-1364.

Linden, R. C., Martin, C. L., & Parsons, C.K. (1993) "Interviewer and Applicant Behaviors in Employment Interviews," *Academy of Management Journal*, 36, pp.372-386.

Looy, B. V., Gemmel, P., & Dierdonck, R. V. (2003) *Services Management; an Integrated Approach*, Pearson Education Limited（平林祥訳（2004）『サービスマネジメント—統合的アプローチ』ピアソン・エデュケーション）.

Olorunniwo, F., Hsu, M. K., & Udo, G. F. (2006) "Service Quality, Customer Satisfaction, and Behavioral Intentions in the Service Factory," *Journal of services Marketing*, 20, pp.59-72.

Parasuraman, A., Zeithaml, V. A., & Berry, L. L. (1988) "A Multiple-item Scale for Measuring Consumer Perceptions of Service Quality: SERVQUAL," *Journal of Retailing*, 64, pp.12-40.

Parkinson, B. (1991) "Emotional Stylists: strategies of Expressive Management Among Trainee Hairdressers," *Cognition and Emotion*, 5, pp.419-434.

Pugh, S. G. (2001) "Service with smile: Emotional Cotagion in the Service Encounter," *Academy of Management Journal*, 44, pp.1018-1027.

Snyder, M.(1974) "Self-monitoring of Expressive Behavior," *Journal of Personality and Social Psychology*, 30, pp.526-537.

Spinelli, M. A. & Canavos, G. C. (2000) "Investigating the Relationship between Employee Satisfaction and Guest Satisfaction," *Cornell Hotel and Restaurant Administration Quarterly*, pp.29-33.

Sulek, J. & Hensley, R. (2004) "The Relative Importance of Food, Atmosphere, and Fairness of Wait: the Case of a Full-service Restaurant," *Cornell Hotel and Restaurant Administration Quarterly*, 45, pp.235-247.

Tsaur, S-H & Lin, Yi-Chun (2004) "Promoting Service Quality in Tourist Hotels; the Role of Hrm Practices and Service Behavior," *Tourism Management*, 25, pp.471-81.

第6章　観光回遊行動

はじめに

狭義の「みる観光」は，観光者が居住地（発地）から出発し，観光対象に立ち寄り観賞する行為を繰り返しながら移動し，再び発地に戻ることが基本形となる。このような一連の観光回遊行動を，個々の立ち寄り観光対象（ノード）と，それらを結びつける移動手段（リンク）の組み合わせとしてみると，観光対象にいかなる順番で立ち寄り，それらをいかにして印象深くつなぐことができるかを検討することが，トータルとしての観光者の体験の質を高めるために肝要となる。このような観光回遊計画論の視点にたつとき，観光回遊行動の基本的な特性を理解することは，欠かすことのできない知識となる。

とくに近年は，自家用車の普及に伴い，観光者の移動の自由度は急速に高まっている。そして，滞在型の観光が増えれば，宿泊地を拠点とした回遊行動がこれまで以上に増加することになろう。事実，近年，徒歩回遊を楽しめる空間をいかに多く持てるかが，魅力的な観光地の重要な条件となっている。観光回遊行動を理解することは，こうした意味においても，重要な理論的基礎であるといえる。

本章では，まず，次章で検討する「滞在型観光行動」を含めて，観光行動の類型にかかわる既存研究を整理した後に，観光回遊行動の基本特性について解説する。さらに，徒歩回遊空間における観光行動の分析事例を中心に紹介し，観光回遊行動の研究課題を指摘している。

1　観光者の類型と移動パターン

(1) 観光旅行の類型化

1）グレイによる「観光志向」の類型化

グレイ（Gray, 1970）は，国際観光の実態を分析するにあたり，観光行動をワンダーラスト（Wanderlust）型，サンラスト（Sunlust）型に区分した。前者は「さまよい歩く」意の“wander”と強い欲望を示す“lust”との合成語で，人間が本来有している好奇心にもとづいて，異なる文化に接したり遺跡を訪ねるなどのために観光するタイプである。これに対し後者は，快適さ，やすらぎなどを求めてそれにふさわしい地に一時的に移動するタイプをさしている。グレイは，サンラストの例としてカナダや北米のリゾート客にとってのフロリダやハワイ，カリブ海地域等，北欧からの地中海地域を典型例としてあげ，快適さ，やすらぎを求める場所の象徴として“sun”（= 太陽がふりそそぐこと）を冠している。

この類型は，人間が自らの意思によって日常生活を一時的に離れる際の心理的な志向性を示したものとして興味深い。グレイは，ワンダーラスト型が複数国を訪ねる場合が多いのに対し，サンラスト型は一国にとどまるなど，両者を対比して論じており，観光行動区分としてみた場合，前者は「周遊型」，後者は「滞在型」に対応しているものとみなすことができる。しかし，前田（1995）が指摘するように，観光行動は，時間や費用などの個人的条件，社会情勢，生活習慣や旅行関連事業活動などの影響をつよく受けてはじめて実現するので，志向性と実際の行動とを同列にみなすことができない点に注意を要する。したがって，グレイの考えは，厳密には，サンラスト＝リゾート志向を意味していると理解する必要がある。

2）ルーらによる観光旅行の類型

ルーら（Lue et al., 1993）は，訪問地の数と，目的ないしは求める利益の視点から観光旅行を類型化した（表 6-1）。

表 6-1 ルーら（1993）による観光旅行の類型

		目的	
		単一目的	複数目的
訪問地数	単一か所	A: 特化型	B: 多目的型
	複数か所	C: 多目的地型	D: 複合型

出典：Lue et al.(1993)，p293（筆者訳）。

「特化型；Specialization」（表 6-1：A）は，ある特定の目的を達成するために 1ヶ所に滞在するケースで，ゴルフをしに出かける旅行が例にあげられている。一都市に滞在して多様な楽しみ方をするような場合は「多目的型；Benefit Diversification」（B）である。「多目的地型；Destination Diversification」（C）は，ある特定の目的を求めて複数カ所を訪ねるケースで，ワイナリーめぐりなどがこれに相当する。さらに，複数の目的をもって複数カ所をめぐる「複合型；Mixed Stategies」（D）がある。これは A・B・C を組み合わせたタイプで，ワイナリーめぐりをしてから都市に滞在して文化体験を楽しみ，その後ゴルフをする例があげられている。

この区分を「滞在型」「周遊型」の観光旅行類型と対応させてみると，A が滞在型に相当し，C・D のタイプは周遊型が基本となることは理解しやすい。しかし B の場合にはやや複雑である。往復に航空機を利用して大都市やリゾートに滞在する場合がこの典型的な例であり，マクロな視点でみればある単一訪問地での滞在型の観光旅行であるが，より狭域スケールでみると，宿泊施設を拠点として目的地内で何らかの移動パターンをとることになる。

(2) 観光者の空間移動パターン

1）初期のモデル

1960 年代後半に，観光やレクリエーション目的の旅行者の移動パターンを示す 2 つの基本的なモデルが，ほぼ同時期に提示された。鈴木（1966）は，狭義の観光旅行における観光基本距離（居住地から観光対象地域までの距離）と観

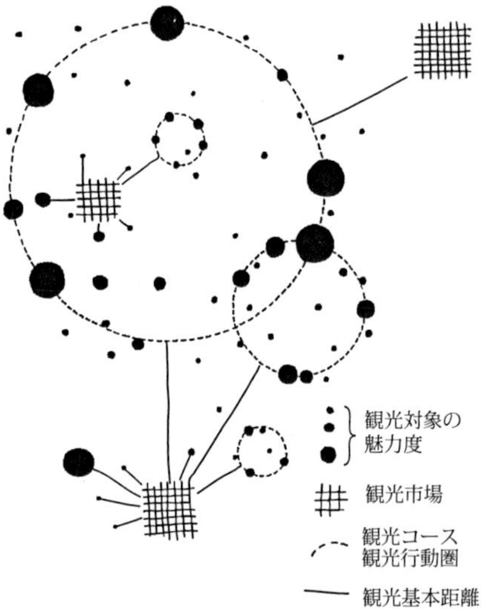

図 6-1 鈴木による観光の基本構造モデル

出典：鈴木（1966）。

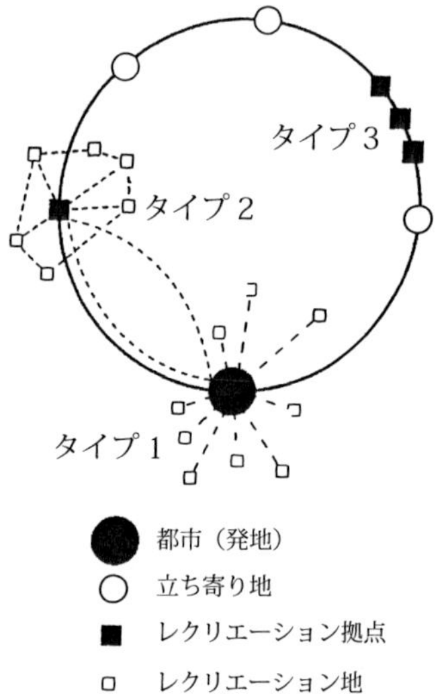

図 6-2 キャンベルによるレクリエーション・休暇旅行の移動パターンを示すモデル

出典：Pearce（1995）[1]（筆者訳）。

光者の行動圏の関係を示す概念図を提示した（図 6-1）。その形状から「ラケット理論」と称されるこのモデルは，わが国でひろく認知されている。

キャンベル（Campbell, 1967）は，都市居住者がレクリエーションと休暇を目的として旅行する際の，それぞれの移動パターンをモデル化した（図 6-2）。レクリエーション目的の人びと（recreationist）は，居住する大都市近郊に分散配置されているレクリエーション地への単純往復を繰り返す（タイプ 1）。それに対し，休暇を目的とした人びと（vacationist）は，複数のレクリエーション拠点に立ち寄りながら順次めぐる広範囲の移動軌跡を描く（タイプ 3）。タイプ 2 はこれら 2 つの中間型であり，ある地域へ移動し，そこを拠点として地域内を巡回するタイプ（recreational vacationist）である。

鈴木（1966）による観光基本距離と観光者の行動圏・移動パターンの関係は，観光地域側から見れば，発地の距離と誘致圏の広さの関係と捉えることができる。またこのモデルでは，距離と立ち寄り頻度の関係，距離と観光内容との関係もあわせて説明されており，次節で紹介する観光回遊行動の基本的な特性が総合的に示されている。それに対して，キャンベルはひとつの発地（都市）から見て，異なる目的の観光者がどのように移動するかを比較説明するモデルとなっている。前者は狭義の観光旅行を対象としているために観光対象の魅力度を考慮しており，観光基本距離を明示している点が，レクリエーション・休暇を目的とする旅行者を対象とした後者のモデルとは異なっているが，両者ともに近距離へは単一目的地への往復，遠距離へは回遊の移動パターンをとっていることがわかる。

2）キャンベルモデルの展開

その後，キャンベルのモデルは，より細かな観光者の移動パターン分類を促し，この視点から観光行動を把握しようとする一連の研究を生み出すこととなった。フロージェンフェルト（Flogenfeldt, 1999）は，キャンベルのモデルをもとに，観光旅行者を日帰り旅行（Day-Trip），リゾート旅行（Resort-Trip），拠点型旅行（Base-Holiday-Trip），周遊型旅行（Roundtrip）の 4 タイプに分類したモデルを紹介している。彼は，母国ノルウェイにおける観光者の行動を，国籍とこれらの形態の視点から検討し，市場分析をする際に，国籍の相違に過度に重点をおくことに警鐘を鳴らしている。また，ミンとマシュー（Mings and McHugh, 1992）は，アメリカのイエローストーン国立公園の訪問者が居住地を出発してから帰宅するまでどのような行程を描くかを分析し，4 つの移動パターンに分類した。往復型（Direct Route），ラケット型（Partial Orbit），大回遊型（Full Orbit），そして，航空機で往復し現地でレンタカーを使用するフライ・ドライブ型（Fly/Drive）である。この研究では，大規模な回遊軌跡を描く「大回遊型」が半数近く（45.2%）を占めた。

また，ルーら（Lue et al., 1993）は，楽しみを目的とした旅行が描く移動パターンを 5 つに分類している（図 6-3）。これらのうち，ミンとマシューの分類と共通しているのは，1. 単一目的地型（single destination pattern）＝往復型，

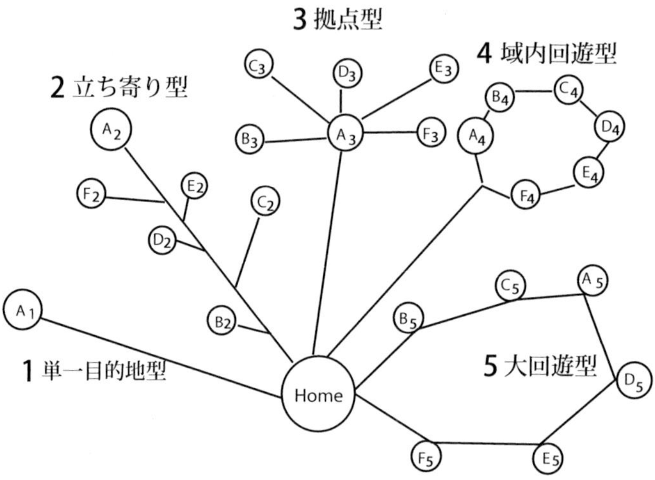

図 6-3　観光旅行の移動パターン

出典：Lue et al. (1993)（筆者訳）。

4. 域内回遊型（regional tour pattern）＝ラケット型およびフライ・ドライブ型，5. 大回遊型（trip chaining pattern）の3パターンである。2. 立ち寄り型（en route pattern）は主目的地（A2）への往復途上にある副目的地にも時間を費やすタイプである。3. 拠点型（base camp pattern）は宿泊施設に滞在し，そこから日帰り旅行（A1）を繰り返すようなパターンである。

オッペルマン（Oppermann, 1995）は，上記のモデルは主としてアメリカの国内旅行をもとにしたものであるとして，複数目的地を訪ねる旅行として，これらにオープン・ジョー型（open jaw loop）と複数目的地域型（multiple destination areas loop）の2つのパターンを追加している。例えば，日本の観光旅行者が欧州をめぐる際にロンドンに到着し，パリから帰国するような場合は前者，世界一周旅行は後者に相当することになる。

3）目的地内での観光者の移動パターン

目的地内での観光者の移動パターンを検討した代表的な研究には，ルーとマッカーシャー（Lew and McKercher, 2006）がある。この研究では，ルーら（1993），フロージェンフェルト（1999）などを参考に，目的地内での宿泊施設を

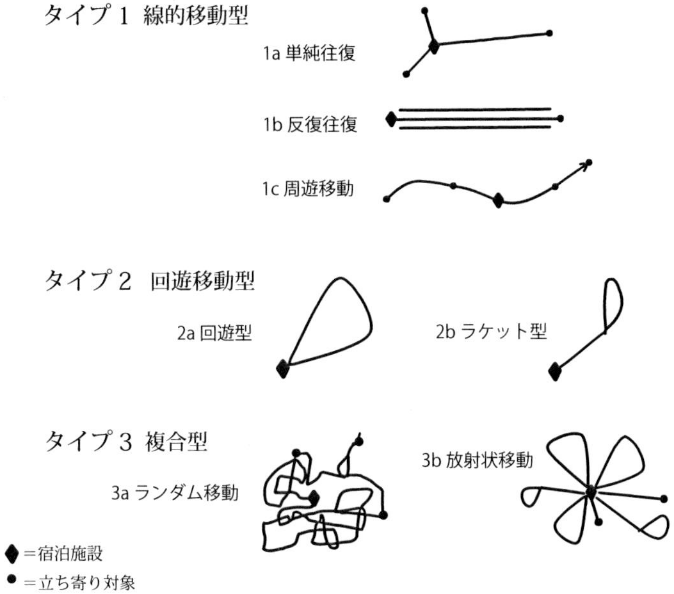

図 6-4　目的地内での観光者の移動パターン

出典：Lew and McKercher (2006)（筆者訳）。

拠点とした観光者の動きのパターンを，3 つのタイプに整理した（図 6-4）。

タイプ 1 は「線的移動型」である。これには，宿泊施設から公共交通機関を利用してテーマパークやゴルフ場への単純往復を重ねる場合のような 1a，宿泊施設からスキー場などを繰り返し往復する 1b，そして興味対象に立ち寄りながら自家用車で宿泊施設に到着し，翌日別のルートで域外に向かう 1c のタイプがある。タイプ 2 は「回遊移動型」で，域内を回遊する 2a と，往復移動と回遊を組み合わせたラケット型の 2b に分けている。タイプ 3 は「複合型」で，ランダムに探索行動をとる 3a と，宿泊施設を拠点としてタイプ 1 や 2 の移動を重ねる放射状の移動をする 3b である。

これらの研究においても指摘されているように，こうした目的地における観光者の動きを把握し，その特徴を理解することは，観光地における交通計画や，新たな興味対象の創造，イメージ戦略等を検討する際の理論的基礎となる。

2　観光回遊行動の基本特性

1）観光基本距離と移動パターンの関係

ウォール（Wall, 1978）は，米国ケンタッキー州の国立公園（Mammoth Cave National Park）ならびに州立公園（Carter Caves State Resort Park）について，それぞれの訪問者の居住地と移動パターンを比較した。その結果，居住地からの直線距離の平均値は，国立公園訪問者が州立公園の場合の2.8倍で，前者は国立公園訪問前後に複数目的地に立ち寄る「周遊型」の移動パターンをとる場合が多いのに対して，後者は州立公園のみを目的地とする「往復型」が多数を占めることを明らかにした。

さらにこの研究では，「周遊型」の移動パターンをとる（遠方からの）国立公園訪問者の場合は，その周辺にあるレクリエーション地は，前後にそれらに立ち寄るので国立公園とは相補的な関係にあるが，「往復型」の移動パターンの多い（近隣の）州立公園訪問者の場合には，近くのレクリエーション地の存在はむしろ妨害要因となるために，「周遊型」と「往復型」の旅行を，明確に分けて考えることの重要性が指摘されている。

同じ米国のイエローストーン国立公園の訪問者を対象としたミンとマシュー（Mings and McHugh, 1992）の研究でも，居住地が500マイル以下では「往復型」がもっとも多いのに対し，それ以上になると「ラケット型」，「大回遊型」が増加することを明らかにした。マレーシアを訪問した国際旅行者を対象としたオッペルマン（Oppermann, 1995）の研究も，遠方に居住している旅行者ほど，立ち寄り地が増える傾向を指摘している。

これらはいずれも，観光者の居住地から観光対象地域までの距離（観光基本距離）と移動パターンの関係を検討したもので，近距離の場合は単一目的地への「往復型」が多く，遠距離になると「ラケット型」，「大回遊型」が増加する傾向を明らかにしている。

わが国でも，江戸時代において盛んに行われた「お伊勢参り」を対象とした研究において，同様の傾向が示されている（橋本，1995）。当時の参宮日記の内容を分析したこの研究では，居住地が近距離（近畿地方）の参拝者は「往復型」が主体であるのに対して，遠距離の場合は，主目的地である伊勢神宮への往復途上で，より多くの立ち寄りが可能となるコースを選択する傾向が認められた。この研究では，東国発の場合には，伊勢神宮参拝後に大坂（大阪）を経由して四国の金刀比羅宮を訪れる「大回遊型」が過半数を超え，中には宮島まで足を伸ばす例もあった。九州からの場合は，陸路と海路を併用して大坂まで移動し，そこから回遊する「ラケット型」となる。このように形態は異なるにせよ，遠距離からの場合，往復途上に経路上の社寺や名所にセットで立ち寄ることで「お伊勢参り」と称される大旅行が成立していた。徒歩による移動が主体であった当時，東北や九州に住む者にとっての伊勢参詣は，現代でいえば，まさに一生に一度の世界一周旅行に出かけるようなものであったといえよう。

当然のことながら，観光旅行の形態は時代で変化してゆく。かつての欧州向けのパッケージツアーは，時間をかけて欧州を広くめぐるコースが主流であったが，次第に旅行期間が短縮し，移動範囲も限定されたものが増えてゆく。国内旅行の場合でも，東京を発地として北海道へ行く場合，夜行列車を利用することが一般的であった時代には，時間をかけて道内を大回遊することが珍しくなかったのに対して，航空機で容易に往復できるようになると，限定された地域を訪ねる 1 泊・2 泊のタイプが主流となる。このように，移動に要する時間距離や移動手段の料金変化によって，観光基本距離や行動圏は伸縮することになる。

2）立ち寄り観光対象の選択傾向

遠距離への観光旅行になるとなぜ，「ラケット型」，「大回遊型」の移動が増加するのであろうか。まず，複数目的地をめぐる周遊型の旅行は，単一目的地への往復型の旅行を別々に行う場合よりも，旅行のコストを削減でき，合理的である（ルーら，1993；Hwan et al., 2006 etc.)。しかし，同じ周遊タイプの旅行でも，長距離になれば，観光者は全体としてより多くの時間と費用をかけることとなる。そのために，「コストに見合っただけの効果を志向する心理」が，回遊範囲の拡大につながると考えられている（橋本，1997）。

この心理は，立ち寄り観光対象の選択傾向にも影響し，観光基本距離が長くなると，より価値の高い観光対象を訪ねる傾向が認められる。たとえば，東京発・大阪発の周遊型国内ツアーを比較すると，北海道や東北方面のツアーの場合には大阪発が，中国・四国や九州方面の場合には東京発のほうが，それぞれ価値の高い観光対象を訪ねる比率が高くなる。

また，観光基本距離が同じ場合には，限定された日程のツアーのほうが，より価値の高い観光対象に立ち寄る傾向も認められる。東京発の北海道や九州方面のツアーを泊数別に比較すると，3泊4日のコースよりも，2泊3日のコースのほうが，より価値の高い観光対象をひろって巡るということである。これらの観光対象の選択傾向も，コストに見合っただけの効果を志向する心理によるものと説明することができる。

3）観光基本距離と移動範囲の関係

鈴木（1966）は，観光開発に際して理解しておくべき「観光の原理」に関する説明の中で，観光旅行における距離と行動圏の関係について，観光基本距離が長くなると，観光する範囲が拡大すること，そして，市場周辺では観光対象の魅力度の低いものにも活発な観光往来が発生するが，行動圏が拡大すると，魅力度の低いものはその対象から漏れ，魅力度の高いもののみによって観光コースが決定されることを指摘している。

このような観光基本距離と移動範囲の関係は，観光移動を説明する際の，まさに「原理」として広く認知されている。橋本（1994）は，建設省道路局（1974）が全国発のデータをもとに分析したこの関係を，ほぼ20年後のデータをもとに検討した。その結果，宿泊日数が増えると，基本距離・移動範囲ともに漸次増加し，回遊比率が上昇する傾向（「回遊圏逓増の傾向」）が，時代を越えて認められることを明らかにしている。

4）観光回遊行動の基本特性の応用

上記の観光基本距離と移動範囲についての関係を，観光者を受け入れる立場からみると，プロモーション上の基本原則が導かれる。近隣の観光地ＡとＢは，

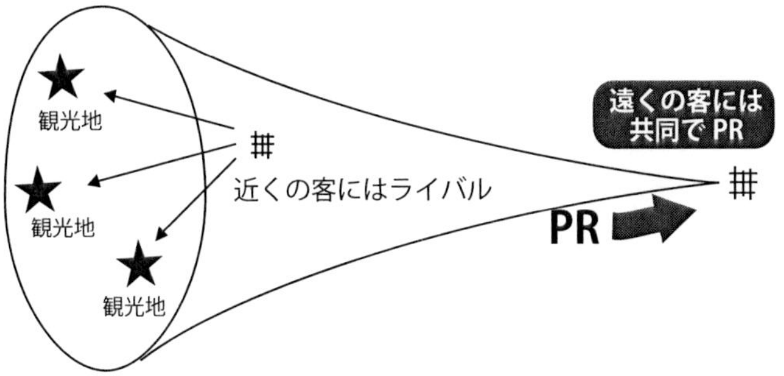

図 6-5　観光行動の基本特性から導かれるプロモーション上の基本原則
出典：橋本（1997）。

比較的近い距離にある市場からの誘客に関しては，競合しうるライバル関係となる。近距離圏に住む観光者の場合，ＡかＢのどちらかを選択する「往復型」の移動パターンをとる傾向があるからである。しかし，遠方の市場の観光者に対しては，ＡとＢとが個別に誘致をはかるよりも，協同して誘致活動を展開することが，お互いにとって有利な選択となる。遠方からの観光者の場合は現地での行動が広域となるために，その地域全体としての魅力をアピールし，まずはその地域を旅行目的地として選択してもらうことが重要となるからである（図 6-5）。

このプロモーション上の原則については，すでに鈴木（1966）が，国際的な視野から日本が欧米からの観光者誘致の際に近隣諸国との共同が必要であることにふれている。アメリカ南部諸州が団結して欧州・アジアでプロモーション活動を展開しているトラベルサウス USA などは，まさにこの原理に則った例であるといえる（デューイ，1996）。

また，このような観光行動の基本特性は，近くの住民と遠方からの観光者では，求める情報の性格が異なることの論拠となる。近隣市場の住民は，気軽に出かけられる距離に住んでいることから，季節ごとのきめ細かい情報を提供することで，繰り返し訪問を促すようなアピールが有効となる。これに対し，遠方の観光者に対しては，より広域で価値の高い観光対象を中心とした，その地域全体としての魅力をアピールすることが求められる。先に指摘したとおり，まずはその地域へ彼らを呼び込むことを，先決課題とすることが求められるからである。このような観光行動の原理をふまえ，溝尾（2003）は，阿蘇山をもつ熊本県を例にとって，県内・九州・遠隔市場（大阪・東京など）に3区分して，それぞれの求める情報を流すことの必要性を指摘している。

このように，観光プロモーションを展開する際には，市場からの距離の遠近により，求められる情報の質が異なることを理解しておく必要がある。

3　観光場面における徒歩回遊行動の実態分析

1）歩行者の空間移動の研究

「歩くこと」は，日常生活における人間のもっとも基本的な動作でありながら，さまざまな身体機能が統合されることで実現する，きわめて高度な情報処理過程である。五感を駆使し，時間をかけて周囲から豊富な情報を入手できるからこそ，歩きながら見聞きした内容は，記憶や印象として刻まれやすくなる。こうした意味で言えば，観光体験において，自ら歩くに優る移動手段はない。

歩行者の空間移動に関する研究としては，1960年代以降，とくにシークエンシャルな景観変化の記述や特徴分析に関する研究が重ねられてきた。伝統的な観賞空間における研究の初期のものに，金刀比羅宮の参道空間を記述したものがある（都市デザイン研究体，1968）。この研究では，空間の広がりや明るさ，灯篭・鳥居等の特徴的な要素が記述された。その後，欧米の街における空間知覚を記述化した研究（宮宇地，1976）や，参道空間（船越，1990；斉藤，1989 etc），回遊式庭園（大野・近藤 1994；材野・宮岸 1992 etc）などを対象とした研究がある。2000年以降では，感覚刺激情報と空間体験記述を照合しようとする研究（小林・大野，2000）や，生態学的知覚理論にもとづく実験的手法を応用しようとする研究（今西，2002），「歩行感覚」に着目したシークエンス表記方法についての研究（近藤・守谷，2003）など，感覚的な要素に着目した研究も試みられてきている。

これらの研究は，基本的に歩行者の視点からの計画論・デザイン論的な知見をえることをねらいとしているが，歩行観光者の行動実態を把握・分析する手法や，観光地を整備する際に観賞空間の印象的なアプローチを考える等の視点からみても，貴重なヒントを提供してくれる。

2) 歩行観光者の回遊行動の実態把握と要因の分析

歩行によるシークエンシャルな観賞行動は，まさに「みる観光」の中核をなすものである。加えて，観光地に一時的に滞在している間，観光者は買物や飲食を楽しんだり，道端の草花を観賞したり，休憩場所で同行者や地元住民と語るなど，その場の状況に応じた多彩な行動をとる。時間的・心理的余裕のある状態であるからこそ，さまざまなレベルでの周囲との交渉が可能となり，それが些細な“発見”や，地元民との交流の機会として，記憶や印象に残るのである。このような見方からすれば，歩行観光行動は，観賞行動とこれら自由度の高い「散策行動」が連続した，ひとつの行動単位とみなす視点が重要となる。

こうした視点にたち，実際の観光レクリエーション場面において，観光者の歩行回遊行動の実態を把握したり，回遊行動に影響する要因を分析しようとする研究は限られている。橋本（1994）は，町並み観光地を訪れた外国人の回遊パターンを分析し，最初に立ち寄った観光対象の位置が，その後の観光者の回遊コースを規定することを明らかにした。また，この研究では，観光者の「日本語能力」別に立ち寄り地を分析し，標準的な日本語能力の観光者は，価値の高い観光対象や雰囲気を楽しむことができるような，「わかりやすい」観光対象を選んで立ち寄る傾向が認められたのに対して，高度な日本語読解力をもつ観光者は，各人の関心に沿って，より多様な観光対象を選択する傾向を指摘した。田中・和田（2005）も，町並み観光地における質問紙調査と追跡調査をもとに，観光者の移動パターンを５つのタイプに類型化し，初訪問者は単純なルートを歩行し，訪問回数の多い観光者は複数の場所を散策することを指摘している。これらは今後，外国からの個人観光者の増加が予想される中，観光地における情報提供を考える際にも，理解しておくべき傾向である。

また，橋本（1996）は，テーマパークにおける中学生グループの回遊パターンの分析をもとに，性別や訪問経験によってアトラクションの選択傾向に特徴があることや，自由時間が残り少なくなると，待ち時間の少ないアトラクションを選択したり買い物をするなど，時間を調整しようとする行動をとる傾向が認められることを明らかにした。言い換えれば，残り時間への「見通し」が回遊行動を規定するということである。買物が中心となる都市観光地の場合には，実際に品物を購入する店舗が最終立ち寄り地として選択される傾向が見出されている（米倉・橋本，2005）。テーマパークの場合とは行動内容に違いがあるものの，この場合も，残り時間への「見通し」をたてて，計画的に回遊していることがわかる。

ただし橋本（1996）や米倉・橋本（2005）は，いずれも調査参加者に対し，事前に集合時間を指定した条件下での「自由行動」を分析したものである点に注意しなければならない。このような行動の計画性は，実際の観光レクリエーション場面でいえば，公共交通機関で観光地に立ち寄り次の目的地への移動時間（電車や路線バスの時刻）を明確に意識している場合や，団体旅行でバスの出発時間が決められている場合に想定されるものであり，自家用車・レンタカー利用の場合や，公共交通機関の運行頻度が高い都市観光地の場合には，行動パターンの自由度は，より高くなるであろう。

おわりに

近年，すぐれた自然景観や著名な史跡・名称等，従来の「みる」観光の対象に加え，レトロな町並みやまち歩き，土地の歴史や自然を活かした農山漁村での滞在等，従来はさほど注目されなかった生活文化体験が注目されるようになっている。したがって，観光者が「みる・体験する」ために，もっとも自由度の高い移動手段である徒歩での回遊を楽しめる空間整備が，これまで以上に重要視されるようになる。そのために，徒歩回遊の行動特性を把握し，その不易流行を明らかにする研究のさらなる蓄積が求められる。

近年では，移動主体の位置情報を容易に取得できるハンディ型 GPS（Global Positioning System）の精度が向上したことで，公園や動物園において，これらを行動記録に活用する研究もみられるようになってきている（山本ら，2006；矢部ら，2009；有馬，2010 etc.)。これらの研究では，調査依頼時や機器回収時に質問紙調査を併用して属性や満足度を聞くことで，来訪者の行動パターンとの関連性を分析しており，調査依頼や機器の回収が円滑に行える「入園型」の観光レクリエーション施設で，受信に支障のない開放的な空間であること等の条件が満たされる場所であれば，かなりの精度で観光レクリエーション者の移動情報を定量的に把握することが可能になってきている。

しかし，観光回遊行動を理解するためには，同行者の観光行動への影響や，一連の流れとして行動を把握する必要があり，上記の研究のようなアンケートの他にも，目的に応じて，追跡調査や回遊後の聞き取り等の方法を併用する必要がある。こうした調査方法をいかに組み合わせて調査を計画し，有効な研究成果を積み重ねることにより，観光行動の不易流行を明らかにすることが求められている。

注：

1) Cambell（1967）をもとに Pearce（1995）が修正したもの。

引用・参考文献：

有馬貴之（2010）:「動物園来園者の空間利用とその特性―上野動物園と多摩動物公園の比較」地理学評論，83 (4)，pp.353-374.

今西純一（2002）:「生態学的知覚理論に基づく歩行シークエンス体験の多様性と共通性についての研究」ランドスケープ研究，65 (5)，pp.829-832.

大野隆造・近藤美紀（1994）:「感覚刺激情報源としての環境の記述―廻遊式庭園のシークエンスに関する研究（その 1)」日本建築学会計画系論文集，461，pp.123-129.

建設省道路局（1974）:「観光レクリエーション交通調査」p.190.

小林美紀・大野隆造（2000）:「修学院離宮上御茶屋区域を対象とした感覚刺激情報による景観分析」ランドスケープ研究，63(5)，pp.577-582.
近藤隆二郎・守谷光平（2003）:「歩行空間の変化性からみた「歩行感覚」のシークエンス表記方法に関する研究」ランドスケープ研究，66(5)，pp.711-714.
斉藤潮（1989）:「神社参道の空間構成に関する研究」日本都市計画学会学術研究論文集，24，pp.457-462.
材野博司・宮岸幸正（1992）:「基本構造シークエンス景観と行動シークエンス景観との関係」日本建築学会計画系論文報告集，438，pp.79-85.
鈴木忠義（1966）:「観光開発講座（3）観光開発の意味と観光の原理」観光，9，pp.29-32.
田中智・和田章仁（2005）:「観光客の回遊経路に関する考察―飛騨高山を事例として」福井工業大学紀要，35，pp.155-162.
デューイ，M. L.（1996）:「国際観光と広域マーケティング―トラベルサウスUSAにみる事例研究」観光文化，116，pp.8-11.
都市デザイン研究体（1968）:『日本の都市空間』彰国社，p.185.
橋本俊哉（1994）:「徒歩スケールの観光回遊に関する研究―飛騨高山での外国人観光者の回遊実態の分析」観光研究，5，pp.11-20.
橋本俊哉（1994）:「観光回遊の行動特性と誘導手法に関する研究―観光回遊計画論序説」東京工業大学博士学位論文，p.437.
橋本俊哉（1995）:「江戸後期の「お伊勢参り」の旅にみる行動特性「参宮日記」の分析をもとに」応用社会学研究，37，pp.61-75.
橋本俊哉（1996）:「テーマパークにおける行動特性に関する研究―東京ディズニーランドにおける回遊実態の分析」応用社会学研究，38，pp.93-106.
橋本俊哉（1997）:『観光回遊論―観光行動の社会工学的研究』風間書房，p.361.
船越徹（1990）:「参道空間の演出を読む―分節とシークエンス」pp.158-173，日本建築学会編『建築・都市計画のための空間学』井上書院，p.176.
前田勇（1995）:『観光とサービスの心理学』学文社，p.209.
溝尾良隆（2003）:『観光学―基本と実践』古今書院，p.149.
宮宇地一彦（1976）:「人間移動と空間知覚」Column，62，pp.53-61.
矢部直人・有馬貴之・岡村祐・角野貴信（2009）:「上野動物園におけるGPSを用いた来園者行動の分析」日本観光研究学会全国大会学術論文集，24，pp.229-232.
山本泰裕・伊藤弘・小野良平・下村彰男（2006）:「GPSを用いた新宿御苑における利用者の行動パターンに関する研究」ランドスケープ研究，69(5)，pp.601-604.

米倉紀子・橋本俊哉（2005）：「都市における回遊行動パターンの実態分析—代官山を対象として」日本観光研究学会全国大会学術論文集，20，pp.33-36.

Campbell, C. K.(1967) "An Approach to Research in Recreational Geography," B. C. Occasional Papers No.7, Vancouver: University of British Colombia, pp.85-90.

Flogenfeldt, T. (1999) "Traveler Geographic Origin and Market Segmentation; the Multi Trip Destination Case," *Journal of Travel and Tourism Marketing*, vol.8 (1), pp.111-124.

Grey, H. P. (1970) *International Travel - International Trade*, Heath Lexington Books.

Hwan, Y., Gretzel, U. and Fesenmaier, D. R. (2006) "Multicity Trip Patterns: Tourist to the United States," *Annals of Tourism Research*, vol.33 (4), pp.1057-1078.

Lew, A. and McKercher, B. (2006) "Modeling Tourist Movements; A Local Destination Analysis," *Annals of Tourism Research*, vol.33 (2), pp.403-423.

Lue,C., J.L.Crompton, and Fesenmaier,D.R. (1993) "Conceptualization of Multidestination Pleasure Trips," *Annals of Tourism Research*, vol.20, pp.289-301.

Mings, R. C. and McHugh, K. E. (1992) "The Special Configuration of Travel to Yellowstone National park," *Journal of Travel Research*, 30 (4), pp.38-46.

Oppermann, M. (1995) "A Model of Travel Itineraries," *Journal of Travel Research*, 33 (4), pp.57-61.

Pearce, D. (1995) *Tourism Today : a Geographical Analysis*, 2nd ed. Longman Scientific & Technical. p.202.

Wall, G. (1978) "Competition and Complementarity; A Study in Park Visitation," *International Journal of Environmental Studies*, vol.13, pp.35-41.

第 7 章　滞在型観光
——江戸時代後期の温泉地における行動傾向

はじめに

近年になり観光地の活性化や地方への交流人口の増加，また高齢社会をむかえ高齢者の健康を増進することも目的として，行政や地域社会において改めて滞在型観光を目指した取り組みが行われている。また，旅行業界においても従来の短期型宿泊地ではなく，滞在型宿泊地を目指す動きが見られる。

しかし，周遊型観光で一時的に立ち寄る観光地と，一定の時間留まる滞在型観光とでは，そこで行われる観光行動も異なってくる。特に後者では，長期滞在でいかに過ごすか，滞在生活ゆえの様々な課題への対応や，滞在のテーマ性やプログラム等を深めていくことが重要な課題となる。

こうした「滞在型観光」の代表的な事例が，ひとつの場所に長期間滞在する「リゾート」である。本来リゾートは「暇を過すために繰り返し訪れる長期滞在に適した空間であり，従来の観光地と比較すれば，優れた観光資源があるよりも，レクリエーションの機会や豊かな自然環境に恵まれた上で，日常生活を支える都市的機能も備わった場所」（安島ほか 1990，p.56）といえる。観光者のニーズが多様になるなか，従来の観光資源を見てまわる「周遊観光」だけではなく，観光地の特徴をいかし長期間にわたり滞在しながら過ごすことのできる滞在型の観光地が必要とされているといえよう。

日本の観光史をひもとくと，旅行が大衆化した江戸時代には，信仰目的の「寺社参詣」と療養目的の「湯治」が旅の名目として認められていた[1]。前者は，伊勢参りなどの寺社参詣を目的として旅行に行き，目的地の行き帰りに様々な名所を見て回る旅である。これは「行きは修行，帰りは慰安の行動傾向」があり，

「ひとふでがき」のように往復の道中で異なる道を選び周遊していた（橋本，1995）。

一方で江戸時代後期の温泉地で行われた「湯治」は，長期滞在リゾートの原型であったと注目されている（安島，1989；下村，1993）。武井ほか（1989）の研究により，この時代には長期滞在が可能な人々が存在したこと，多様な人々が各自の生活水準にあった滞在生活を過ごすことができたこと，さらに体験型プログラムや交流活動の仕組みが存在していたことが明らかにされている。

このようなことから江戸時代にはすでに，「周遊観光」と「滞在型観光」の2つの基本的な観光行動の形態がひろく定着していたことがわかる。歴史とは「現在と過去との間の尽きることを知らぬ対話」（Carr，1961, p.40）といわれるが，歴史から過去から学ぶことは，過去を理解するだけではなく，今日との対話でもあり，滞在型観光の本質，そして現状を理解することにもつながるだろう。

そこで本章では，我が国の滞在型観光の原型としての湯治に着目し，その行動様式が確立されたと考えられる江戸時代後期の温泉地を事例として，滞在型観光の行動を支えた滞在生活の構造，観光行動が展開された温泉地の空間の構造を整理した上で，温泉地における「滞在型観光」を歴史的事象から多角的に分析する。そして①滞在型観光地における行動，②一日の行動と長期滞在生活のサイクル，③滞在行動の類型を明らかにすることの3点を通して，今後の我が国の滞在型観光のあり方について考察することとしたい。

1　江戸時代の「滞在型観光」を支えた社会的・空間的構造

(1) 温泉地の滞在生活の社会的構造

日本は古代から温泉を利用した療養を行なわれ，現存する日本最古の和歌集である『万葉集』には既に，温泉療養に赴いた記録が残されている[2)]。前近代における温泉の本質は，「病気治療の現場」であり（伊藤，2010），人々の医療に対する要求に対応できるかどうかが温泉地の盛衰にも影響を与えた（鈴木，2005）。こうした温泉への旅が大衆化したのは江戸時代になってからであった。

江戸時代になり温泉療養に関わる医学的な知見が進歩を見せるなか，香川修徳が温泉医学書『一本堂薬選続編』（1738）を著し，大衆向けに温泉の薬効を説いたことは後の温泉医学書に大きな影響をあたえた（山本，2004）。こうした医学書では温泉治療は「一廻り[3]」を一つのクールとしており，通常二廻りから三廻り（14〜21日）の湯治が一つの形式として定着していた。また，箱根や熱海などの温泉地からはるばる江戸の将軍にまで献上湯が行われ，温泉の薬効のみならず，温泉地や湯治の効果を宣伝したことから，湯治が次第に広く知られるようになった。こうしたなか各藩が，藩の財政を潤すために湯銭をとり温泉地を保護した事と相まって，全国的に温泉地の発展が促された（山村，2007）。温泉地の発展に伴い，江戸時代後期に流布した案内書『旅行用心集』（1810）には「上ハ王侯より下庶民に至る迄湯治すること今に盛也」と記述されるほど，温泉地には人々が訪れ賑わうようになった。この『旅行用心集』には温泉の項があり，全国292カ所の温泉地が挙げられ，本全体の4分の1を温泉に関する叙述が占めていることから[4]，湯治の案内に対して強い需要が存在していたことが推測される。

こうした長期滞在はなぜ可能であったのだろうか。武井ほかは長期滞在が行えた社会的制度として次の3点を指摘している。①温泉医療が社会的に求められており，治療として認められていたこと，②農閑期に湯治をした民衆の多数を占める農民，藩から「湯治休暇」がもらえる藩士，豊かな商人など自由に休暇が得られる人々の存在があったこと，③江戸時代の温泉地は，多様なランクの宿が選べたほか，食事に関しても自炊，賄い付きなど選択ができた。また必要な調理器具の鍋，釜などの日常の設備も各自が借りることも持ち込みも選択でき，各自の所得水準にあった生活ができたことがある（武井ほか，1989）。こうした湯治に対する社会的認知の浸透，長期休暇を取得できる人々の存在，各自の経済状況に応じた生活の選択可能性が，温泉地における長期滞在生活を可能にした。

⑵ 温泉地の滞在生活を支えた仕組み

『草津薬泉之記』（1755）には，滞在者について，さしたる病気がなくても，避暑がてら遊びに来る人々もみえ，滞在者，行商，華やかな芸者などが行き交う様子が描かれ，世のうさと夏の暑さを感じず，家に帰ることを忘れる場所であったと記されている。こうした非日常的な雰囲気を保有していた温泉地における滞在はいかなるものであったのか。

湯治の主目的は温泉に入浴することであり，入浴方法については宿や共同湯に温泉入浴の心得である「湯文」等がおかれていた。それではこうした入浴法は誰により伝えられ，どのように入浴していたのだろうか。例えば『草津温泉入湯心得』は，宿主が書いており，まずひしゃくで全身にお湯をかけることから始まり，滝湯の入り方まで書かれている[5)]。そして，入浴回数もまた重要な注意点であった。儒医の原双桂が記した『温泉考言』（1794）では，通常の気力のある人：1日3〜4回，強い生まれの人：1日5回，弱い病人：1〜2回のように入浴すべきであり，この度をこすと必ず害が生じると記されている[6)]。こうした温泉入浴法は，入浴方法の簡易版が版行されたり，宿の主人が滞在者に温泉の飲用の仕方を教えたりと療養行為をサポートする体制が存在した。

こうしたサポートは滞在生活の日常にもみられる。滞在中の食生活は「入湯の客は大半自分賄ひ也」（『有馬入湯入用記』1866年）というように，主に滞在者による自炊であった。自炊の際に必要な調味料や食材は宿から，また生鮮食料品は地元の市や「宿廻り」の行商から購入する例が多くみられる。「宿廻り」というのは，商品を持った商人や自作の野菜や餅などを持った農家の人々が，宿や湯治者の部屋まで商品を売りに来ることをいい，滞在者は宿に居ながらにして滞在に必要な物品を調達できた。また，農民は米や味噌等を持参して湯治に訪れており，費用を抑えることができるなど各人の懐に応じた滞在が可能であった。

しかしながら，自炊や掃除をしたくない人々，またできない人々も存在した。草津温泉などでは宿に「飯炊き女」「壺廻り女」「水汲み女」がおり，滞在者が料金を支払えば「飯炊き女」は朝夕の食事の支度をし，「壺廻り女」は壺（部

表 7-1　草津温泉における職種とその内容

店・職名	内容	件数
茶屋	店先に腰掛けて酒を飲ませるだけの居酒屋から酒の肴等を調理し提供する煮売茶屋まであり、生簀や立派な庭をもつ店もあった。	文政 11 年、17 軒前後
楊弓屋	楊弓（小さな弓）を用いて的を当てる遊戯店。矢を拾う女性たちがおり、時には酒等も提供した。	−
質屋	宿の兼業が多かった。	文政 11 年、4 軒
貸道具屋	火桶、土瓶、机、硯、花入れ、箪笥まで貸し出した。	
髪結い（廻り床屋）	滝湯などに打たれるので帰宅際に髪を結い直した。髪結床もあったが各部屋をまわる「廻り床屋」が多かった。	文政 4 年、4 軒
貸本屋	宿をまわり客の好みに合わせて本を貸した。	−
夜見世	立ち商人がしるこ、甘酒、すし、桃、なし、とうきび、絵図等を販売した。	−
商店・商人	食料品・小間物屋など。商店や近隣の人々が部屋に商品をもって訪れたほかに、宿も兼業で商品を販売した。	−
芸者	渡り芸者などが宿屋・茶屋におり、取り締まりの対象ともなった。	−
壺廻り男	茶屋が抱えており、宿の部屋をまわり「酒，肴」を販売した。	茶屋毎に 3〜4 名
壺廻り女	湯治者の部屋の掃除を行った。多くは若い女性だった。	宿ごとに 4〜5 名
飯炊き女	一廻り百文、副材料を湯治者が購入して与えると朝夕の食事の支度をする。多くは年配の女性だった。	−
水汲み女	湯治者が炊事などに利用する清水を朝夕に運んできた。	−
医師・按摩	湯治者の治療にあたった。	文化 10 年、旅医師 2, 3 名、村医師 2 名程度

出典：『草津温泉誌』『草津繁昌記』から筆者作成。

屋）を掃除，「水汲み女」は炊事に必要な水を汲んでくるなど，滞在生活をサポートしていた（草津町史編さん委員会 1976, pp.830-833）。ほかにも温泉地には貸本屋，道具屋，髪結い，医師などが存在していた（表 7-1）。また，温泉地側も新たな飲食業等の許可，広範囲な外湯の設置等を行うことにより，滞在者の消費行動・回遊行動を促すことがあった（高橋，2009）。

このように，温泉地の長期滞在は，湯治を許容する社会的な制度の充実と，各自の経済状況に見合った滞在システム，滞在・療養行為をサポートする体制が存在することで成立していた。

(3) 温泉地の空間

滞在型観光において観光者は，宿泊拠点を中心に周辺で行動するため，観光行動の行える空間が必要である。下村（1993）は江戸時代の温泉地は概ね似たような空間で構成され，「集落部」「周縁部」「周辺自然部」をもつ三重構造であったことを明らかにしている[7]（図 7-1）。

下村（1993）によると「集落部：生活や活動を重点的・集中的に展開する核である活動領域[8]」，は 500m 前後のスケールをもち，中心的な共同湯（源泉）や広小路を核として，それを囲む湯宿と商店が賑わいをつくり出していた。江戸時代には，温泉宿には外湯型，外湯と内湯の折衷型，内湯型があったが，内湯がある宿は少なく基本的には共同湯が中心となり，宿に宿泊する滞在者もそこに入浴しにいった。こうした共同湯の利用は湯治者が誰でも行なう行動であり，日に何度も共同湯に出向き温泉に入浴した。また，共同湯のまわりなどに形成された市や商店には湯治者のための食材，お土産品などを購入できるなど賑わいがあり，人々の集まる場所であった。

そうした共同湯や市をとりまくのは，「周縁部：社寺等により境界を認識させ

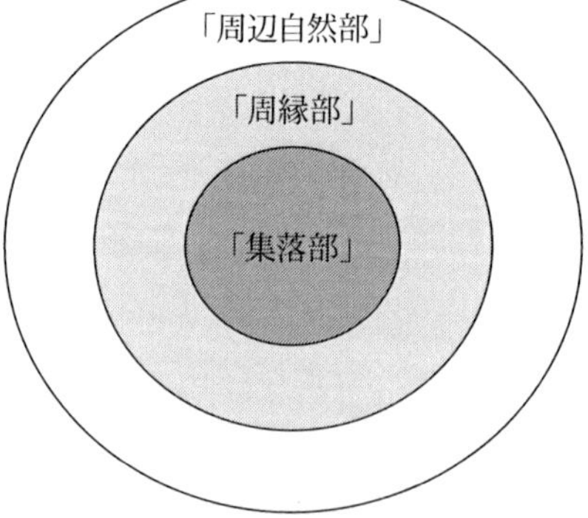

図 7-1　温泉地空間の三層構造

出典：下村（1993）より転載。

ると同時に，自然との豊かな接触活動を図る共生域」であった。こうした高台には社寺が立地していたが，社寺は滞在者と地域住民の信仰の対象であり，滞在者にとっては病気回復を祈る場であった。また一方では，滞在者に温泉由来書を販売したり，寺社由来の宝物を見せたりと地域の歴史を知らせる重要な拠点でもあるとともに，その境内は時には祭り，月見の宴が行われるなど祝祭空間でもあった。こうした社寺が高台に存在することで温泉空間の境界が可視化されていた。

そして温泉地全体を取り巻くのは，「周辺自然部：諸活動の背景として知覚，認識する市全域」であった。この自然が，滞在者のレクリエーション活動，森林浴もかねた散策や小宴を催す場などとなるとともに，ヒューマンスケールの温泉地の空間に奥行きを作りだしていた。こうした温泉地には，温泉地の外と内の境界が存在していた。それは温泉地への出入り口や橋などであり，これらにより容易に温泉地の外と内が認識でき，温泉地として非日常的な空間の独自性が保たれていた[9)]。

こうした空間を今に伝える資料に，江戸時代に作成された温泉地の案内や絵図が存在している。江戸時代において旅が普及し成熟していく背景に，旅に関わる情報の文化の成熟があげられる。そしてこれらのメディアは，当時のモデルコースを紹介すると共に，より多くの副目的地への立ち寄りを誘発する情報源として機能していた（橋本，1997)。また，紀行文も温泉地の魅力を伝えていた。箱根では，湯治者が滞在中に温泉地内を巡り，湯治以外の滞在の楽しみ方を紀行文などに記すことでその評価が広く伝わり，次第に観光地としての箱根の認識を作り出した（大和田，1999)。

このような絵図等は温泉地でも入手可能であったようで，「この奈らやにて七湯の絵図商へるなれは，それを求めつヽそれより堂ヶ島にいたりあちこちと見廻りぬ」と滞在者が宿で案内図を購入して名所を巡っている（『木賀の山踏』1835年)。これらは温泉地側が滞在者に，案内図などを販売して滞在行動を手助けしていた現れである[10)]。また，江戸で出版された商店の名鑑，武鑑などが江戸土産であったように，温泉地案内や絵図も土産物の一部であったのだろう。

これらの江戸時代の温泉地は，空間的に温泉地とそのほかの世界に境界が引かれ奥行きがあり，魅力ある空間を作り出していた。そして滞在者は，有名な温泉地については湯治に出かける以前に情報を得ることができたうえ，温泉地においても温泉案内図などを入手できた。これらにより温泉地全体の空間構造を把握できたため，バリエーションに富んだ行動が可能になったものと考えられる（内田，2011a)。

さらに筆者は，江戸時代後期の温泉地には長期滞在を可能とした様々な社会的・空間的な仕組みが存在していたことの重要性を改めて指摘したい。以下に考察する温泉地における滞在行動は，このような仕組みに支えられてこそ，展開しえたのである。

2　温泉地における滞在行動

(1) 観光・保養的な行動

江戸時代の人々にとり，温泉地での療養は，病からの回復を願う行為であった。背負われて共同湯に訪れた人々，回復できず他界した人々の無縁仏などの史料・史跡から，湯治をする人々の治療への切なる思いを見ることができる。しかしその一方で，江戸時代後期になるに従い，保養や遊びを楽しむ人々も多く存在した（図 7-2，7-3)。

武井ほかは温泉地における滞在者の行動を分析し，①療養行動である入湯，②病気完治のための祈願としての寺社参詣と物見遊山的な参詣，③観光・保養的行動としての遊楽，物見遊山の行動が同時的かつ一連的に行なわれていたことを明らかにしている。特にこの中で観光・保養行動に着目すると，温泉地での遊びの種類は琴，囲碁，酒宴など華やかな都会的な要素の濃い遊びや，花見，雪見，蛍狩り，釣り，名所散策などの牧歌的な遊びが存在し，それらをコンパクト（時間的・距離的）に楽しむことができた。そして，多様なメニューのなかから自分の好みに応じた遊びを抽出してプログラムとすることができた。こうした温泉地ならではの魅力が長期滞在を「飽きのこない」ものとしていたと

図 7-2　有馬温泉における共同湯『摂津名所図会』(1798)

出所：筆者所蔵。

図 7-3　温泉宿における宴会『摂津名所図会』(1798)

出所：筆者所蔵。

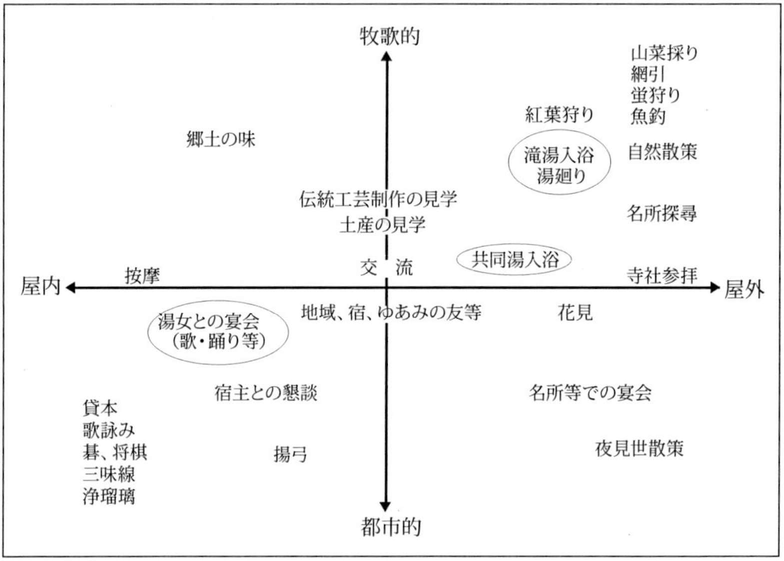

図 7-4　温泉地における観光・保養行動

出典：武井（1989）を参考に筆者加筆。
注：○内は温泉地特有の遊び。

ともに，温泉地に個性をもたらし，さらに吸引力を増すことにつながった。そしてプログラムは，組み方により楽しみの質が変化するのであり，滞在者側のライフスタイルの熟成が長期滞在生活の充実にかかせないと指摘している（武井ほか，1989）。

こうした観光・保養行動を整理すると，武井が指摘する都市的な遊び，牧歌的な遊びとともに，外出を伴う行為，室内で過ごす行為の 2 つの枠組みが存在していた（図 7-4）。また，散策や見学，多様な人々との交流など，費用負担の少ない行動が主体であることも興味深い。

滞在者は長期にわたり滞在するため，天候の悪い日など外出できない日や外出しにくい日が存在する。多少の雨であれば出かける事例も見られるが，天候が悪いため滞在者が，同じ宿の人々などとの碁を打つ，将棋を指すだけではな

表 7-2　湯治中（入浴以外）の行動例

日にち	入浴以外の主な行動
4 月 14 日	江戸発
15 日	藤沢で遊行寺・西行庵などを見学
16 日	熱海着，宿の決定、小鯛と酒で祝う
17 日	湯元の大湯（間欠泉）を見学
18 日	物売りがくる，宿主に飲用法を訪ねる
19 日	一日中湯浴み
20 日	権現参詣・走り湯に入浴、宿主と交流
21 日	案内を頼み来宮神社参詣・湯廻り
22 日	長歌を詠む
23 日	魚の網引と紙すきを見学
24 日	宿主・土産屋に明日箱根に発つとつげる
25 日	名所・旧跡を見学しながら木賀に到着
26 日	宮ノ下に宿を代える
27 日	挽物細工，果物等を売る女が折々訪問
28 日	役人が宗門改めに来る
29 日	近隣の社に参詣，土産屋に立ち寄る
5 月朔日	堂ヶ島に行く・連れは釣りに
2 日	案内を頼み三里離れた最乗寺を見学
3 日	湯治に来ていた美人が話題になる
4 日	帰宅を決心し，宿主等に告げる
5 日	出発，湯本で早雲寺を見学
6 日	江ノ島にて名所旧跡を見学
7 日	鎌倉にて名所旧跡を見学
8 日	金沢八景にて案内をたのみ見学
9 日	江戸着

出典：原正興『玉匣両温泉路記』（1839）より筆者作成。

く，部屋を訪れる商人と雑談したり他の宿の人々を自室に招き入れたりしながら交流している[11]。また，温泉地はあくまで「湯治」という治療の場であり，高齢者や体調の悪い人も存在した。このような人々は，他地域の人々や宿に訪れる人々と話をすることや[12]，温泉地の歴史や文化などを宿の主人などから教えられたり，宿が伝える書籍などを書き写したりしながら過ごしていた[13]。宿の主人は湯治者への「もてなし」として蔵書をもち，滞在中の楽しみとして提供していた（黒須，2010）。このように遠方に出かけられない人々にとって，宿内での行動は大きな意味があった。そもそも宿場は多様な背景を持つ人々が階級の垣根を越えて交流を持ちやすい場であったが[14]，温泉地はそれが長期に続くという意味では独特の環境であった。こうした見も知らぬ者同士が，酒を酌み交わし，遊び戯れる様子を「有馬・但馬など，温泉の場の交の如し」『西遊記』（1795）と記述されるなど，温泉地で行われる独特の交流は人々の周知のものであった（板坂，1987）。交流は滞在者の体調や老若男女を問わず行ないやすい滞在行動であり，温泉地では自然なかたちで様々な人々が出会え，交流をもてる「場」が存在した（内田，2007b）。

一方で屋外では，「ゆあみの友」と一緒に自然散策，花見，滝見など運動もかねて四季を楽しんでいる。この際は先々に弁当や酒を持参しており，時には小宴を行っていた。また温泉ならではの行動もみられる。温泉地の湯めぐりもよく見られ，箱根温泉郷のような温泉地では「七湯廻り[15]」というような，温泉郷内の温泉地を巡ること自体が観光コースとなり，滞在者の楽しみとなっている場合もあった。そしてさらに，土産物製作の見学，土産物の購入などが人々の楽しみの幅をひろげた。

江戸詰の沼田藩士であった原正興が記述した史料は，江戸時代後期の湯治の様子をよく伝えるものであるが，そこでは日々活動的に過ごしている様子が見て取れる（『玉匣両温泉路記[16]』1839年）。友人から湯治を薦められた原は，同行者と共に三廻りの湯治を行うために，藩から湯治のために30日の暇をとり，熱海，箱根に湯治に出かけた。彼らは熱海で中等の部屋を選び，食材を購入し自炊をしながら，温泉入浴，散策などにより湯治生活を過ごしている。雨や体調の具合で宿にこもり入浴だけしか行わない日もあるが，寺社参詣，網引きの見学，紙漉の見学，地域の名産を食するなど，活発な行動を行っている（表7-2）。

こうした素朴な楽しみのほかに，温泉地には遊興の場も存在した。温泉地に

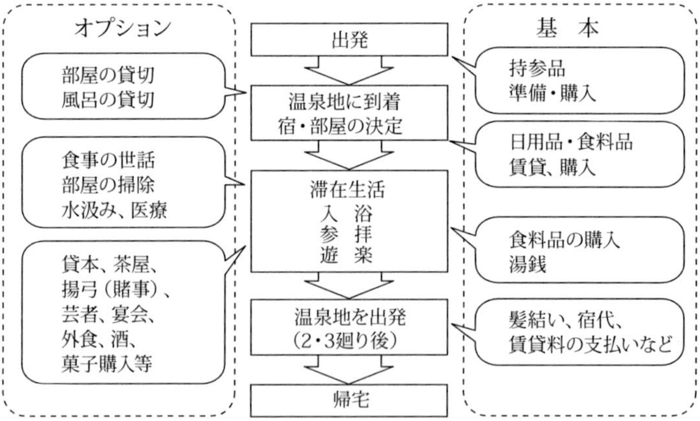

図 7-5　温泉地における滞在生活の仕組み

出典：筆者作成。

は賭け事のできる楊弓屋[17]や夜店が存在しており，本人の経済力と意向があれば「遊ぶ」こともできた。このように温泉地では，温泉を中心として本人の体力や病状，文化的な能力，経済力に応じて生活を楽しむ様々な観光・保養のプログラムが存在していた。

この詳細を紀行文，日記などから調べたところ温泉地には誰もが利用する宿，共同湯といったハードと，食品，日用品，生活支援，遊興行為などの個人の状況に合わせて選ぶことができるソフトがあった。これらは滞在者の経済的な状況に合わせて滞在生活の基本的生活を選択することが出来たうえ，「遊興」を望むも滞在者にも多様な選択肢があったといえよう（図 7-5)。

(2)　一日の行動パターン

長期滞在者の観光行動は，毎日繰り返される 1 日の行動単位と，1 週間を単位とする長期滞在という 2 つの視点で捉える必要がある。

先述した原の一日（4 月 20 日）の様子をみてみよう。この日は朝に入浴して，部屋を訪問した土産物屋と雑談をして，帰宅する際には土産物を購入することを約束する。そして，天気が良いことから昼食を早めにとり，友人と二人で 2 キロほど離れた山に登り伊豆権現に参詣し，ここで寺の者から寺の由来を聞き同行者が寺の縁起を購入している。次に山を下り，海辺近くにある走り湯に訪れた。ここでは湯を守る老婆に「滝湯」の入浴法を聞き入浴して，滝湯での効果を感じながら帰宅する。帰路の途中では，海辺で漁師から新鮮な魚を購入し，宿で料理して味わっている。夜半には，宿の主が訪ねてきて，温泉地の歴史や文化などを語り合い，その後に入浴をして就寝する（図 7-6)。

原はこの後に熱海から箱根に滞在拠点を移しながら湯治を続けるが，一日の行動形式は体調や天候にあわせて変化している。しかし，このように朝入浴して，昼前後から散策や入浴し，夕方に宿に戻り食事を食べて風呂に入って就寝するというスタイルは，基本的に似通うとともに，他の史料にも多数見られ[18]，湯治者の一つの行動形式であったと推測される。この際の散策や遊楽は，人々の体調に応じたものであった。

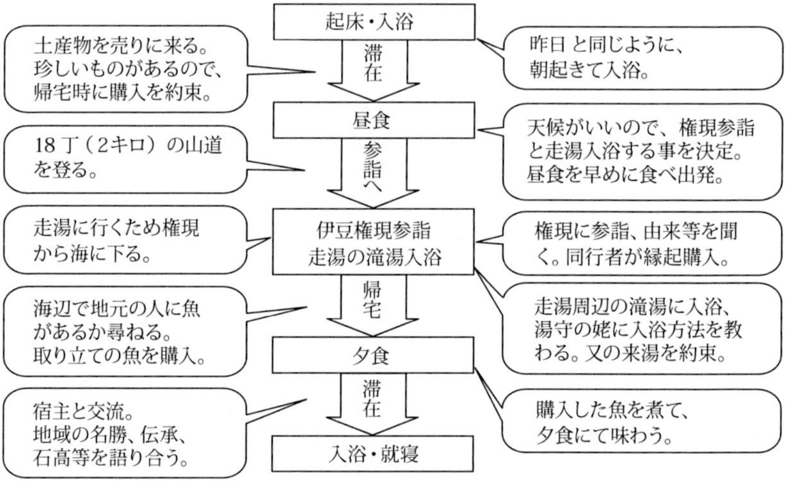

図 7-6『玉匣両温泉路記』（1839）にみる原の一日

出典：筆者作成。

こうした温泉地での滞在行動には，牧歌的，都市的な行動という温泉地の魅力に加え，体調や天候に応じて過ごせるように，外出を伴う行動と室内で過ごす行動が存在した。そのなかで滞在者が，好みや能力，そして経済力に応じて選択できる多様な過ごし方のメニューが存在していた。

(3) 長期滞在における行動の流れ

『伊香保紀行』（1698）では「士農工商ともに病ありて温泉に浴する事，二廻り三廻りの間は其業をやめ，世事の繁多なるを忘れ」とあり，自炊など日常的な要素に富みながらも，生業から離れた生活を過ごしていたことが伺える。湯治のスタイルには個々に違いはあるが，概ね次のような一連の流れがあり，①出発→道中，②到着に伴う行動（挨拶，入湯，参詣，必需品の買い物等），③温泉地滞在行動（入浴，遊楽，参詣，食料品などの調達），④帰宅に伴う行動（土産購入，別れの挨拶，参拝等），⑤出発→道中（見学）→帰宅，というスタイルが見られる（内田，2007b）（図 7-7）。

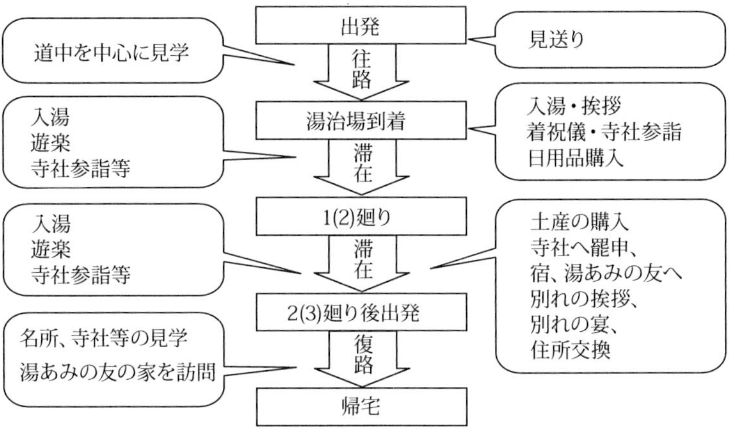

図 7-7　湯治における典型的な流れと行動内容

出典：筆者作成。

こうした温泉地での行動は，一般的に一廻《まわ》り[19]（7 日[20]）が一つのクールになり，滞在生活もそれにより構成されていた。入浴法，宿代，掃除代などの支払いは「廻り」（7 日）が区切りとなっていた。ここでは長期滞在の行動を到着，滞在，帰宅準備に分け特徴的な行動を明らかにするとともに，そこで行われた交流から，滞在生活にみえる 3 つの「区切り」の行動とその意味を考察する。

1）到着

有馬温泉を訪れた滞在者は到着際に，宿の決定，入浴，日用品の購入をして，長期滞在を過ごすための準備を行う。また，最初に温泉神社にお参りする例や，病の完治を願って参詣する例がみられる（『七月の記』1821 年）。そして，同宿者に「今まゐ（参）りの旅人，かずまへ（仲間に入れ）給へ」（『有馬日記』1781 年）と挨拶するなど，温泉地での生活における実際的な準備と共に，温泉地にあるコミュニティに参入する行為が見られる。

一方で，無事に到着し湯治生活を始めることは，めでたいことであった。到着した祝いと小鯛を買う例（『玉匣両温泉路記』），着祝儀を渡す例が見られた（『有馬入湯入用記』）。温泉地では，短期間ではなく「廻り」単位で滞在するため，様々な人々と長期間にわたる関係性を築くことになる。滞在者は最初に古参者や宿の人々に地域の案内や生活の仕方を教えてもらいながら，長期にわたる滞在をスタートさせるのである。

2）滞在

滞在者は，天候や体調に合わせて入湯，参詣，観光，保養行動を行っている。こうした行動のなかにも「廻り（7日）」という節目があったようだ。熱海などの温泉地では，入浴方法の単位が「廻り」であった[21)]。

また宿の主人は，宿を貸すだけではなく，温泉の利用法を教えたり，案内を手配したり，湯治者の部屋に話に訪れたりと客に心遣いを見せている。こうした心遣いは「廻り」事にも表された。明治後期の四万温泉では，宿が廻りごとにうどん，餅，おこわ等をお客の人数に応じて配布した。こうした事例は江戸時代でも見られ，草津では，宿主が一廻り目になると，壺廻りの女に赤飯をもたせて客に配るのが習わしであった（『草津繁盛記』1865年）。また滞在者側も廻り目に宿の主人，「湯女」，「湯かか」，下人等にお礼を渡していた（『有馬入湯入用記』）。そして長期にわたる滞在生活は，各人の「廻り」ごとに始まる「出会いと別れ」の場でもあった。滞在者は滞在中盤となると，新しく湯治場にきた滞在者を案内したり，一緒に過ごしたゆあみの友を見送ったりする側となる。こうした各行事や人々との出会いと別れは，ともすれば単調になりがちな温泉地生活に刺激を与えていた。

3）帰宅準備

各自が決めた廻りを終えることは，湯治生活を去ることを示している。滞在者は各自の「廻り」が終わりに近づくにつれて，土産品の購入や宿の支払い等の帰宅の準備を始める。また，滞在期間も終盤になると知人達が「あまた訪はれて逗留の日なき事をおしむ」（『有馬之日記』1738年）というように，別れを惜しまれる側にまわる。当時は「立振舞」という旅立ちの宴会が存在した。草津では身分の卑しからぬ人が，長い湯治生活を終えて帰るとき，なじんだ里の人々に別れを惜しんで行ったという。「立振舞は草津の花」いわれ，2階，3階の軒に提灯をともし，客は滞在中に知り合った商人や，隣人に大盤振る舞いしたという。[22] このような大きな宴会は，裕福な人々が行なったが，そうでない人もとささやかに酒を飲み交わし，住所を交換して別れを惜しんでいる。帰宅の際には宿の人々に見送られながら宿を出発して帰宅の途についている。[23]

4）出会いと別れの場―交流の意味―

温泉地の交流は，親しくなっても別れが訪れる。江戸時代後期に日本を訪れた写真家Ｆ・ベアトのアルバムには，「お客の数やその様子から判断して，温泉は口実に，人々はそこで人に会うために来ているのである。昨日までは，お互いに知らなかった人々が，色々の所から集まってきて，気楽な世間話に花を咲かせる。通例は，たわいもない戯事に終わるのだが，しばしば，こうして馴染んだ思いがけない縁が，終生の仲になることもある。毎年毎年同じ客が，季節がよくなると，箱根の湯を訪れる[24]」と述べている。日本の湯治文化を知らない外国人からの視点ではあるが，長期滞在において，様々な人々との「交流」が重要な観光行動であったことを示している。そしてこうした交流のなかで滞在者は，①最初は新参者として，②次に慣れた滞在者として新しい人々を迎える側になり，③ゆあみの友が去る時は別れを惜しみ，④自ら去る時は別れを惜しまれる役割が回ってきた。そして，長期滞在のため，別れを惜しむ人々とのセレモニーが存在した。こうした行動は長期滞在において単調になりがちな生活に起伏を与えた（内田，2007b）。

長期滞在のサイクルには，一日の行動，長期滞在の行動に一定の傾向がみられ，長期では「廻り」をクールとした，いくつかの「区切り」とそれに伴う行動が存在していた。長期滞在生活で「区切り」とそれに伴う行為や行事が存在することは，滞在者に滞在期間の区切りを実感させると共に，アクセントを与えるイベントでもあった。

また温泉宿を中心とした生活は，一種のコミュニティとみなされ，特に滞在者同士や地域の人々との「出会いと別れ」は宴会などを伴うことも多く，滞在中にしばしば目にする重要なイベントとしても存在した。こうしたことは，長期にわたる滞在の単調になりがちな湯治生活に起伏を与えた。

3　滞在型観光における行動類型

(1) 単独型温泉地と集合型温泉地

以上見てきたように温泉地においては，温泉入浴を基本としながら，異なる状況や目的を持つ人々が訪れている様子がうかがえる。また，長期滞在における行動，一日の行動にも特徴がある。さらに温泉地の空間が，各地で同様の空間構成を作り出したように，滞在者の入浴を中心とした滞在行動にもいくつかの行動が見て取れる。

観光行動における滞在型を考えるときに，温泉地の持つ空間的な特性を無視することはできない。温泉地によっては単独の温泉地も存在する一方で，温泉郷として一定の地域内に複数の温泉地が存在することがある。

代表例が有馬温泉と箱根温泉郷であろう。単独温泉地例としての有馬は，日本最初の勅撰の歴史書『日本書紀』舒明三年条（631 年）に舒明天皇が 2ヶ月にわたる温泉行幸をしていることをはじめ，古代から天皇，貴族などが訪れる関西有数の温泉地であった。近世には地誌・紀行集が刊行されたほか，案内書等

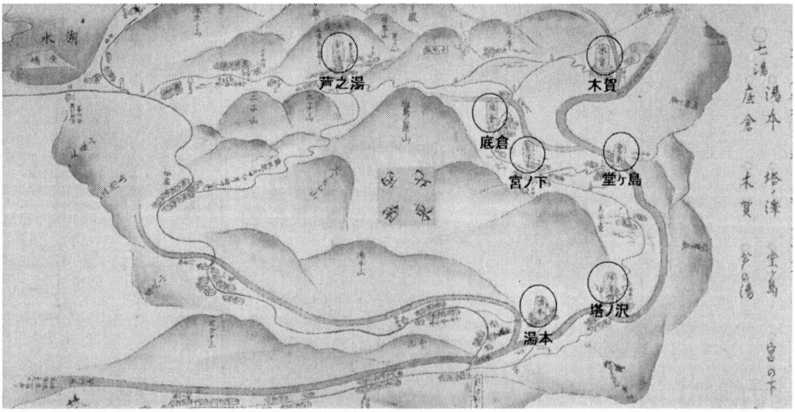

図 7-8　七湯全図『七湯の枝折』(1811)

出典：箱根町立郷土資料館所蔵。

が出版された。近世中期以降は大火等で宿の減少が起きるが，京都から２日，大阪から１日という立地に加えて，番付で「西の大関」に選ばれるなど著名な温泉地であり，療養以外にも保養や遊楽をかねた温泉地として親しまれた。有馬温泉の空間構成は，集落部に「一の湯」「二の湯」という共同湯しかもたず，そこを中心に集落全体が階層的に立地していた。また，共同湯の周辺街路等は社交場，祭事の際の舞台として利用され，強い中心性が存在した。それゆえ「求心構造」が明確であった[25]。有馬温泉は周辺に温泉地[26]も少なく，その行動範囲が有馬温泉地内に限られる単独型温泉地であった。

一方で集合型温泉地例としての箱根は，江戸から東海道を二十里余（約80キロ）で関所の手前にあった。道も険しくなく風光明媚な道中のため，都の老若男女が湯治に訪れやすいと紹介される賑わいのある温泉地であった（『旅行用心集』1810年）。

江戸時代には早川沿いにある湯本・塔之沢・堂ヶ島・宮ノ下・底倉・木賀の六湯と，駒ヶ岳山麓にある芦之湯をあわせた箱根七湯が存在した。七湯の各温泉地は半径４キロ程の圏内に位置し，それぞれ規模は異なるが集落として形成されていた。江戸時代には各温泉地に宿，共同湯，寺や名所などが存在しており，滞在者は長期滞在中に広範囲を周遊していた。このように箱根温泉郷は，名所見学などの日帰りや宿泊が可能な温泉地が近接して七つ存在し，それらを訪問することが温泉地の楽しみとして存在していた。各温泉地を周遊するコー

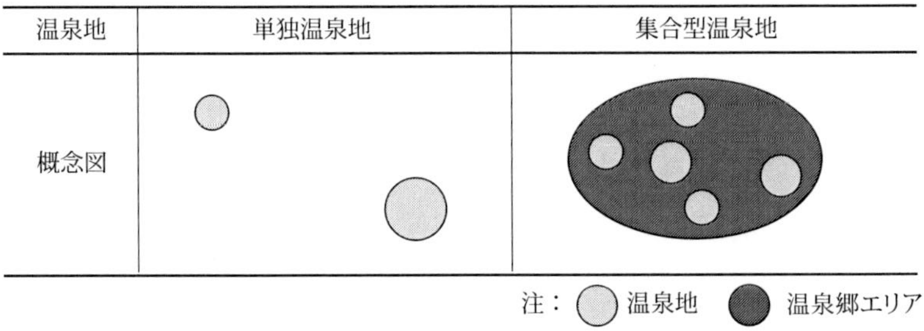

図 7-9　温泉資源の集合性からみた温泉地分類

出典：筆者作成。

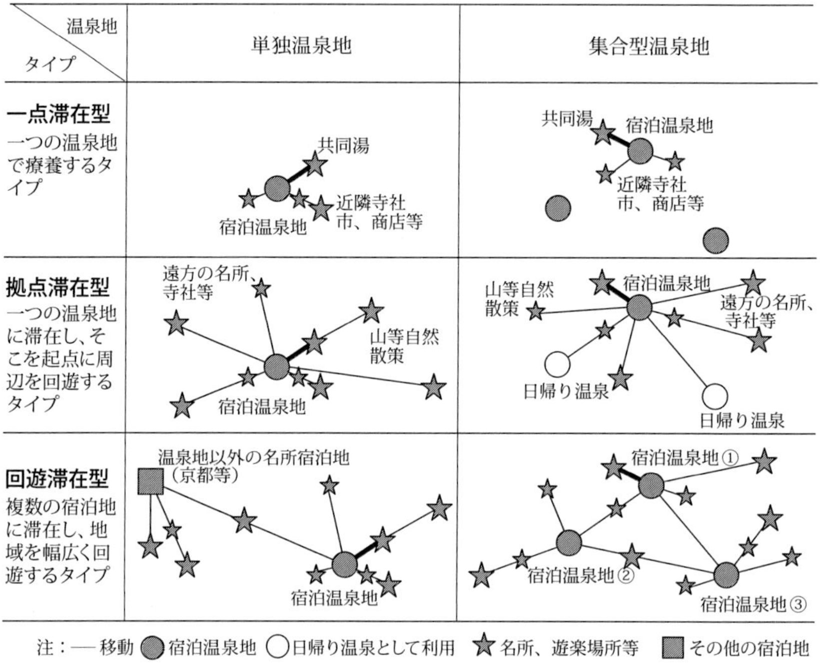

図 7-10 温泉地の行動類型概念

出典：筆者作成。

スなどが存在するなど，複数の温泉地が一つの枠組みの中で受け止められていた温泉地は「集合型温泉地」であった（内田，2009）（図 7-8）。

大和田（1999）によると，江戸時代の箱根には「旅の途中の一通過地点」，「箱根温泉を目的とした滞在地点」，「箱根温泉への立ち寄り」の三つの来訪タイプが存在した。箱根における温泉地の様子や滞在生活を記した史料を調査した『「湯治の道」関係資料調査報告書[27]』（箱根町立郷土資料館，1997）には，145 点の資料が存在する。そのうち温泉地に滞在していたのがわかる 68 の資料をもとに 3 区分にわけ滞在の長短を調べると，江戸時代後期には短・中・長期の滞在型行動がみられる。そのなかには，湯治中に温泉郷内を移動している例もみられる（内田，2009）。

このように温泉地には一カ所にとどまる滞在型と，複数の温泉地に滞在する2つのタイプが存在することがわかる（図 7-9）。その滞在記録からは，滞在型でもいくつかの行動形態を見ることができる（図 7-10）。

(2) 温泉地の行動類型

1）一点滞在型（宿のなかで療養するタイプ）

一点滞在型は特定の宿及び共同湯が生活の中心であり，滞在者は周辺の名所なども見て回るがその回数は少なく，基本的には入浴と宿で休息することを中心に過ごす。温泉入浴＋療養・保養が滞在行動の中心である。

こうしたタイプにおいて滞在者は，碁を打つ，宿で宿所有の古文書を借りる[28)]，歌を詠む，人々との交流を持つなどをして過ごすことが多い。温泉地に碁，将棋，本を貸す道具屋が存在したことは，外出せずとも室内で過ごせる仕掛けが存在したといえよう。

2）拠点滞在型（一つの温泉地に滞在し，そこを起点に周辺を回遊するタイプ）

拠点滞在型において滞在者は，温泉地の一カ所に滞在するが，滞在中の折々に散策に出かけたり，遊楽を楽しんだりする滞在である。温泉入浴＋観光・保養行動が中心となる滞在行動である。

しかし，温泉地が有馬温泉のような単独温泉地と，箱根温泉郷のように複数の温泉地を抱える温泉郷とでは，滞在者の行動範囲が異なるため，有馬温泉と箱根温泉郷を事例に拠点滞在の行動を考察してみよう。

①単独温泉地

江戸中期の俳人・井上布門が有馬温泉に湯治に行った際は，16 日間の逗留中，10 日間以上外出し，滝見物，登山，寺社参詣，連句会，湯女との宴会等を行っているが（『有馬之日記』1738 年），それらの行動のほとんどが，半径 1.5 キロ程度の範囲内である。有馬温泉のような単独の温泉地であれば，温泉地内の同じ場所に行くことになる。

しかし，同一の場所に訪れる際でも，時間の経過（到着，滞在中盤，滞在終盤）に従い同行者が異なる例が見られる[29)]。この背景には温泉地が「出会いと別れの場」であるため，滞在期間に最初と終わりではゆあみの友が変化していくことが挙げられる。同じ場所でも「案内される側」と「案内する側」のように，滞在者の役割を変化させながらたびたび訪問している。

②集合型温泉郷

箱根温泉郷は，『七湯廻り』といわれる七湯を廻る人気コースが存在しており，半径4キロ以内の温泉郷を廻る楽しみが存在していた。典型的な事例は，1852年浮世絵師・歌川広重一行が行った箱根来遊である。これは湯本の湯宿で宿泊し，塔ノ沢で遊び，七湯の温泉地を廻りながら芦之湯にでて，東海道を利用して再び湯本に戻るコースであり，まさに物見遊山の旅だった（岩崎，1979）。江戸詰の小田原藩士である川上亮右衛は，箱根温泉郷木賀温泉に22日間にわたり滞在したが，日にちを変えて底倉，芦之湯，堂ヶ島，塔ノ沢等を日帰りで巡っている。また，箱根権現の道中に芦之湯に入浴しようと考えるなど，各温泉地と周辺の名所を廻ることを滞在者自身が企画している（『木賀の山踏』）。こうした温泉郷内の観光地と湯廻りのセットのコースは箱根温泉の滞在でよく見られ，滞在生活に温泉地特有の「観光コース」が取り入れられていることがわかる。

このように単独型，集合型ともに行動範囲に違いあるが，徒歩の回遊ルートの拠点が温泉宿になる点が共通している。滞在者は基本的に一つの宿に滞在して，各共同湯や温泉地，時には案内人を頼み周辺の名所，寺社等をめぐり，宿を起点として放射状に立ち寄る行動形態を取っていたのである。

3）回遊滞在型（複数の温泉地に滞在し，地域を幅広く回遊するタイプ）

これは，滞在先の温泉地を変更しながら，結果的には中・長期滞在するタイプである。つまり，温泉地での滞在期間は長いが，一カ所のみに滞在する行動ではない型といえる。

箱根温泉郷では，先述した「七湯廻り」ような，観光コースに泊まり歩きながら過ごすタイプが多くみられた。例えば『はこね日記（1842)』では湯本（4日），宮ノ下（6日），木賀（1日），畑宿（1日），宮ノ下（14日）と温泉郷内の宿泊地を変更しながら各地の名所を巡っている。また『玉匣両温泉路記』のように熱海（9日）箱根（9日），と温泉地を変えて三廻り程度の温泉滞在を行う場合もあり，滞在者は一つの滞在地で過ごすのではなく，複数の滞在型温泉地において，「拠点滞在型」の過ごし方をしながら滞在する。また趣旨が異なるが長期間の旅程に短期間の湯治が組み込まれているタイプも存在する。それは伊勢参りの道中や，江の島・鎌倉詣での旅に箱根に2泊して，七湯廻りをしながら滞在する等，回遊型の長期間の旅の日程[30]に組み込まれていた。

こうした江戸時代後期の温泉地における行動類型は，一点滞在型，拠点滞在型，回遊滞在型の3つの型に分類できる。そして，温泉地内の周遊と広域温泉地における周遊滞在という2つのスケールの異なる枠組みが存在していた。こうした枠組みの中，温泉地では入浴＋療養・保養，入浴＋保養・観光，複数の温泉地で入浴＋観光しながら滞在するなど，個々の温泉宿の枠をこえて，各温泉地の持つ特徴を生かした滞在が行われていた。

滞在型観光において，その拠点となる宿は大きな意味を持つことになる。また，滞在者は天候や体調によっては入浴以外の時間を宿で過ごすことも多いため，宿でいかに時間を過ごすかが重要となろう。また複数の温泉地が集合している温泉地では，多様な滞在型観光が求められるなか，広域的な観光地域を生かした回遊滞在型は示唆的であろう。

4　周遊滞在：「廻《めぐ》り湯治《とうじ》」

湯治は一般的に一定の期間にわたり特定の温泉地に滞在することを指すことが多い。だが先述したように回遊滞在型では，温泉郷内の周遊滞在と広域温泉地における周遊滞在という2つのスケールの異なる枠組みが存在していた。ここでは複数の地点を廻りながらおこなう湯治について，「廻《めぐ》り湯治《とうじ》」と位置付け，温泉地の多様な滞在型について特徴を述べる。箱根温泉，草津温泉を対象に，その滞在形態と広域性に着目したうえで，紀行文等から湯治者の旅行行動について調べたところ2つの行動類型があった（図7-11）。

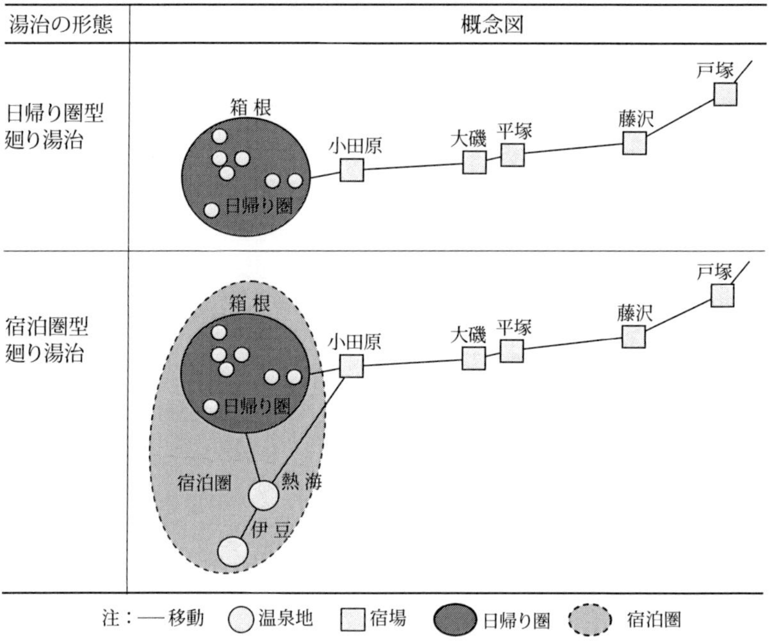

図 7-11 箱根温泉郷に見る「廻り湯治」の形態

出典：史料より筆者作成。

(1) 温泉郷内の「廻り湯治」――日帰り圏型

滞在者が温泉郷内（日帰り圏）の複数の温泉地を日帰り及び宿泊で訪れることを指す。温泉郷内の複数の箇所に中・長期滞在しながら，各温泉地の入浴や周辺散策等を行う湯治である。温泉郷内において廻りながら湯治する形態である。

この理由は様々で，「七湯廻り」を行う場合もあるが，湯質が合わない（『箱根日記稿』1848年），宿があわない，気に入った宿に戻る（『はこね日記』），知人がいる（『箱根日記』1813年），ゆあみの友と散策に共に出かける（『木賀の山踏』），往復の道中，温泉地の名所近くにある宿である（『木賀の山踏』，『箱根日記』）など理由は様々であった。また橘守部は湯本，木賀，宮ノ下に合計1ヶ月半滞在する長期滞在であるが，湯本から木賀温泉に移動する際に湯本温泉の福住の主人から木賀温泉の亀屋の主人に連絡が届いている（『箱根日記稿』）。

これは，箱根温泉郷の各温泉が概して小さな集落であったことも背景にある。こうした小さな集落が複合され，宿同士も連帯することで，湯廻りと周辺散策，自分自身にあった湯の発見など，ほかの温泉地にはない魅力を作り出したといえよう。また日帰り圏であるためA宿→B宿→A宿のように，途中で他の宿に足を伸ばしながらも，また同じ宿に戻るなどの移動が行えた。これは鳴子温泉郷でも見られ，複数の温泉地が集合している温泉地の行動形態であったと考えられる（『撫子日記』1661年）。

(2) 温泉地を移動する「廻り湯治」──宿泊圏型

滞在者が一箇所の温泉地及び温泉郷に滞在するのではなく，日帰り圏ではない遠方の温泉地に移動しながら湯治ことをさす。箱根温泉郷と熱海・伊豆，草津温泉と伊香保温泉，四万温泉，川原湯温泉など，旅行者が滞在先の温泉地を変更しながら，結果的には中・長期滞在するものであり，滞在期間は長いが一カ所のみに滞在する行動ではないといえる。

たとえば，沼田藩江戸詰の武士である原正興は，主人から30日の暇をもらい4月14日江戸を出発してから，翌5月9日に江戸に帰るまで熱海（9泊），箱根（9泊）に宿泊している。原正興は年来の頭痛に悩んでいたところ，知人から「温泉に浴して，滝湯に打たれればよくなる。伊豆や箱根の温泉は世に知られた温泉であり，熱海や箱根の宮ノ下温泉は原の病状に合う温泉」であると勧められたことが背景にある[31)]。いわばこの旅は最初から複数の温泉地を渡りながら広域湯治を行うつもりで旅立っている。

草津温泉を訪れた富田永世は，以前から草津に行きたいと考えていたが，まずは近くにある伊香保温泉に行き，伊香保（4泊），四万温泉（2泊），沢渡（1泊）に宿泊しながら，草津温泉に到着する。草津では「ゆあみの友」と交流を持ちながら10泊して，川原湯，川中湯に立ち寄り入浴・宿泊しながら帰宅する（『上毛温泉廻』1828年）。これは，伊香保，四万，沢渡，草津，川原湯，川中湯の6つの温泉をめぐりながら湯治を行ったことになり，まさに題名通り『上毛温泉廻』であった。この際に富田は「高崎より六里なれど」「四万より四里半とぞいふなる」というように何か本を持参していたようである。

また滞在中に外の温泉地に足を伸ばす事例も見られる。『上州草津道法』(1784) では，草津滞在中に沢渡温泉，伊香保温泉に宿泊している。これには榛名山への参詣という目的があったと考えられるが，この数日の小旅行を『夢中三湯遊覧』と題し伊香保に数泊していることからも，伊香保温泉と榛名山参詣を含めた旅であったことがわかる。こちらも「草津より六里也」「沢渡ヨリ二里」など記しながら，目的的に歩いていることがわかる。

寺社参詣では西国三十三所観音巡礼など縁起の良い数や意味の良い数を組み合わせて，1セットにした「名数法」，主目的に近接した副目的地をセットとしてとりこみ，それらを巡ることが定番であることを提示した「定番提示法」が存在し，複数の興味対象を関係づけ回遊行動を促していた (橋本，1997)。こうした回遊行動を促すコースは温泉地でも存在していた。例えば箱根温泉では複数の温泉地を1セットにして巡る「七湯廻り」，草津温泉では草津の「直し湯」であった沢渡温泉をセットにした定番コースが存在していた[32)]。いわば広域的に湯治を行うことに特徴と意味を持たせていたといえる。

江戸時代の温泉地では，温泉地の道中（ルート）に複数の温泉地が存在することを生かしながら，目的や意味を含む「コース」を策定し，異なる特徴をもつ温泉地が，集合体となることで，新たな複合的な魅力が増し，温泉地での長期滞在をより豊かにしていた。

5　結びに代えて――滞在型観光における行動――

江戸時代後期の湯治は，幅広い階層に湯治の期間が保証され，かつ滞在者の経済状況に応じた滞在生活の選択でき，共同湯を中心としたヒューマンスケールで活動しやすい温泉地空間が存在したこと等により，滞在型観光の典型として機能していた。

こうした条件下にあった江戸時代後期の滞在生活を考察すると，いくつかの重要な仕組みが読み取れる。本稿のまとめとして，滞在型観光地における行動，一日の行動と長期滞在生活のサイクル，滞在行動の類型から，今後の我が国の滞在型観光のあり方について考察することとしたい。

最初に江戸時代後期の温泉地での滞在行動には，滞在者が各自の状況に応じて選択できる多様な過ごし方のメニューがあり，温泉地の自然や魅力を楽しむことが可能であった。特に滞在生活において「交流」は，老若男女問わずに行え，体力的・経済的負担が少ない行動であった。

現代の滞在型観光においても，滞在者の体調や経済状況に応じた多数のプログラムが必要であることは変わりない。また，滞在者が歩きやすいヒューマンスケールの空間，自然や温泉地の個性を生かした美しい景観，そして滞在者が過ごせる場や，交流をもてる場の存在など，滞在者をまちに誘い出す仕掛けが必要であるだろう。

次に長期滞在のサイクルには，一定の傾向がみられ，「1 日」「廻り」を単位とした，いくつかの「区切り」とそれに伴う行動が存在していた。これらは滞在者に滞在期間の区切りを実感させると共に，滞在生活に刺激を与えるイベントでもあった。

このように滞在型観光では，「1 日」「1 週間」等の単位に分けて，行動形態を考慮する必要があるだろう。例えば滞在者が，宿のなかだけではなく，同宿以外の人々や地域の人々と交流し，共になにか体験することは，滞在生活を豊かに起伏あるものにする。特に温泉地のような，限られた空間で共に滞在する場合は，交流を長期間にわたり継続することが可能である。

しかしながら，現在の滞在地では，持続的に交流をもてる機会は多くはない。滞在地側は，こうした交流の「出会い」の機会と共に，長期間にわたる継続の「場」を用意することや，「別れ」という「場」を作り出すことが必要とされるだろう。

最後に江戸時代後期の温泉地は，個人のニーズや体調に応じて滞在行動を行うことができたが，その行動パターンには，一点滞在型，拠点滞在型，回遊滞在型の 3 つの型に分類できる。そして江戸時代の温泉地においては，温泉地内の周遊と広域温泉地における周遊滞在という２つのスケールの異なる枠組みが存在していた。

特に広域湯治である「廻り湯治」は，箱根温泉郷内だけを移動する（日帰り圏）と，草津温泉・沢渡・川原湯や，箱根温泉・熱海・修善寺のように日帰り圏を越えて温泉地間を移動する（宿泊圏型）が存在しており，これらは長期滞在生活の選択肢を増やすと共に，集合体になることで個々の温泉地の魅力不足を補い，ひいては長期滞在の魅力を増幅させていた。こうしたなか温泉地では個々の温泉宿，温泉地の枠をこえて，各温泉地の持つ特徴を生かした滞在がみられた。

溝尾（1996）は，現在の温泉地が優れた環境を自ら破壊したことを指摘した上で，日本における温泉地の型を自然環境から類型化することを試みており[33)]，温泉地の多様性を示唆している。今後は個々の温泉地が，自然環境も含めて各地域の特徴を考えたうえで，コンセプトをもち，今日に生かすことが必要である。個々の特徴とコンセプトが明確になれば，今日の発達した交通網は，滞在型観光における行動圏域の広域化への可能性をひろげる。それはまた複数の温泉地が広域的に連携する，より広域なスケールでの「滞在型」の可能性をもひろげるだろう。

日本の観光において，温泉地での滞在が滞在型観光の一つの有力なタイプであることは，昔も今日も変りがない。こうした温泉を中心とした江戸後期の滞在型観光は，温泉の特徴をいかしながら社会制度，空間，滞在行動が形づくられ，滞在型観光として一つの形式を完成させており，今日に示唆をあたえているといえる。

本章は日本における「滞在型観光」の原点である江戸後期の湯治に焦点をあて，史料から滞在観光における観光行動の形態を明らにした。史料を観光行動の調査事例とすることは，観光行動の本質を問い直すうえで重要な視点であり，過去の事象から学ぶことは観光行動の原型と可能性を明らかにするためにも，今後さらに研究が深められるべき分野であるといえる。

注：

1) 新城（1971）は交通史の視点から，庶民の旅の建前として「寺社参詣」と「湯治」を名目とした旅が比較的自由に行なわれていたことを明らかにしている。幕府及び藩は庶民の旅，特に遊興の旅を制限していたが，信仰，医療を目的とする旅に関しては民心の安定を維持するために制限することは困難であった。また幕府の成立による参勤交代の制度化，街道・宿場町の整備，貨幣経済の普及など旅をするための諸条件が整備されたことを背景に，後期になるにつれ庶民が「寺社参詣」「湯治」を建前に旅行に出かけるようになった。

2) 第 3 巻 -461 に石川命婦が温泉療養のため，有馬温泉を訪れた記述が見える。

3) 地域によっては 5 日，7 日の場合もあるが，一般的には 7 日が多くみられる。古代から医療的な入浴（薬湯）は一廻り（7 日）で行われており，中世には，湯治の期間を一廻り（7 日）として三廻りすることが説かれている。

4) 実用的な庶民の案内書としての体裁をもち，全八十一丁の内，最大二十一丁を温泉地の紹介に当てている（板坂 1993，p.59）。

5) 箱根温泉の案内である『七湯枝折』（1811）においても，湯船の端を洗い温め，そこに座り足から入るようになど詳細に入浴方法が記述されている。

6) 原雙桂著による訓解書で病状にあった温泉，温泉の歴史などを記載。『一本堂薬選続編』（1738）が医学的な記述が中心で漢文により書かれたに対して，原は温泉に関する伝承等をとりあげ，ひらがなで記述するなど，より大衆向けになっているといえる。（山本 2004，p.30）だがこの史料では「愚かな人は昼夜にかけて 7～8 回，また，12～13 回も入浴したり，2 時間や 4 時間も湯に浸かったりしているがこれは間違いである」と述べていることから度を過ぎた入浴も多く行われたと考えられる。

7) 3 週間の長期滞在を支え，促すための形態が徐々に形成され，各地で共通した空間形態が形成された。温泉地は自然地形条件と深い関係を有しており，人々の共通するパブリックイメージが形成されており，そのなかで三層構造，集落スケールなどを有していた（下村 1993，p.93）。

8) 「集落部」「周縁部」，「周辺自然部」の説明は下村（1993，p.46，p.93）。

9) 近世後期の温泉地は，①共同湯，②寺社，③有力湯宿，④広場・街路及び商業施設，⑤自然レクレーション資源，⑥出入り口，ランドマークの 6 要素が存在した。そしてそれらの要素が有機的に複合されていた。また中心となる核（共同湯など）が形成され，境界（寺社，出入り口）が明示されるとともに，要所（共同湯，湯宿など）が散在することにより，領域性が意識された。中心的な寺社や繁華街路は空間に方向性と，奥行きを与えていた。こうした空間の構造化により，「内と外」が明快に意識されるなど，異日常的な「別世界性」が形成されていた（下村 1993，p.94）。

10）箱根の案内書である『七湯枝折』（1811）は，歴史，宿，温泉効能，名所旧跡，産物などを文章と絵や地図により記したものであるが，宿主が客の観覧に供するために湯宿で書写されたり，来訪者が書き取ることにより，多くの異本が生まれた（箱根町立郷土資料館 1997，p.120）。

11）『有馬日記』では温泉地の賑やかな様子を述べたあと，しめやかに籠もって過ごす人々について述べている。「されど又，しめやかにこもりゐ（籠）て，ゐご，すぐろく（双六），あるは将棋なんどいふたはぶれ（戯）にかゝりて，つれづれをすぐ（過）すもあり」また，「隣のつぼねより人して『客人もあらば，もろともにおはせよかし』といひおこせたる」というように，宿の客人を招き入れるだけではなく，隣室の人までもが一緒に交流をもっている。

12）温泉地では「ゆあみの友とち」（『上毛温泉廻』）「ゆあミの友」（『温泉紀行』）など，ともに湯治を行う仲間が生まれている。また滞在者が寂しさを感じていたときに，「飯炊き老人」や「足さすりにきつる盲ほうしなどと話して退屈な時間の慰めにしたり（『上毛温泉廻』），部屋を隔てている襖を開け放して，隣人と交流を持ったりしている（『草津繁盛記』）。

13）温泉地は湯治者同士の交流が生まれやすく，写本等の交換が行われる一方で，湯治場に情報が蓄積され，主人を介して湯治者へ提供された（太田 1991，pp.16-26）。

14）宿場は「あらゆる人々が行き交う。庶民にとって宿場は身分差を越えた唯一の場所でもあった」（宇佐美ミサ子（2005）:『宿場の日本史』吉川弘文館，p.109）。

15）七湯廻りの典型としてしばしば指摘されるのは，浮世絵師の歌川広重一行が行った箱根来遊である。これには湯本の湯宿で宿泊し，塔ノ沢で遊び，七湯の温泉地を廻りながら芦之湯にでて，東海道を利用して再び湯本に戻るコースであり，まさに物見遊山の旅だと指摘されている（伊藤 1999，p.51）。

16）沼田藩主に仕える藩士。主人より 30 日の暇をもらい，熱海・箱根に湯治に訪れた。本文中の和歌により 50 歳近いことが推測されている。また湯治生活を示す記録として評価されている（板坂編，1993，pp.312-320）。

17）遊技用の小さな弓で的を射る遊びで賭け事にもなった。

18）例えば『木賀の山踏』では，滞在者が辰の刻前（7 時前）に湯浴みして，午の刻前（11 時前）に底倉に行き知人達に逢う。そこで入浴・昼食を食べ宮ノ下，堂ヶ島に散策行き，見学・入浴を行う。木賀の宿に戻り夕食を食べ，入浴して就寝（『木賀の山踏』）。『たび日記』（1815）では，朝に所々の温泉に行き，帰宿して同宿の滞在者と交流をもち，昼食後に「さいの河原」に行き鬼の茶釜などを見るなどしている。

19）湯治の廻りは，「廻《まわ》り」「廻《めぐ》り」と呼称される。『日本国語大辞典』によると，「廻《まわ》り」は，動詞「まわる（回）」の連用形の名詞化。「廻《めぐ》り」は動詞「めぐる（巡）の連用形の名詞化である。そのため湯治は「廻《まわ》り」として説明されている。本稿では，この説に沿い湯治のタームは廻りとした。また後述する温泉地を巡ることも，「七湯廻り」同じ「廻」を利用している。こちらは混同を避けるために，「廻《めぐ》り」と呼称した。

20）『温泉奇効記』が「温泉に浴し二七日にて小験あり，三七日にして大験を得て」と効果を謳ったように，温泉地における滞在時間には，この「廻り」という医療的な枠組みが存在していた。武田によると平安末期から鎌倉初期に書かれた『玉葉』には，医療のための薬湯の入浴方法として，「廻り」が登場している。『玉葉』では薬湯は一七日（七日間），二七日（14日）三七日（21日）というように7日を「一廻り」とし，廻りでやめる時を「入眼」「結願」とされた。これは寺院の湯屋などで薬湯などが催され，僧医の指示に従っていたためと指摘されている。この説には異論も存在するが，「湯治」が医療と関わりが深いこと，医学的にも効果があることが実証されていることからも興味深い指摘といえる。なお秋田県酸ヶ湯温泉等，三日一廻りで，三廻り（10日間）とする地域もある（武田勝蔵（1967）:『風呂と湯の話』塙書房）。

21）廻りごとに入浴回数を増や方法から，時代が下るにつれ一廻りの浴法を繰り返す方法に変化しているが，単位は「廻り」であった（熱海市史編纂委員会（1972），pp.552-558）。

22）四万温泉では明治後期頃でも「長期滞在のお得意さんが次々と立振舞いして『また来年参りますヨ』」と帰り（丸山知良（1977）:『四万温泉史』四万温泉協会），草津温泉では，電車が開通しても，帰宅する湯治者を朝早くから駅まで三味線，太鼓で送り，窓からテープをたらして別れを惜しんだ（森村方子編（1992）:『聞き書き草津温泉の民俗』ぎょうせい，p.43）。

23）『有馬入湯入用記』では，「明日出立のいはひなさはやと，いさゝかの肴なともの し酒くみかはし」とささやかな宴会を行い，翌日には「わかれをおしみつゝ，娘湯女湯かゝ下人等，川はたまて送りおくられて，わかれ行」と皆に送られて旅立っている。

24）アルバムは，ベアトの写真にイギリス将校J. W. マレーの執筆による解説シートをつけて販売された。日本語訳は横浜開港資料館（1988）が翻訳したものによった。

25) 共同湯「一の湯，二の湯」が集落全体の中心核となり，「一の湯，二の湯」を取り巻く付近の広小路に有力湯宿が並び，その周辺に他の宿，店，住居などが立地し，中心核に向かい，格が高くなる構造を有していた（高田英里ほか（2007），p.175）。
26)『旅行用心集』の五畿内では，大和：武蔵，塩の葉，摂津の国：有馬，多田，一庫が掲載されている。明治19年（1886）に発行された『日本鉱泉誌』では，兵庫県では24箇所の温泉が掲載されているうち，有馬郡に9箇所温泉が湧出する場所が記載されている（一箇所は明治発見）。8箇所のうち，浴槽をもうけ浴客を得ているのは武田尾温泉，新湯だけである。
27)『「湯治の道」関係資料調査報告書』は，江戸時代を中心に145点の箱根の温泉に関する資料を収集し書名，著者名，年代，調査資料，内容を記載している。
28) 箱根堂ヶ島温泉に逗留した林信海は，温泉地の様子，歴史，天候の他に，当時の大事件であるペリー来航，ジョン万次郎の物語に書かれた珍しい外国の名前や，風俗などを書き写している（狭山古文書勉強会（2004）:『温泉場逗留中の記 上』，狭山古文書業書第22集）。また儒学者松崎慊堂は，1833年（天保4年）の来訪では，体調不良のため宿の主人から古文書などを借りながら1週間ほど宿で過ごし，体調回復後に堂ヶ島に遊び，旅立っている（山田琢校注（1970）:『慊堂日暦 3巻』平凡社，p.331）。
29) 有馬を訪れた本居大平は，23日間の滞在中に鼓の滝，落葉山に2回ずつ訪れている。その際は，両所共に異なるゆあみの友と訪れている。なお初回は案内されて訪れているが，2回目は案内する側として訪れた（『有馬日記』）。
30) 旅の概念として江戸からの距離によって「地域旅行圏」「遠距離旅行圏」という類型が存在するが，箱根は鎌倉・江の島等の周遊コースに組み込まれており，「中距離旅行圏」「関東内拡大地域旅行圏」というべきであるという指摘がある（大和田1999，p.253）。
31)「おのれ気のぼる病ありて，頭いたみ目を煩ふこと年久し」と病気に悩んでいたところ，知人に「そこの病には，温泉に浴し，滝に頭うたするならば，たちまちいゆべし」と教えられている（『玉匣両温泉路記』）。
32) 草津温泉は強い酸性をもつため，「湯ただれ」をおこすことで知られ，草津の「上がり湯」の川原湯，「なおし湯」の沢渡温泉が存在する。沢渡温泉の延宝七年（1679）年の絵図には，ヌル湯，熱ノ湯，目の湯，直し湯，滝の湯が描かれている。草津温泉からの湯治者は，この「直し湯」を利用していたと考えられる（木暮・荻原：1980）。川原湯が「上がり湯」とされていた近世期の史料は見あたらなかったが，草津温泉の帰りに沢渡に宿泊する例や『旅にっき』，川原湯で過ごす例『上毛温泉廻』

は存在していた。このように旅のルートだけではなく，草津の後は「湯ただれ」を治すために異なる温泉に入浴するという回遊を促す「草津温泉湯治コース」が存在していたと考えられる（木暮敬・荻原進（1980）:『群馬県の温泉』上毛新聞出版局，p.721）。

33) 観光地の衰退の原因の一つとして，自らのもつ優れた環境を悪化させたか，よりよく生かしたかという温泉地の姿勢に関わる要因を指摘している。また，温泉地の問題をある基準，例えば旅館数という規模などで細分化しグループ化することで温泉地の課題を明らかにできると指摘した（溝尾（1996），pp.29-31）。

引用・参考文献：

熱海市史編纂委員会（1972）:『熱海市史』熱海市 .

伊藤克己（2010）:「江戸時代の温泉と「癩病」―適応・禁忌と泉質・湯性―」，日本温泉文化研究会編『湯治文化誌 - 温泉 2』岩田書院，pp.7-74.

伊藤潤（1999）「講座・生活文化史 温泉の歴史―近世江戸時代の箱根温泉」歴史と地理，530，pp.41-54.

宇佐美ミサ子（2005）:『宿場の日本史』吉川弘文館.

内田彩（2007a）:「江戸時代後期の湯治場における交流」入選論文集 第 13 回観光に関する研究論文，財団法人アジア太平洋観光交流センター，pp. 49-50.

内田彩（2007b）:「近世後期の温泉地における長期滞在の生活スタイルに関する研究」日本観光研究学会全国大会学術論文集，20，pp.229-232.

内田彩（2009）:「複数の温泉地を周遊する旅行者の行動」温泉地域研究，13，pp.11-20.

内田彩（2011a）:「温泉情報の流通からみる江戸後期の『湯治』の変容に関する研究」観光研究，23 (1)，pp.11-20.

内田彩（2011b）:「近世後期における温泉地への旅と滞在生活に関する研究」立教大学大学院 観光学研究科博士論文，p.249.

板坂耀子編（1987）:『江戸温泉紀行』平凡社.

板坂耀子（1993）:『江戸の旅と文学』ぺりかん社.

岩崎宗純（1979）:『箱根七湯 - 歴史とその文化』有隣堂.

太田富康（1991）:「幕末期における武蔵国農民の政治社会情報伝達」歴史学研究 625，pp. 16-26.

大和田公一（1999）:「道中記類資料に見る近世箱根の遊覧について」，地方史研究協議会編『都市・近郊の信仰と遊山・観光』雄山閣出版，pp.237-257.

草津町史編さん委員会（1976）：『草津温泉誌』草津役場.
黒須あずみ（2010）：「江戸時代の湯治宿と書物」書物・出版と社会変容，8，pp.187-215.
下村彰男（1993）：「わが国における温泉地の空間構成に関する研究（1)―近世後期から明治にかけての温泉地の空間構成」東大農学部演習林報告，90，pp.23-95.
新城常三（1973）：『庶民と旅の歴史』ＮＨＫブックス.
鈴木則子（2005）：「江戸時代の湯治と梅毒―有馬温泉と城之崎温泉の変遷をめぐって」，福田眞人・鈴木則子編『日本梅毒史の研究』思文閣出版，pp.67-99.
高田英里ほか（2007）：「江戸期の中期から末期における温泉地の空間構造に関する研究～城崎・有馬温泉地を事例として」観光情報研究論集，21，pp.171-176.
高橋陽一（2009）：「近世の旅先地域と諸営業―上野国吾妻郡草津村を事例に」地方史研究，59 (2)，pp.5-24.
武井裕之・渡辺貴介・安島博幸・天野光一（1989）：「江戸・明治期の温泉地における長期滞在の構造に関する研究」都市計画論文集，24，pp.385-390.
箱根町立郷土資料館（1997）：『「湯治の道」関係資料調査報告書』（株）アルファ.
箱根町立郷土資料館（2004）：『七湯の枝折』箱根町郷土資料館.
橋本俊哉（1995）：「江戸後期の「お伊勢参り」の旅にみる行動特性―『参宮日記』の分析をもとに―」応用社会学研究，37，pp.61-75.
橋本俊哉（1997）：『観光回遊論―観光行動の社会工学的研究―』風間書房.
溝尾良隆（1996）：『観光を読む―地域振興への提言―』古今書院.
森村方子編（1992）：『聞き書き草津温泉の民俗』ぎょうせい.
安島博幸（1989）：「江戸から昭和初期の加賀温泉郷における湯治に関する研究」日本建築学会大会学術講演梗概集，pp.149-150.
安島博幸ほか（1990）：「リゾートに関する用語・概念の基礎知識」都市計画，162，pp.53-65.
山村順次（2007）：「日本における温泉地の発達と温泉地域社会の構築」地理，52 (6) pp.14-26.
山本英二（2004）：「日本近世温泉史研究の現状と課題―観光と地域の視点から」民衆史研究，67，pp.23-38.
横浜開港資料館（1988）：『幕末日本の風景と人びと―フェリックス・ベアト写真集』明石書店，p.74.
Carr, Edward H.（1961）*What is History?*，London: Macmillan, p.154（＝Ｅ・Ｈ・カー著，清水幾太郎訳（2007）：『歴史とは何か』岩波書店，p.252).

引用資料：（下記の翻刻等を主な史料として引用した）

『有馬入湯入用記』（1866）：風早恂編（1988）『有馬温泉史料〈下〉』名著出版，pp.554-571.
『有馬日記』（1781）：板坂耀子編（1987）『江戸温泉紀行』平凡社，pp.57-125.
『有馬之日記』（1738）：風早恂編（1988）『有馬温泉史料〈下〉』名著出版，pp.279-294.
『伊香保紀行』（1698）：山田武麿・荻原進（1971）『群馬県史料集』第6巻日記篇，群馬県文化事業振興会，pp.31-69.
『木賀の山踏』（1835）：神奈川県図書館協会郷土資料編集委員会編（1969）『神奈川県郷土資料集成』，6，紀行編相模国紀行文集．pp.399-428.
『草津私記』（1832）：草津郷土誌研究会（1963-1966）『草津郷土誌研究（合冊）』，pp.179-189.
『草津繁盛記』（1865）：草津郷土誌研究会（1963-1966）『草津郷土誌研究（合冊）』，pp.235-244.
『七月の記』（1821）：風早恂編（1988）『有馬温泉史料〈下〉』名著出版，pp.447-455.
『上毛温泉廻〈上〉』（1828）：豊国義孝編（1974）『上毛及上毛人―上毛郷土史研究会大正6年刊の復刻版』上毛新聞社，pp.30-34.
『玉匣両温泉路記』（1839）：板坂耀子編（1987）『江戸温泉紀行』平凡社，pp.127-228.
『はこね日記』（1842）：桂文庫／東京桂の会編（1998）『江戸期おんな考』，9，pp.185-195.
『箱根日記稿』（1848）：国書刊行会（1922）『橘守部全集　首巻』，12，国書刊行会刊行書，pp.305-340.
『箱根日記』（1813）：神奈川県図書館協会郷土資料編集委員会編（1969）『神奈川県郷土資料集成6 紀行編相模国紀行文集』，pp.377-398.
『旅行用心集』（1810）：今井金吾（1972）『古典双書』八坂書房，p.191.

第 8 章　自然観光地における観光行動

はじめに

1934 年（昭和 9 年）我が国に最初の国立公園が指定されて以来，自然公園の規模やその利用者数は着実に延びてきた。特に 1950～1970 年代頃にかけては登山ブームや交通網の発達等の影響により，首都圏から比較的近い自然地域において，急激に観光地化した場所や過剰利用による問題が顕在化した場所も見受けられた。

一方，近年においては地球環境問題への関心の高まりや，1980 年代以降の「持続可能な開発」の理念の広まりとともにエコツーリズムが注目され始めた。世界的にみると定義や実態は極めて多様であるが，日本においては主に自然・歴史・文化資源を保全しながら活用する地域振興的な観光として定着しつつある（橋本，2006）。また，最近ではエコツアーと称される旅行形態の中にも，従来に比べてより環境に配慮することを意図したものも見られるようになってきた（山本，2006）。このような環境保全意識や生物多様性への配慮等の高まりを受け，2002 年の自然公園法改正によって「利用調整地区制度」が創設され，本来，原生的自然を楽しむべき自然公園特別地域内への立入りが制限できるようになった。

このように自然地域における観光形態は時代によって多様化してきていると同時に，受け入れ地側の利用条件についても変化が生じてきている。

そこで本章では既往の調査研究をもとに，自然地域利用者の目的・動機や，多様な環境条件における観光行動特性について明らかにするとともに，自然公園における過剰利用による利用者の心理的・行動的影響について言及する。これらの検討は，利用実態に基づいた自然地域の観光計画や利用調整方策の推進に対して有効な知見となろう。

1　自然地域での基本的な行動

(1) 利用傾向の比較

1977 年と 1991 年の自然環境における観光レクリエーション活動の比較によると，特に，大都市周辺部からの日帰り利用による“する”活動（登山・ハイキング，サイクリング，海水浴，水泳，ヨット・サーフィン，スキー等）が活発化したことが確認されている（花岡・大山，1993）。その理由としては，以前は泊りがけでなければ行けなかった地域が交通の発達によって日帰り可能となったことや，観光レクリエーション施設の整備が進められ，自然に親しむ活動が増大したこと等が挙げられている。

一方，青木ヶ原樹海（富士箱根伊豆国立公園）と尾瀬（尾瀬国立公園）の利

表 8-1　利用傾向の比較

		富士箱根伊豆国立公園	尾瀬国立公園		
		青木ヶ原樹海(1)	尾瀬(2) (尾瀬ヶ原＋尾瀬沼)	混雑日(3) (尾瀬ヶ原)	閑散日(3) (尾瀬ヶ原)
年齢構成	10代	11人(3%)	128人(3%)	―	―
	20代	79人(23%)	356人(8%)	―	―
	30代	93人(27%)	433人(10%)	―	―
	40代	75人(22%)	780人(18%)	―	―
	50代	53人(15%)	1689人(39%)	―	―
	60代	31人(9%)	854人(20%)	―	―
	その他・未記入	―	36人(1%)	―	―
宿泊形態	日帰り (他地域宿泊含む)	―	2546人(60%)	149人(71%)	37人(53%)
	尾瀬・山麓宿泊	―	1630人(38%)	61人(29%)	33人(47%)
	未記入	―	100人(2%)	―	―
来訪回数	初めて	234人(68%)	1570人(37%)	90人(43%)	24人(34%)
	2, 3回目	78人(23%)	1255人(29%)	59人(28%)	13人(19%)
	4回目以上	30人(9%)	1426人(55%)	61人(29%)	33人(47%)
	未記入	―	25人(1%)	―	―

出典：(1) は山本，2006；(2) は古谷ほか，2007；(3) 田村・麻生，2004 より筆者作成。

用傾向を比較すると（山本，2006；古谷ほか，2007）年齢構成については，前者では20～40代が約7割を占めるのに対し，後者では50代以上が約6割を占めており，利用世代の違いが顕著である（表8-1）。来訪回数については，青木ヶ原樹海は初めての人が約7割と，尾瀬の2倍近い割合を占めている。また，尾瀬ヶ原の混雑日（ミズバショウ開花期の休日）と閑散日（8月下旬の平日）を比較すると，閑散日利用者の方が長く滞在し，かつリピーターが多いことが明らかとなった（田村・麻生，2004）。

このように，交通網や観光施設等のハード整備が自然地観光の利用形態に影響を与えるとともに，場所や季節の違いによっても利用者属性や利用傾向は大きく異なるため，自然地における観光行動を把握する際には，利便性・立地環境・季節等の条件の違いに留意することが重要であるといえる。

(2) 登山の動機

観光行動を起こす際には，「登山・ハイキングをするため」といった直接的な行動に関する動機を持つと同時に，何らかの心理的な動機も存在するといえる。

小林は既往研究（ブラウンとハス；Brown&Hass, 1980，ビアードとラゲブ；Beard&Ragheb, 1983）を基に，大雪山国立公園における登山の心理的な動機として「自然と身近に接する」「美しい風景に出会う」等の28項目を抽出し，これら動機と利用形態等についてアンケートを行った（小林，1993）。

この結果を因子分析したところ，28の動機は6つの欲求「Ⅰ心の安らぎと自然体験欲求」「Ⅱ自己実現欲求」「Ⅲストレス解放・孤独欲求」「Ⅳ冒険的欲求」「Ⅴ友人との交流欲求」「Ⅵ家族同士の交流欲求」に区分され（表8-2），さらに当欲求と利用形態（利用人数・利用ルート・宿泊形態等）や満足度との関連性も認められた。すなわち「登山に行く」という共通の目的を持った人でも様々な心理的動機を持っており，心の安らぎを求めに行く人と冒険しに行く人，といった異なる欲求を持つ人では，異なった利用形態や行動を示し，さらにその違いが登山者の満足度にも影響を及ぼすのである。

表 8-2　登山における動機の因子構造

	因子負荷量						最終共通性推定値	平均値
	I	II	III	IV	V	VI		
1 自然と身近に接する	.732						.571	4.42
2 美しい風景に出会う	.669						.483	4.68
3 心に安らぎを与える	.630						.584	3.70
4 平穏で静かな時間を持つ	.535		.442				.502	3.58
5 高山植物を鑑賞する	.524						.294	3.90
6 自然に関してより多く学ぶ	.464	.466					.448	3.63
7 新しい経験や出来事に出会う	.402	.430					.505	3.75
8 自分自身の価値を高める		.707					.628	2.89
9 自らの人生について考える		.591					.512	2.55
10 身の回りについてより多くを学ぶ		.590					.533	3.06
11 自らの技術・能力を向上させる		.574					.481	2.69
12 緊張や心配事から解放されたい			.659				.465	2.43
13 混雑や雑踏から逃れる			.657				.526	2.86
14 他人との接触を避ける			.593				.394	1.76
15 一人きりになりたい			.529				.426	1.64
16 自らの欲・雑念を捨てる			.444				.405	2.06
17 スリルと興奮を味わう				.719			.574	2.10
18 自分自身の能力を試す		.422		.669			.648	2.72
19 危険な状況を体験する				.575			.461	1.98
20 自分自身の装備を使い試す				.525			.399	2.07
21 友人と一緒にいたい					.878		.837	2.70
22 同じ考えを持った人と一緒にいたい					.468		.413	2.86
23 家族同士の交流を深める						.621	.396	2.08
24 体力の維持増進をはかる							.244	3.44
25 自身の意志の赴くままに過ごす							.274	2.88
26 日々の規則的生活を変化させる							.316	2.91
27 家庭内の不平から逃れる							.259	1.47
28 クラブの一員である							.392	2.10
固有値	7.1	3.0	2.3	1.3	1.2	1.1		
寄与率（%）	25.2	10.5	8.3	4.7	4.4	3.8	累積寄与率＝57.0%	
VARIMAX回転後 因子による分散の説明	2.9	2.8	2.7	2.5	1.3	0.8		

・共通性の集束基準 <=.001　　・KAISER'S MSA=.879

出典：小林，1993 より転載。

(3) 歩行速度

1) 歩行への影響要因

自然観光の手段として最も基本となるのが「歩行」である。そのため観光マップ等に所要時間を記載する際には，歩行速度が算出根拠として必要となる。しかし，歩行速度は年齢・性別や歩く目的といった「歩行者側の条件」と，歩く道が平坦か坂道かといった「歩行者の周辺環境」によって左右されるため様々なデータが存在する（日本建築学会編，2003）（図 8-1）。

2) 市街地や都市公園における歩行速度

市街地の多様な環境条件の街路における歩行速度については，網羅的に調査されており，様々な属性 1,980 人の自然歩行（他の歩行者等による干渉がなく，生理的にも楽な速度で，継続的に無意識に歩行している状態）は，歩行速度が平均 1.19m/s になることが明らかとなった（紙野，1980）。

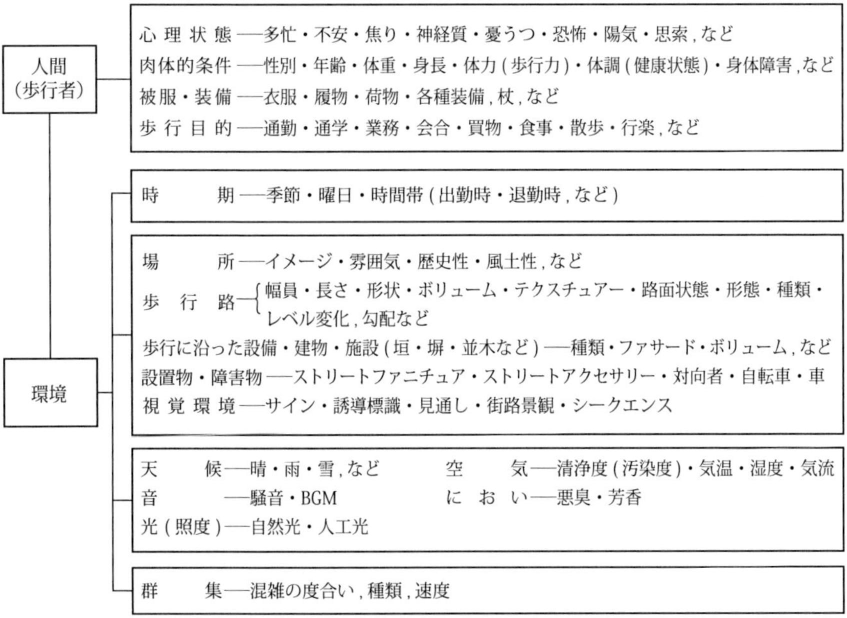

図 8-1　歩行に作用するファクター

出典：日本建築学会編，2003 より転載。

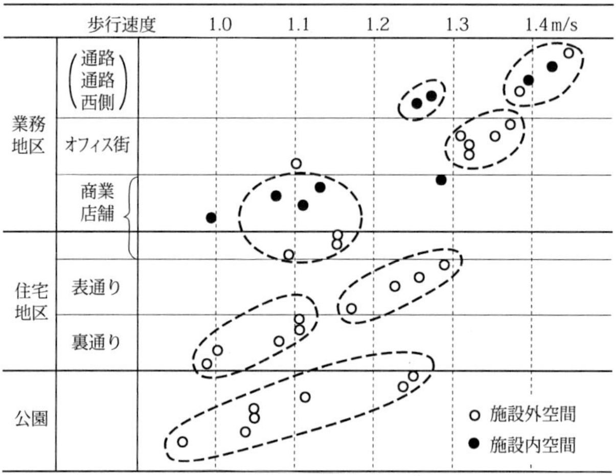

図 8-2　環境条件と歩行速度

出典：紙野，1980 より転載。

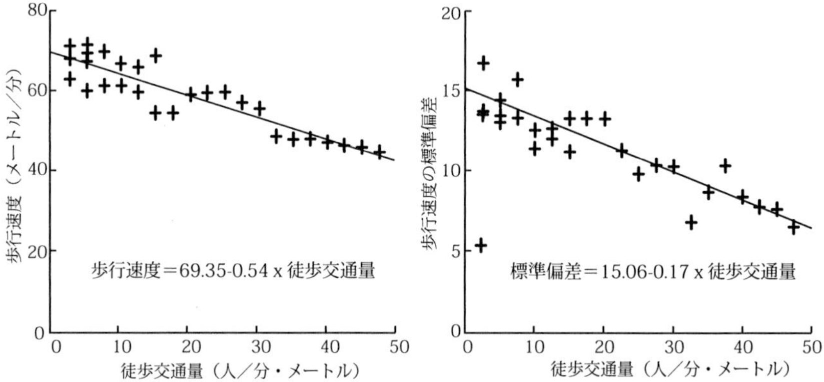

図 8-3　徒歩交通量と歩行速度及び歩行速度の標準偏差

出典：前中・吉田，1989 より転載。

これらを属性別にみると「男性の方が女性よりも速い」「単独歩行の方がグループ歩行よりも速い」「60 歳以上になると青年・壮年期の 2/3 程度に落ちる」等の特性が挙げられている。さらに環境条件別にみると図 8-2 のような分布になり，業務地区・住宅地区・公園における一連の変化が確認できる。この結果から，見るべきものに欠ける単調な視覚環境や，ひたすら歩くだけという状況では足早になり，その逆の場合，すなわち公園や店舗，住宅地の裏通り等ではゆっくり歩くという傾向が指摘されている。

一方，国定公園内にあり風景鑑賞や散策が主な利用である大阪府営箕面公園においては，空いている状況から混雑状況までの歩行速度の変化（1.08m/s～1.17m/s）や標準偏差が明らかにされ，回帰式が導き出されている（図 8-3）（前中・吉田，1989）。このことは，周りの利用密度によって歩行速度は大きく影響を受け，空いている状態では各人が好みの速度を選択しながら歩くことができるが，徒歩交通量が多くなると歩行者群全体が一つの流れ，すなわち群集歩行（pedestrian flow，pedestrian movement）となるため，各人が好みの速度を選択することが困難となり，終局的に同じ歩行速度になることを示している。

3）自然公園における歩行速度

それでは，雄大な風景を見ながらゆっくり歩くというイメージの強い自然観光においては，実際どのような歩行が為されているのだろうか。

尾瀬ヶ原（尾瀬国立公園）で行われた歩行調査（一場ほか，2005）では，木道を歩く観光客の歩行タイプとして，「散歩するように時々立ち止まり，辺りを見ながらぶらぶら歩くタイプ（植物・風景鑑賞，写真撮影等も含む）」と「目標ポイントを目指して，立ち止まらずさっさと歩くタイプ」が混在していることが目視観察によって確認された。

歩行速度については，特定者依頼・アンケート・カード・目視観察の 4 つの方式によって多角的に検証され，結果はほぼ 1.1～1.2m/s（中央値）に集中することが明らかとなった（図 8-4）。

この数値は前述した都市公園内の結果と比較すると概ね一致しているといえるが，群集歩行に近い最も混雑した状況での調査結果のみについては 1.43m/s という都会の出勤時並みの速さが確認されている。この点は，箕面公園内で明らかとなった「群集歩行は自由歩行よりも遅くなる」という傾向と反対の傾向を示しており，尾瀬ヶ原においては非混雑状況よりも混雑状況の方が早足で歩

休憩有無	利用状況	調査方式	N
	混雑	アンケート	117
		カード	91
休憩なし	混雑	アンケート	91
		カード	68
		目視観測Ⅰ	33
	非混雑	特定者依頼Ⅰ	7
		特定者依頼Ⅱ	7
		目視観測Ⅱ	19
休憩あり	混雑	アンケート	28
		カード	23

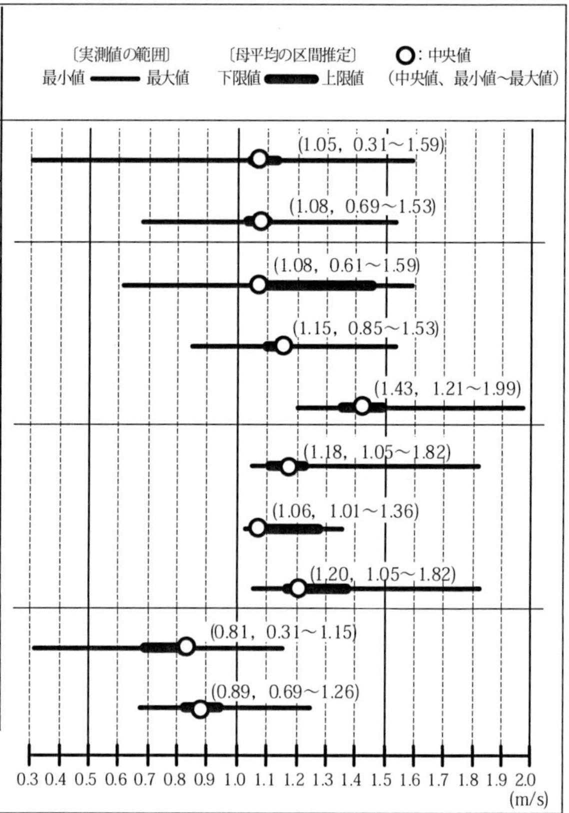

【調査区間】

アンケート　：山ノ鼻⇔牛首分岐
カード　：山ノ鼻⇒牛首分岐
目視観察Ⅰ　：牛首分岐付近
目視観察Ⅱ　：竜宮十字路付近
特定者依頼Ⅰ　：見晴⇒見晴北
特定者依頼Ⅱ　：ヨッピ吊橋⇒竜宮十字路

図 8-4　尾瀬ヶ原の木道における歩行速度

出典：一場ほか，2005 より筆者作成。

いている実態が明らかとなった。その理由としては，通常の自由な歩行が許されている公園とは違い，限定された木道における右側通行が歩行ルールとなっているため混雑してもスムーズに人が流れやすいこと等が考えられるが，心理的な面からの検証等も必要であるといえる。また，年齢・性別による歩行速度への影響についても，尾瀬ヶ原では有意差が確認されておらず，市街地の結果である「女性や 60 歳以上の歩行速度は一般的に遅くなる」という傾向が該当しない。この点についても尾瀬ヶ原特有の利用者像（比較的健脚な高齢者・女性等）が推測される。

一方，傾斜地における歩行速度については，カムイワッカ（知床国立公園）において調査が行われている（小林・愛甲，2001）。混雑期に車両規制される当地では，カムイワッカ川の入口でバスを下車した利用者は，平均勾配約 12%，400 メートル程度の距離を湯の滝まで川の中を登ることになる。調査は入口付近と中間点の 2 地点で行い，登り・下りの利用者をランダムサンプリングした結果，平均歩行速度は登り 0.34m/s，下り 0.30m/s であることが明らかとなった。登りよりも下りの方が遅い結果となったのは，途中出現する滝が滑りやすく，下りる際に特に慎重になるためと推測されている。

このように歩行速度は，各環境条件や利用者条件によって大きく異なるため，多様な条件の下，更なる研究の蓄積が必要な分野であるといえる。

(4) 行動パターン

自然観光における行動パターンの研究は，利用者の立場に立った観光地づくりを計画するにあたり重要な手がかりとなるが，行動範囲が広く周到なデータ

表 8-3　滞在型別の歩行距離・時間

		日帰り者		上高地宿泊者	
		(人)	(%)	(人)	(%)
歩行距離(km)	1.0～ 5.0	20	55.6	4	14.3
	5.1～10.0	6	16.7	8	28.6
	10.1～15.0	9	25.0	15	53.6
	15.1～20.0	1	2.8	1	3.6
	合計	36	100.0	28	100.0
歩行時間(分)	1～ 50	5	13.9	2	7.1
	51～100	16	44.4	2	7.1
	101～150	6	16.7	6	21.4
	151～200	4	11.1	3	10.7
	201～250	0	0.0	0	0.0
	251～300	4	11.1	15	53.6
	301～350	1	2.8	0	0.0
	合計	36	100.0	28	100.0

出典：田中・橋本，2003。

収集方法が必要となるため，その蓄積は決して多いとはいえない。

数百メートル単位の比較的小規模な観光地における歩行行動を把握した既往研究としては，市場での買い物行動の追跡（朴，1993），町並み観光地での外国人観光者の回遊行動記録（橋本，1996），日本庭園での自記式地図記入法による行動調査（青木，2000）等がある。

これらの方法を参考にしながら，よりスケールの大きい自然観光地である上高地（中部山岳国立公園）において，歩行観光行動の調査研究が行われた（田中・橋本，2003）。ここでは観光者の記憶に基づいて移動軌跡を地図に記入させる「地図記入法（map-pointing method）」と質問紙調査を併用し，日帰り者 36 人と上高地宿泊者 28 人それぞれの行動特徴・軌跡を規定する要因が分析された。

その結果，歩行距離・時間について日帰り者は「1～5km」「51～100 分」が多かったのに対し，上高地宿泊者は「10.1～15km」「251～300 分」が多く，距離的にも時間的にも顕著な差が確認された（表 8-3）。また，徒歩行動軌跡は施設（売店・食堂・休憩所・トイレ）の有無にも影響されることが明らかとなった。

一方，尾瀬ヶ原（尾瀬国立公園）においては，地図記入法によって利用者 161 人の行動軌跡と休憩箇所・時間を調査している（尾瀬保護財団，2005）。

その結果，平均で「4km 歩いて 20 分休む」という行動パターンが明らかとなり，各休憩場所を通過した人の内，何パーセントがそこで休憩したかという「休憩率」については，「山小屋」の方がトイレ・売店等のない「観察テラス」よりも高いことが明らかとなった（表 8-4，図 8-5，図 8-6）。

休む・立ち寄るなどの行為は，両結果とも施設の有無に大きく影響を受けている反面，利用者全体の平均歩行距離は，上高地で 8.7km，尾瀬ヶ原で 20.4km と，両者とも同じ国立公園内の観光であるが 2 倍以上の開きがあることが確認された。

表 8-4　休憩パターン集計表

調査日：2002年6月8, 9日

サンプル数（休憩箇所等を記憶していた人）	1 回の休憩時間	予定コース距離(a)	連続歩行距離(b)	休憩回数（a／b）
人	分/回	km	km/回	回
161	20.1	20.4	4.0	5.2

出典：尾瀬保護財団，2005 より転載。

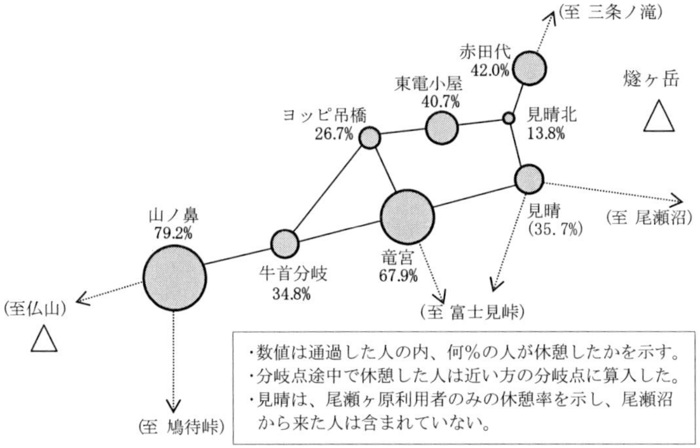

図 8-5　休憩場所と休憩率

出典：尾瀬保護財団，2005 より転載。

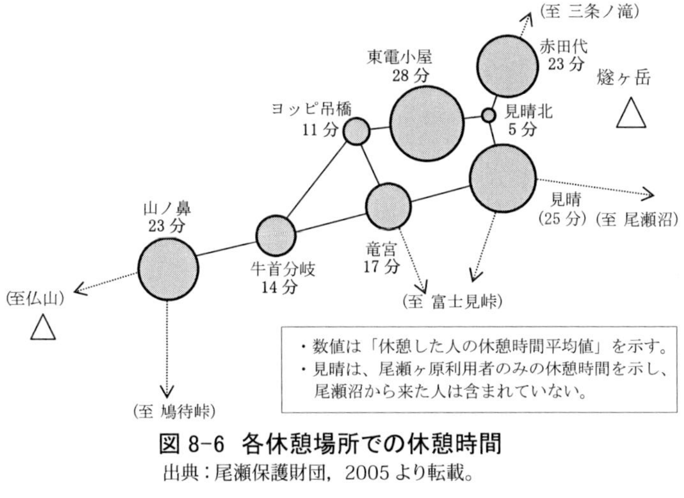

図 8-6　各休憩場所での休憩時間

出典：尾瀬保護財団，2005 より転載。

2　自然地域の施設利用実態

(1)　キャンプ場

自然地域でのキャンプによる宿泊は，自然の中で寝食をすることで自然の雄大さを実感できる貴重な機会であるといえる。しかし山岳地等のキャンプは指定された場所に利用が集中するため，喧騒や混雑等が生じ，十分に自然を満喫できない場合も見受けられる。

大雪山国立公園内にある 11 箇所の野営指定地では，特に夏期週末に利用が集中し，指定地に入りきれないテントが登山道上まで溢れ出す状況が発生した。そのため大雪山国立公園の主要な宿泊拠点である黒岳・白雲岳・ヒサゴ沼の 3 つのキャンプ場において，利用状況調査が行われた（愛甲・浅川，1998；愛甲，2003）。

その結果，テント設置には共通点があり，次のような順番でサイトが埋まっていく傾向が確認された（図 8-7，図 8-8）。

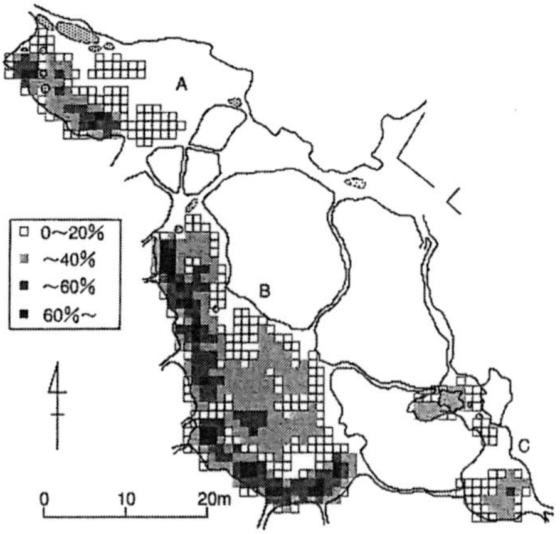

図 8-7　ヒサゴ沼野営地における
1m メッシュ毎のテント設置割合
出典：愛甲，2003 より転載。

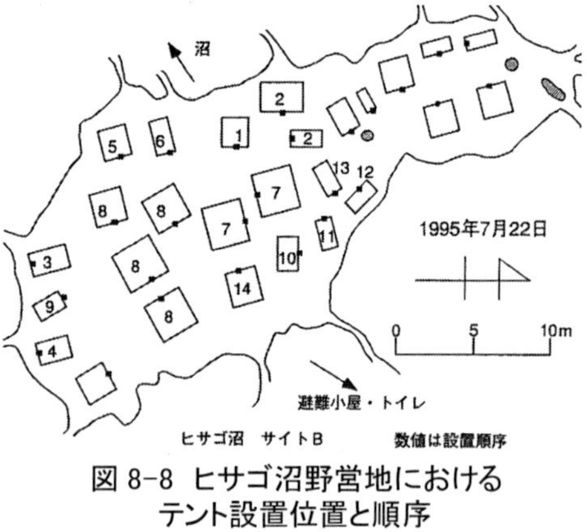

図 8-8　ヒサゴ沼野営地における
テント設置位置と順序
出典：愛甲，2003 より転載。

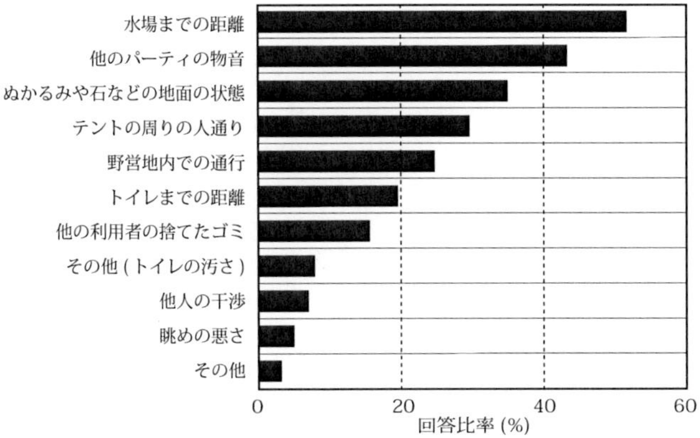

図 8-9　ヒサゴ沼野営中の不快要因

出典：愛甲，2003 より転載。

①周辺部や水場・トイレ等の通路近く

②キャンプ場の中心部

③既にあるテントの間・通路上

なお，テント設置時に考慮した条件については，「ぬかるみ・石・植物が無い」「水場が近い」「人通りから離れた」等が挙げられている。

また，ヒサゴ沼野営中の不快要因としては「水場・トイレまでの距離」「路面状態」といった環境条件に関する要因や，「周囲の物音」「人通り」「他人の干渉」いった他の利用者に関する要因等，様々な意見が挙げられた（図 8-9）。

(2)　トイレ

自然地域を訪れる際，トイレはほとんどの人が一度は利用する施設であるといえる。しかし山岳地などは，立地的・生態的にトイレ増設が困難であるため，自然地域の利用者増に伴いトイレの混雑が発生する場合がある。

富士山（富士箱根国立公園）と尾瀬ヶ原（尾瀬国立公園）のディスアメニティ比較調査においては，「トイレの待ち時間が長かった」という不満意見が，富士山では 8 位（84 人 /470 人），尾瀬ヶ原では 15 位（21 人 /247 人）と両者とも上位に挙げられた（表 8-5）（山本，2005）。

表 8-5 尾瀬ヶ原と富士山利用者のディスアメニティ意識量の比較

No.	尾瀬ヶ原利用者のディスアメニティ項目（n=247）	人	No.	富士山利用者のディスアメニティ項目 (N=470)	人
OD16	人が多すぎた	87	FD12	トイレが臭かった	292
OD22	植物の名前が分からなかった	70	FD01	トイレが汚かった	228
OD09	ツアー団体の数が多すぎた	67	FD17	人が多すぎた	185
OD20	思ったほど紅葉がきれいでなかった	53	FD04	ゴミが捨てられていた	181
OD05	橋が狭くて危険だった	52	FD05	長い人の列ができて追い越しができなかった	150
OD08	騒々しく感じた	46	FD08	説明板や標識の数が少なかった	120
OD24	長い人の列が出来て追い越しができなかった	45	FD06	トイレが少なかった	102
OD06	ゆっくり歩くことができなかった	41	FD19	トイレの持ち時間が長かった	84
OD04	木道沿いの休憩所や待避所が少なかった	37	FD26	登山に対する準備が不足している人がいた	82
OD10	観察テラスが少なかった	32	FD13	休憩場所が少なかった	80
OD03	トイレが少なかった	32	FD11	団体利用者の団体規模が大きすぎた	78
OD01	木道が歩きにくかった	28	FD28	ゴミを持ち帰らない人がいた	72
OD25	ガイドマップや季節の花のガイドがなかった	23	FD03	登山道が整備されていなかった	70
OD15	登山道が歩きにくかった	22	FD15	トイレチップを払わない人がいた	64
OD13	トイレの持ち時間が長かった	21	FD25	トイレチップの使いみちが示されていなかった	64
OD02	植生が変化し、植物の減少が見られた	20	FD24	登山道をふさいでいる団体利用者がいた	60
OD17	目当てにしていた植物が少なかった	20	FD27	説明板や標識の内容が分かりにくかった	60
OD19	撮影場所が少なかった	18	FD14	騒々しく感じた	59
OD07	施設が整備されすぎていた	17	FD22	喫煙マナーの悪い人がいた	58
OD23	挨拶を返してくれない人がいた	16	FD02	休憩場所を占拠する団体利用者がいた	57
OD14	説明板や標識の数が少なかった	14	FD07	登山道からはずれる人がいた	46
OD12	ゴミが落ちていた	13	FD18	団体利用者のおしゃべりがうるさかった	43
OD11	利用者のマナーが悪かった	12	FD20	歩行ペースを弱い人に合わせない人がいた	42
OD26	ツア団体のマナーが悪かった	12	FD10	挨拶を返してくれない人がいた	34
OD28	トイレが汚れていた	7	FD09	山小屋が多すぎた	29
OD27	テントを張れる場所が少なかった	5	FD30	登山道のすれ違いのマナーが守られていなかった	24
OD21	嫌な虫がいた	4	FD29	団体利用者のリーダーが団体を管理できないでいた	21
OD30	落ち着かなかった	4	FD21	山小屋の営業看板があった	19
OD18	嫌な臭いがした	3	FD23	設備が整備されすぎていた	7
OD29	説明板や標識の内容が分かりにくかった	3	FD16	ガイドの解説がよくなかった	4

［枠］= 尾瀬ヶ原と富士山で比較を行う項目

ＯＤ= 尾瀬ヶ原利用者のディスアメニティ項目
ＦＤ= 富士山利用者のディスアメニティ項目

出典：山本，2005 より転載。

そのため，尾瀬のトイレの適正利用提案に向け，混雑期におけるトイレの利用実態や「不快になる待ち時間」に関する調査が行われた（一場ほか，2007)。ニッコウキスゲの開花期である７月の休日に，尾瀬内２箇所のトイレ利用状況を確認したところ，待ち時間が発生するのは女性トイレのみであり，男性トイレは建物の外まで行列ができるような待ち状況はほとんど発生しないことが明らかとなった。そのため，女性に対してのみ「不快になるトイレの待ち時間は何分であると思うか」という質問を行った結果，５分で過半数の人が不快にな

表 8-6　不快に感じるトイレ待ち時間

時間	山ノ鼻公衆トイレ			尾瀬沼第 1 公衆トイレ		
	人	%	累積%	人	%	累積%
1～2分	19	9.0	9.0	10	7.0	7.0
5分	85	40.3	49.3	73	51.4	58.4
10分	91	43.1	92.4	52	36.6	95.0
20分	15	7.1	99.5	4	2.8	97.8
30分以上	1	0.5	100.0	2	1.4	99.2
無回答	0	0.0	100.0	1	0.7	100.0
合計	211	100.0	—	142	100.0	—

出典：一場ほか，2007 より転載。

り，10 分ではほとんどの人が不快になることが明らかとなった（表 8-6）。

一方，女性一人当たりのトイレ使用時間は平均 1 分 42 秒であったため，両結果から，トイレ利用のサービス水準を 5 分（適正）と 10 分（限界）の 2 段階に設定すると，おおよそ便器 1 基当り 3 人目までがトイレ待ちの適正人数（待ち時間 5 分 6 秒），6 人目が限界人数（待ち時間 10 分 12 秒）になることが明らかとなった。

以上のように，自然地域のキャンプ場・トイレ等の施設計画や適正利用に向けた管理方策を立案する際には，各施設の利用実態や利用上の不快要因等を十分把握した上で検討することが重要であるといえる。

3　混雑感

(1) 収容力指標としての混雑感

「はじめに」や前節でふれたように，自然公園では利用者の急増によって，過剰利用による問題が発生した地域が数多くみられた。自然公園における過剰利用には 2 つの側面が有り，一つは人間の利用によって受けた自然環境の変化が回復・再生能力を上回ってしまう状態を指し，もう一つは人間の利用によって利用者自身の目的や行為が阻害され，心理的な許容限度を超えてしまう状態を指す（愛甲，2003；小林・愛甲，2008）。

自然環境の「保護」と「利用」の調整が求められる自然公園の管理では，そ

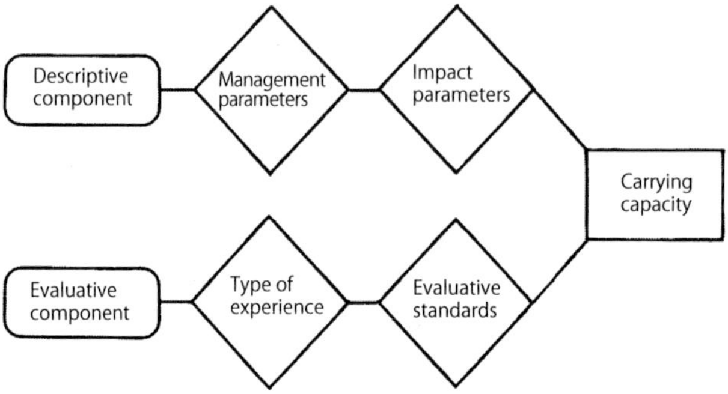

図 8-10　収容力設定のための概念図
出典：Shelby and Heberlein，1986 より転載。

の 2 つの側面において過剰利用を生じさせないような対応が求められるため，利用者の受け入れ限度，すなわち収容力（carrying capacity）の設定が重要となる。特に自然公園利用者に良好な利用体験を提供するという観点からの社会的収容力（social carrying capacity）の設定に当たっては，利用者自身が利用状況や利用空間の大きさをどのように把握しているかを表す指標である「混雑感（crowding perception）」が必要不可欠である（愛甲, 2003)。混雑感は，「ある空間内の利用密度に対する利用者の負の評価」(Shelby and Heberlein, 1986)，「利用者の価値判断を含んだ評価で，一定の空間における利用者の増加が利用目的や活動の妨げとなった場合にみられる負の評価」(Manning，1985）であると定義され，1960 年代から米国の国立公園における収容力指標の一つとして数多くの研究がなされてきた（例えばマイヤーソン；Meyersohn, 1969，ヴァスケ他；Vaske et al., 1986，マニング；Manning, 1999)。

(2)　日本での混雑感に関する研究

日本における公園や自然地域を対象とした混雑感に関する研究としては，都立小石川後楽園の回遊式庭園において同時在園者数と混雑感との関係（青木, 1986）が明らかにされた後，1990 年頃から北海道の大雪山国立公園を中心に，米国での知見を取り入れながら収容力の設定を念頭においた混雑感の研究が数

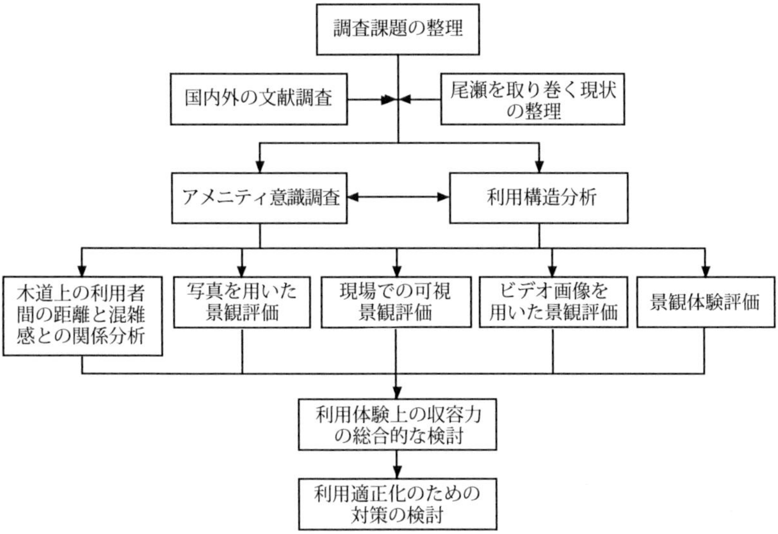

図 8-11　尾瀬の収容力調査フロー

出典：一場，2007 より転載。

多く行われてきた（小林・愛甲，2008）。

混雑感は実際の利用密度（利用者数・他者との出会いの回数等）と強い関連性を持つと同時に，利用者属性や来訪目的，過去の体験といった個人個人のもつ特性によっても大きく影響を受けるため（シェルビー他；Shelby et Al., 1983），実際の混雑感に加え，個々人の規範である「限界人数」「理想人数」や，実際の人数と差があることを前提とした「知覚人数」を併せて質問する調査方法が取り入れられた（愛甲・浅川・小林，1992；愛甲・浅川・小林，1994）。また，利用グループの行動を確率的に割り当てるシミュレーションモデル WTSM（Wilderness Travel Simulation）による混雑度解析（愛甲・浅川，1996）や，利用状況の異なる場面を再現したモンタージュ写真による混雑感と許容限界の把握（愛甲・鄭・浅川，2002）といった，実際の利用状況を想定した応用的な研究も行われた。

さらに 2000 年から尾瀬国立公園において「国立公園利用適正化推進事業（環境省）」の一環として収容力やその指標となる混雑感に関する調査研究が進めら

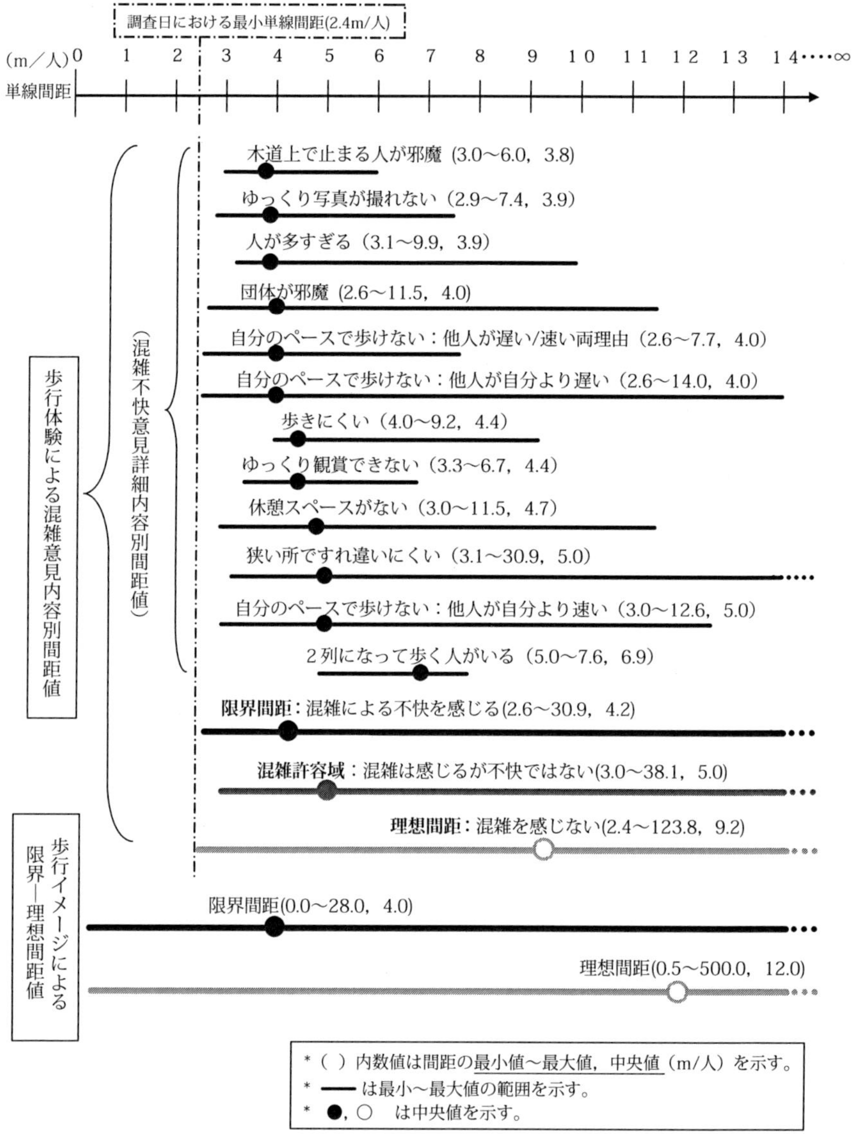

図 8-12　尾瀬ヶ原の木道上における限界－理想間距

出典：田村・麻生，2004 より転載。

れた（尾瀬保護財団，2005；小林・愛甲，2008；一場，2007）。 当調査は図 8-11 のような構成となっており，主に以下の 5 つの方法によって分析が行われた。

a. 利用者間の距離と混雑感との関係分析（図 8-12）（田村・麻生，2004；田村ほか，2003）

現地面接調査によって，実際歩いてきた木道の中で混雑感や混雑不快感を受けた場所・時刻を明らかにし，その時の利用密度（通過人数を計測する流動調査を別途実施）と照合することによって，利用者間の距離（間距）と混雑感やその不快内容との関係を明らかにした。また，どの位の間隔があけば快適か（理想間距），あるいは嫌だと思うか（限界間距）という質問によって「歩行イメージ」による限界・理想間距も明らかにした。

b. 写真を用いた景観評価（図 8-13，表 8-7）（一場ほか，2006）

利用密度を段階的に揃えた 7 枚の写真を現地の一般利用者に提示し，理想的な利用状況や混雑を感じる利用状況等を選択してもらい，様々な利用状況の評価を明らかにした。

c. 現場での可視景観評価（一場ほか，2006；下嶋ほか，2002；下嶋・麻生，2004）

刻々と変化する木道の利用状況について景観評価を行い，その関係性を明らかにするとともに，視距離（前景・中景・後景）ごとの評価の重み付けや望ましいグループ人数についても明らかにした。

d. ビデオ画像を用いた景観評価（古谷ほか，2005）

c. の調査風景をビデオ撮影し，同様の評価を室内で行うことで，現場での評価との違いや有効性を明らかにした。

e. 景観体験評価（図 8-14）（古谷ほか，2007）

利用者数が多い日から少ない日まで段階的に調査日を設定し，利用を終えた人を対象に山行全体の評価をしてもらうことによって，1 日の利用者数がどのくらいまでなら混雑を許容できるか，快適か等について明らかにした。

以上，a～e をもとに「限界収容力（混雑感や不満足感に至らない限界の利用

写真No. 1　可視人数３人

写真No. 2　可視人数１８人

写真No. 3　可視人数４５人

写真No. 4　可視人数７４人

写真No. 5　可視人数９６人

写真No. 6　可視人数１４９人

写真No. 7　可視人数１６５人

図 8-13　景観評価に使用した 7 枚の写真

撮影：下嶋聖。

表 8-7　写真を用いた景観評価結果

シーン	写真上の人数（人）	(A) 最も好ましい利用のされ方をしていると思う写真		(B) これ以上だと混雑していると思う写真			(C) これ以上人が多いなら利用したいと思わない写真		
		選択人数	選択率（%）	選択人数	選択率（%）	累積選択率（%）	選択人数	選択率（%）	累積選択率（%）
1	3	5	7.0	0	0.0	0.0	0	0.0	0.0
2	18	25	35.2	0	0.0	0.0	0	0.0	0.0
3	45	37	52.1	3	4.2	4.2	0	0.0	0.0
4	74	3	4.2	27	38.0	42.3	5	7.7	7.7
5	96	1	1.4	24	33.8	76.1	23	35.4	43.1
6	149	0	0.0	12	16.9	93.0	16	24.6	67.1
7	165	0	0.0	5	7.0	100.0	21	32.3	100.0
合計		71	100.0	71	100.0	—	65	100.0	—

出典：一場ほか，2006 より転載。

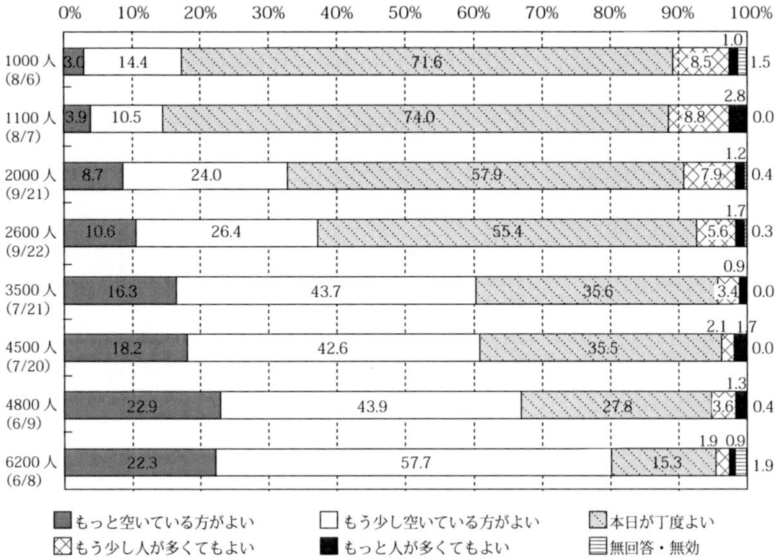

図 8-14　尾瀬ヶ原の景観体験評価結果

出典：古谷ほか，2007 より転載。

密度レベル）」と「適正収容力（空いていて心地よく満足のいく適正な利用密度レベル）」を設定し，混雑感の緩和・解消に向けた「誘導」「規制」「施設整備」の対策メニュー提案を行っている。

(3)　混雑によるコーピング

一般的にコーピング（coping）とは，ストレスに対処するための心理的・行動的適応を示すが，自然地域での収容力設定に関する研究においては，混雑等の不快な状況に利用者が遭遇した場合に，レクリエーション体験の質や期待・満足感等の認識を改めること（認知的適応；cognitive adaptation）や，実際に混雑を避けるために空いている場所や時期等に利用を変更すること（行動的適応；behavioral adaptation）を示す（図 8-15）（愛甲，2003；小林・愛甲，2008；Kuentzel and Heberlein，1992）。

大雪山国立公園において，「仮に登山道やキャンプ場で混雑状況やマナーの悪

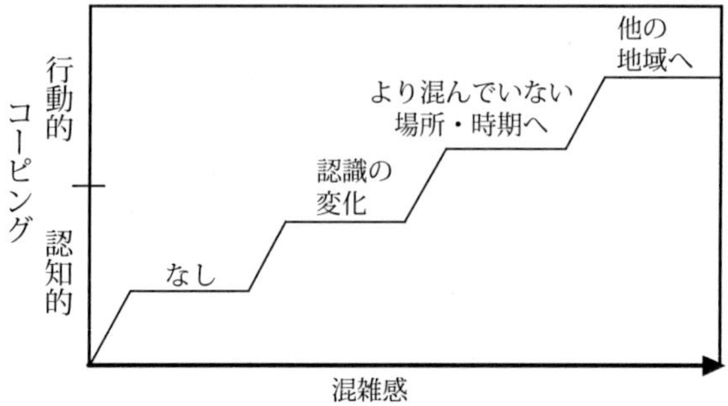

図 8-15　混雑感とコーピング

出典：小林ほか，2008（Kuentzel and Heberlein（1992）より作成）より転載。

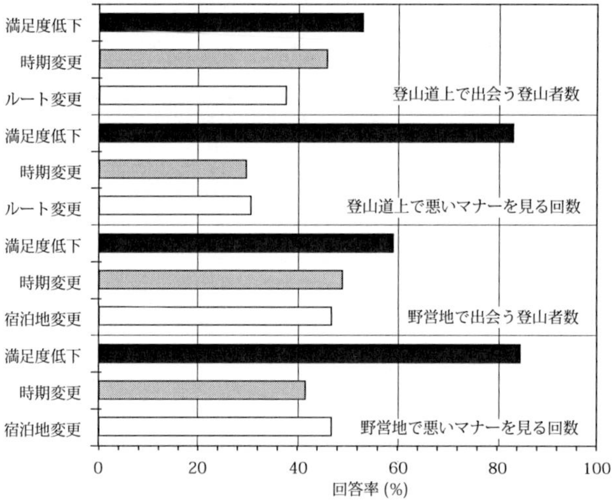

図 8-16　仮に遭遇した状況が許容限界を超えた場合の対処

出典：愛甲・浅川，2000 より転載。

い状況に遭遇した場合に時期・宿泊地・ルートの変更（行動的適応）や満足度の低下（認知的適応）を行うか」という点についてアンケート調査した結果，行動的適応を行うよりも，満足度を低下させる（現状で妥協する）対処，すなわち認知的適応を行う人が多いことが明らかとなった（図 8-16）（愛甲・浅川，2000）。また，実際のコーピング経験については，「登山計画時に混雑が予想さ

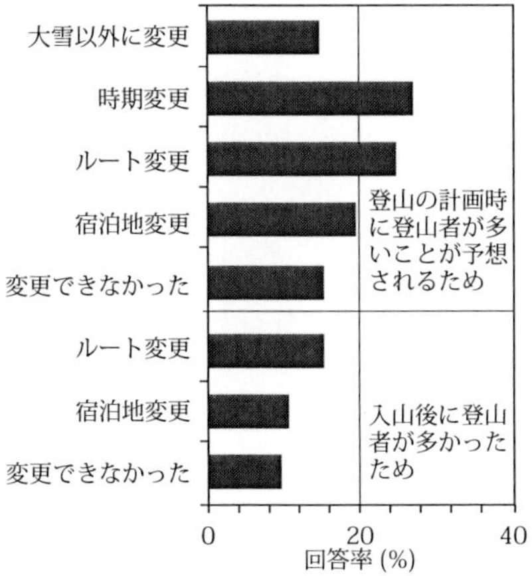

図 8-17　許容限界を超えた場合の実際の対処

出典：愛甲・浅川，2000 より転載。

れたため登山時期を変更した人」が27%と最も多く，次いでルート変更，宿泊地変更となっている（図 8-17）。「混雑が予想されたが変更できなかった人」は 15% 程度であり，その理由としては休暇の都合や団体行動のための日程制限などを挙げている。

一方，尾瀬ヶ原（尾瀬国立公園）では，最も利用者数が少なくなる 8 月の平日に，「本日を選んだのは混雑を回避するためか」との質問を行ったところ，70 人中 35 人と 50% の利用者が混雑日回避（行動的適応）者であることが明らかとなり（古谷ほか，2007），大雪山での調査よりもその割合が高いことが確認できる。

また，行動的適応によって空いている日やエリアを利用する（したい）人は，登山経験の多い人・雑踏を不快に感じる人・混雑に対して敏感な人等が多いことが指摘されている（小林・愛甲，2001；愛甲・浅川，2000）。したがって，コーピングを行っている人がいるということは，もともと原始的な雰囲気が好まれていた場所が徐々に俗化していくことを意味するため，混雑感調査等を行う際は，現状を認めて訪れている利用者だけの意見を反映することがないように，コーピング行動による潜在的利用者の存在に留意する必要があるといえる。

(4)　混雑感と満足感

自然地域における混雑は前述の通り，利用者に不快感をもたらす要因の一つであるといえるが，必ずしも「満足感」を低下させる直接の原因とは限らない（小林・愛甲，2008）。尾瀬の調査において「混雑を感じても満足だ」という，いわゆる「花見感覚」の評価が 485 人中 5 割近くを占めたことからも明らかである（一場，2007）。

富士山での調査においても，実際の利用密度や混雑感は直接満足感に影響を与えておらず，混雑していても「富士山の雄大さ」「登りごたえ」「日本一高い山の征服」などに満足していることが報告されている（山本ほか，2004；本郷・山本，2005）。しかし，混雑感は利用者のマナー評価を介して満足感との関連性が認められたため（本郷・山本，2005），登山者のマナーを向上させることによって混雑感の緩和及び満足感の向上を図ることが可能であるといえる。

特に，団体利用のあり方が混雑感に対して重要な要因となることから（山本ほか，2004），ツアーによる団体利用者や登山経験の少ない利用者に対する啓蒙やマナー向上を図ることが，利用体験の質の向上という視点から今後重要になってくるといえる。

4　今後の研究課題

(1)　自然地域の調査における方法論の確立

以上，自然地域における観光行動や過剰利用による心理的・行動的影響について，既往研究結果をもとに述べてきた。その中には，キャンプ場のテント設置傾向のようにある一定の共通性を持った利用行動が見られる一方，歩行速度・歩行距離・混雑感等のように場所・時代・季節といった様々な要因の違いによって変化するものも数多く見られた。また，近年急激に観光地化した地域においては，静寂を求める利用者とにぎわいを求める利用者とが混在している状況が発生しているため，いかに現場において多種多様な要因をコントロールしながら，より多くの利用者の満足度を向上させるかといった方法論を確立することが必要となってきている。

そのためには，多面的に利用特性を捉えることを念頭に調査手法の検討を行うことが重要である。例えば，より多くの属性を抽出できるように利用密度の高いエリアと低いエリア（またはシーズン・時間等）を調査対象として組合せることや，対象地域と周辺地域との比較を行いながら利用特性を検証すること等が有効であると考えられる。

(2) 今後さらに必要とされる研究内容

このように「多種多様な要因のコントロール」を鍵とした自然地域の適正な観光地計画のために，今後さらに必要とされる研究内容としては以下の 3 点が挙げられる。

まず一つ目は，国立公園など比較的スケールの大きい自然地域の適正利用や利用ゾーニングの設定に向けて，多様な利用者属性ごとの目的・動機や利用特性の明確化を行うことである。二つ目は，快適かつ施設過多にならないような休憩所・キャンプ場・トイレ等の施設配置検討を行うために，利用者の施設利用等に関する行動パターンを明確にすることである。三つ目は，今後増加する可能性の高い自然公園の「利用調整地区」における利用人数制限（収容力）の設定に向けて，その根拠となるデータの蓄積と適切な指標の抽出を行うことである。

以上のように，従来重視されてきた生態的側面や景観的側面からのアプローチと併せて，人間の利用行動的側面からのアプローチを行うことによって，よりバランスのとれた自然観光地づくりが可能になるといえる。

引用文献・注：

愛甲哲也（2003）:「山岳性自然公園における利用者の混雑感評価と収容力に関する研究」，北海道大学大学院農学研究科邦文紀要，25 (1)，pp.61-114.

愛甲哲也・浅川昭一郎（1996）:「山岳地における自然探勝路の利用者行動モデルによる混雑度の解析」，ランドスケープ研究 , 59 (5), pp.169-172.

愛甲哲也・浅川昭一郎（1998）:「山岳地のキャンプ場におけるテントの設置が混雑感に及ぼす影響について」，ランドスケープ研究，61 (5)，pp.627-630.

愛甲哲也・浅川昭一郎（2000）:「混雑とマナーの悪さに対する登山者の許容限界とコーピング行動について」，ランドスケープ研究，63 (5)，pp.619-624.

愛甲哲也・浅川昭一郎・小林昭裕（1992）:「大雪山国立公園における登山利用者の混

雑感に関する研究」, ランドスケープ研究 , 55 (5), 223-228.

愛甲哲也・浅川昭一郎・小林昭裕（1994）:「大雪山国立公園におけるキャンプ場の利用人数と混雑感評価について」, ランドスケープ研究 , 57 (5), pp.319-324.

愛甲哲也・鄭佳昇・浅川昭一郎（2002）:「自然公園における写真を用いた混雑感と許容限界の把握について」, ランドスケープ研究 , 65 (5), pp.669-672.

青木宏一郎（2000）:「小石川後楽園における地図記入による利用調査」国立環境研究所―自然風景地の利用調査法―, pp.101-106.

青木陽二（1986）:「同時在園者数による混雑感の分析」造園雑誌 , 50 (2), pp.108-111

一場博幸（2007）:「尾瀬における利用体験上の収容力に関する調査手法の開発」, ランドスケープ研究, 71 (3), pp.269-276,

一場博幸・下嶋聖・古谷勝則・麻生恵（2006）:「尾瀬ヶ原の休憩テラスから見た木道上の混雑感評価に関する研究」, ランドスケープ研究, 69 (5), pp.737-740.

一場博幸・田村裕希・古谷勝則（2007）:「尾瀬の既設公衆トイレから見た利用人数の許容限界値に関する研究」, ランドスケープ研究, 70 (5), pp.621-624.

一場博幸・中島敏博・古谷勝則（2005）:「日光国立公園尾瀬ヶ原の木道における歩行速度についての一考察」, ランドスケープ研究, 68 (5), pp.717-722.

尾瀬保護財団（環境省委託調査）（2005）:「利用体験から見た尾瀬の収容力に関する調査総合報告書」, pp.50-51.

紙野桂人（1980）:『人のうごきと街のデザイン』彰国社, pp.124-139.

小林昭裕（1993）:「大雪山国立公園を事例とした登山者の満足度, 動機および回答者の特性間の関連性」, ランドスケープ研究, 56 (5), pp.175-180.

小林昭裕・愛甲哲也（2001）:「カムイワッカの利用状況とそこで利用者が示した混雑感や許容限界, 対処行動」, ランドスケープ研究, 64 (5), pp.723-728.

小林昭裕・愛甲哲也編著（2008）:『利用者の行動と体験』古今書院, 262pp,

下嶋聖・羽生田麻衣・栗田和弥・一場博幸・麻生恵（2002）:「尾瀬ヶ原における利用者の数や配置が自然景観に与える影響について」, ランドスケープ研究, 65 (5), pp.665-668.

下嶋聖・麻生恵（2004）:「尾瀬ヶ原における木道上の利用者の分布と混雑感評価の特性」, ランドスケープ研究, 67 (5), pp.685-688.

田中恵旅・橋本俊哉（2003）:「上高地における観光者行動の実態分析」, 日本観光学会全国大会研究発表論文集, 18, pp.273-276,

田村裕希・望月寛・麻生恵（2003）:「尾瀬ヶ原の木道上における利用者間の距離と混雑感及び混雑不快感との関係性」, ランドスケープ研究, 66 (5), pp.705-710.

田村裕希・麻生恵（2004）:「尾瀬ヶ原における混雑日・閑散日の限界・理想間距比較及びその影響要因分析」，ランドスケープ研究，67 (5)，pp.679-684.

日本建築学会編（2003）:『建築設計資料集成〈人間〉』丸善，pp.58-59.

朴美慶（1993）:「市場における観光者の買い物行動に関する研究―チャガルチ市場（韓国・釜山）を対象として―」日本観光学会全国大会研究発表論文集 , 8, pp.7-16.

橋本俊哉（1996）:「観光行動研究における〈行動調査〉に関する方法論的検討」，前田勇編『現代観光学の展開』学文社.

橋本俊哉（2006）:「11 章自然志向ツーリズム」，前田勇・佐々木土師二監修 , 小口孝司編『観光の社会心理学』北大路書房.

花岡利幸・大山勲（1993）:「経年的データからみた大都市周辺部の自然環境地における観光レクリエーション地整備についての考察」，観光研究，5 (1･2)，pp.1-10.

古谷勝則・一場博幸・中島敏博・望月寛・山崎人詩・麻生恵（2007）:「尾瀬における混雑感に関する利用体験評価」，ランドスケープ研究，71 (1)，pp.47-54.

古谷勝則・栗原雅博・中津好徳・一場博幸（2005）:「尾瀬ヶ原におけるビデオ映像を用いた木道上の利用者の分布と混雑感評価の特性」，ランドスケープ研究，68 (5)，pp.727-732.

本郷哲郎・山本清龍（2005）:「自然環境を利用したレクリエーション活動における利用者意識」，日本観光研究学会全国大会学術論文集，20，pp.145-148.

前中久行・吉田成志（1989）:「歩行速度からみた歩道の収容力について」，造園雑誌 52 (5)，pp.187-192.

山本清龍（2005）:「尾瀬ヶ原および富士山における自然公園利用者の属性と意識の差異」，ランドスケープ研究，68 (5)，pp.733-736.

山本清龍（2006）:「青木ヶ原樹海における利用者の環境配慮意識とガイドの必要性に関する研究」，ランドスケープ研究 , 69 (5), pp.641-644.

山本清龍（2006）:「青木ヶ原樹海における利用者の環境配慮意識とガイドの必要性に関する研究」，ランドスケープ研究，69 (5)，pp.641-644.

山本清龍・齋藤育伊久太郎・本郷哲郎・小笠原輝（2004）:「利用者の意識構造分析を通した富士登山の問題の構造化」，ランドスケープ研究，67 (5)，pp.689-692.

Beard, J. G. & Ragheb, M. G.（1983）“Measuring Leisure Motivation,” *Journal of Leisure Research*, 15 (3), pp.219-228.

Brown, P. J. & Hass, G. E.（1980）“Wilderness Recreation Experiences, The Rawah Case,” *Journal of Leisure Research*, 12 (3), pp.229-241.

Kuentzel, W. F. and Heberlein, T. A.（1992）“Cognitive and Behavioral adaptations to perceived crowding-a panel study of coping and displacement," *Journal of Leisure Research*, 24 (4), pp.377-393.

Manning, R. E. (1985) "Crowding norms in backcountry settings; a review and synthesis," *Journal of Leisure Research*, 17 (2), pp.75-89.

Manning, R. E. (1999) *Studies in Outdoor Recreation; Search and Research for Satisfaction* (Second Edition), Oregon State University Press, p.374.

Meyersohn, R (1969) "The sociology of Leisure in the United States: Introduction and Bibliography, 1945-1965," *Journal of Leisure Research,* pp.53-68.

Shelby, B. and Heberlein, T. A. (1986) *Carrying capacity in recreation settings*, Oregon State University Press., p.164.

Shelby, B., Heberlein, T. A., Vaske, J. J. and Alfano, G. (1983) "Expectations, Preferences and Feeling Crowded in Recreation Activities," *Leisure Sciences* 6 (1), pp.1-14.

Vaske, J. J., Shelby, B., Graefe, A. R. and Heberlein, T. A. (1986) "Backcountry Encounter Norms: Theory, Method and Empirical Evidence," *Journal of Leisure Research*, 18, pp.137-153.

第9章　都市観光の特性と旅行者行動

はじめに

都市観光はおそらく都市の誕生とともに現れた現象であるものの，日本において，大都市が重要な観光目的地としての地位を確立し，かつ行政側も都市経済の発展における観光の役割を意識するようになったのは1980年代になってからのことである。その後，都市における観光に対する投資は増加し，観光関連のプロジェクトも経済戦略に組み込まれるようになってきた。

しかしながら，都市観光の重要性は，これまで正当に認識されてきたとはいえない。本文中で述べるように，都市そのものも都市観光も，かなり複雑であり，把握や理解が難しいからである。

現在，観光は大小様々な規模の都市に影響を与えているが，その影響は都市の規模によって異なる。大都市は多種多様な機能をもち，単一の観光機能に支配されることはほとんどなく，他の都市機能と資源，労働力，空間などと競合しながら共存している。しかし，意外にも大都市になるほど観光産業は目立つようになる。こうしたことから，本章では，都市の中でも大都市・主要都市と，そこでの観光行動に焦点を絞っている。

本章では，まず，都市観光の概念について説明し，次に，都市がなぜ旅行者をひきつけるかについて述べる。さらに，都市観光における旅行者分類と観光行動の対象となる構成要素について紹介したうえで，東京を訪れる中国人観光者の訪問先の傾向を分析した研究を紹介し，最後に，地理情報システム（GIS）による都市観光者の行動研究の現状と課題について論じている。

1　都市観光の概念

都市観光を理解するためには，まず，都市そのものに対する理解を深める必要がある。都市の概念については，多くの学者によって考察され説明されてきたが，学問分野と研究領域の発達と並行して都市に対する考え方も変化してきた。都市は様々な要素から成り立つ極めて複雑な複合体であり，歴史的に見てもその役割は絶えず変容してきたため，容易に概念規定はできない。もちろん，都市と農村は，建物・街路・土地利用などの景観的な特徴も，展開されている産業などの機能も異なる。しかし，学問分野と都市の発展段階を問わず，農村地域と区別する都市の本質的な特徴は，人口密度の高さと人びとの活動の量的集中であり，都市には様々な建造物と都市機能が集積する。そして，都市機能の集積が更なる人口の集中を招くのである。

都市の規模が大きくなると，居住者と生産者の需要を満たすため，数多くの機能と施設を保有することになるが，これらの機能と施設は観光者を誘致する要素あるいは観光対象にもなる。例えば，博物館，劇場，スポーツ施設，ビジネス活動など大都市にあるものはすべて，観光産業を成立させる基本的な要素となる。もちろん，一部の大都市は世界的に名高い建造物，博物館，イベントなど，他の大都市に対して優位性をもつものを有している。

なお，都市または都市域の概念は国によって大きく異なる。例えば，都市人口の規定は，スウェーデンが200人，カナダが1,000人，日本（市制要件）が30,000人以上である。そこで，日本では統計上，行政区分とは別に，人口集中地区（DID: Densely Inhabited District）という実質地域区分の基準が存在する。

都市観光についても多角的に論じられてきた。Law（1996）とPage（1995）は，とくに大都市における観光こそが都市観光であると主張する。北條（2001）は，都市観光を，「（魅力ある）近代的・現代的都市機能などを享受するために行う日常生活圏を離れた余暇活動」と説明している。内容としては，宿泊と買物，食事，見学，展示会，イベントへの参加などが取り上げられており，関連施設はホテル・旅館，商店・土産品店，飲食店，都市建築・構造物，劇場，博物館，スポーツ施設などがある。このように，さまざまな人工的観光対象が主体となって成り立っている点が，他の観光形態と都市観光とを区別する要点となっている。さらに，都市は単に都市観光の目的地となるだけではなく，交通の発達とともに人の移動と流動が活発となる今日においては，とくに国際観光のゲート・ウェイ（玄関口）としての役割も重要となる。

現在の都市観光は，農村部の人々が都市に憧れて訪問するような従来の「都会見物」とは異なり，こうした観光対象の多様性，役割の複合性を前提として，都市住民がほかの国または地域の都市の固有文化を求めて訪れる行動としての側面が強くなっている。

都市観光と混同されやすい概念に「観光都市」がある。都市観光は都市で行われる観光として理解できるものの，観光が盛んな都市で展開されている観光がすべて都市観光とは言えない。観光都市（tourist city）とは，観光資源・観光施設が地域外から多くの観光者を集め，観光産業が地域産業構成の中で特化した地位にある都市を言う（横山，2001）。都市は複合機能を持つ場合が多いので，統計データだけで観光都市を区別することは難しい。例えば，熱海市，別府市は温泉観光都市，京都市や日光市は歴史観光都市，成田市は宗教観光都市と呼ばれる。観光都市は都市の規模を問わず，観光産業が都市の産業構造における地位と役割を重視する視点から判断される。その一方で都市観光は，都市の規模を強調し，都市機能の複合性と観光者の集積拠点としての役割を重視する。

Law（1996）は都市の規模と観光産業の状況に基づいて，都市観光が展開できる主要都市を，以下の4種類に分けている。

①首都：ロンドンやパリのように，首都には重要な管理・行政機能と多くのビジネス機能が存在する。加えて，国立博物館や世界レベルの歴史的建造物等も立地する。結果として，首都はビジネスと観光の両側面において重要であり，広い範囲から観光者を集めうる。

②産業都市：ボルチモアやマンチェスターなど，この類型の都市は産業発展の所産であり，通常，商業施設の集積が重要となる。しかし，都市の産業的な特徴とイメージは観光産業が展開する際の阻害要因になる場合もあり，ホテル利用者の多くはビジネス訪問者である。地理的に言えば，これらの都市のレジャー旅行者は主にその周辺地域から発生する。

③アメニティ都市：ミュンヘンやサンフランシスコは，重要なビジネス機能を有するとともに，自然景観とアトラクション，エンターテインメントなど，多岐にわたるアメニティをもち，広域からビジネスとレジャー目的の旅行者をひきつける。

④魅力都市：フィレンツェやマイアミのようなこの類型の都市は，多彩な機能を持ちながらリゾートとして，また歴史，自然の面でも優れた価値をもち，遠距離からレジャー旅行者が集まる。

以上のような分類は単純すぎると思われるかもしれないが，これまでいかなる機能にもとづく都市分類も失敗してきたのは，機能には明確な区切りがないからであろう。さらに，観光のスケールと本質は常に変化しており，都市の地位と位置づけも分類によって異ならざるをえないのである。

2　都市はなぜ旅行者をひきつけるのか

都市に人びとがひきつけられる理由としては，まず，都市には他の観光地では体験できない魅力が存在することがある。都市は人間が作り出した最大の芸術品とも言われるほど，洋の東西を問わず，古来人々の憧れの対象となってきた。都市には，農村地域には決してみられないような偉大な建造物や街路などの景観要素とともに，人びとの欲望を最大限に満たすための多種多様な機能が存在している。しかも，都市は時代とともに進化し続け，いつまでも人々を魅了し，より多くの人びとをひきつける。都市化の進展は技術の進歩・技術革新による産業化の進展と軌を一にしており，国を代表するような都市にはその時代の最先端の技術成果が集められる。そのため，都市は「最先端の文明装置」

とも称される。

また，都市の産業転換と都市機能の変化が都市観光を促進した。これまで都市は，第２次産業の成長とともに規模を拡大してきたが，次第にそのウエイトは第３次産業に移行してゆく。第３次産業のサービス，宿泊，商業などの業種は，都市の観光産業とも密接な関係があるために，都市における第３次産業の位置づけが高くなるにつれて，都市観光も脚光を浴びるようになってきたのである。

都市には政治，工業，商業，文化，教育，娯楽という多くの機能が集積し，とくに工業機能や商業機能が都市の発展の要となる表看板であったことから，これまで観光に特化した都市づくりに着目するという視点は乏しかった。産業転換とともに，都市の商業機能と文化機能，娯楽機能が重視されるようになる。都市再生の解決策とも言われるこれらの機能は都市観光の重要な要素で，それらに人びとがひきつけられるようになったのである。

観光を活用した都市開発政策は，1980年代から北米と西欧の国々で実施された。イギリスのブラッドフォード（Bradford）がその良い例である。イングランド北部ウェストヨークシャー州にある，人口約50万人のこの都市は，13世紀には市場町として羊毛取引の中心となり急速に発展した。18世紀末に初めて蒸気機関による繊維工場が建設され，19世紀中ごろにウーステッド（梳毛織物）の製造および羊毛取引の中心であったが，現在はサービス業，商事会社，ハイテク産業と並んで通信販売の会社も多い。1970年代からのブラッドフォードは，15世紀に建設されたセント・ピーター大聖堂などの観光資源を活かし，町と芸術との結びつきを一層強め，国立写真映画テレビ博物館とイギリス唯一のアイマックス大画面映写システムを導入し，観光による都市の再生を遂げた。

なお，多くの人は「ビジネス観光」の存在を疑問視するが，都市においてこの種の旅行者は非常に重要である。ビジネス旅行者は仕事のため都市に入って工場やオフィスを訪問するのみならず，彼らの行動は会議や展示会まで及ぶ。多くの場合，彼らはビジネス，エンターテインメント，レジャー活動，友人・親族の訪問など，複数の目的をもって都市を訪れる。例えば，ビジネス目的で都市を訪問する人が同時に美術館を訪れる，サッカーの試合に来た選手が友人や親族を訪問する，都市をゲート・ウェイとして利用した海外からの旅行者が周辺地域を訪問するなどである。

3　都市観光における旅行者分類と観光の構成要素

都市観光の主な旅行者を目的で分類すると，観光者，ビジネス旅行者，コンファレンス・展示会参加者，友人・親戚訪問者となる。なかでもビジネス旅行者は，都市には本社や工場，ビジネス・サービス，コンベンション・センターなどが数多く立地するため，重要な存在である（Law，1996）。

また，滞在期間の長さによって，日帰り旅行者，短期旅行者，周辺地域へのゲート・ウェイとして都市を利用する長期旅行者に分けられる。都市観光における日帰り観光者の重要性を認識するためには，人がどのくらいの距離から都市を訪問することが可能かを考えなければならない。都市へのアクセスが可能な距離は，観光者の移動手段によって，また地域，国によっても異なる。通常，人が日常生活圏から大都市圏まで行ける距離は 15～150km の範囲に設定されている。

海浜リゾートやスキー場など，明確に観光目的で利用される場合とは違って，博物館，美術館，テーマパーク，歴史的建築物，スポーツ施設，劇場，コンサート・ホールなど多岐にわたる都市の観光対象は住民にも利用されるし，住民が日常的に利用する商店やレストランは都市観光者にも利用される。住民が，自ら居住する都市内の，観光によって活性化した区域を訪れる場合もある。このようなことから，都市観光の観光者は，住民も含めた，従来よりも広いものとして理解しなければならない。

なお，都市は都市自体が観光対象になるだけではなく，他の地域へのゲート・ウェイ機能も兼ねているため，国際空港を有するか否かによって，その都市の集客力は大きく異なってくる。とくに首都の場合，どの国においてもほとんど最多の都市機能と国際空港を有し，より多くの観光者を集めている。JNTO の

表 9-1　都市観光の要素

主 要 素	活動場所	文化施設	劇場、コンサート・ホール 映画館、展示会、博物館・美術館
		スポーツ施設	インドア、アウトドア
		遊興施設	カジノ、ビンゴ・ホール ナイトクラブ、イベント、祝祭
	レジャー環境	外見的特徴	歴史的通り、興味深い建物、 遺跡、古い彫刻、教会、公園、 緑地帯、水辺、運河、川辺
		社会文化的側面	活気、言語、固有の習慣、衣装、 民間伝承、友好性、治安
二次的要素		ホテル、ケイタリング施設、ショッピング施設、市場	
付随的要素		行きやすさ、駐車場 ツーリスト用施設：インフォメーション施設、看板、 案内、地図、パンフレット等	

出典：ロー，1997，p.20 より筆者作成。

統計をみても，日本を訪問する中国人観光者の訪問率は東京都が常に最大であり，第 2 位の大阪府とは大きな開きがある。

都市観光は「需要と供給」や「生産と消費」などの視点から議論することもできるが，都市観光の内容と構成要素を具体的に把握することも不可欠である。このような視点で，Jansen-Verbeke（1986）は，都市観光の構成要素を分類し，詳細に都市観光を把握することを試みた（表 9-1）。都市が観光者をひきつける要素としては，まず，活動場所とレジャー環境によって構成される「主要素」がある。文化施設，スポーツ施設，遊興施設はほとんど全ての都市に共通するものであるものの，外見的特徴と社会文化的側面は都市によって異なり，都市の個性と特徴を生み出す源となっている。とくに都市の各種施設のほかに，活気，言語，友好性，治安などの社会文化的側面も，主要素と位置づけられるほど，その都市の観光に対しておおいに影響を与える。主要素のほかに，ホテルなどの「二次的要素」とインフラ施設などの「付随的要素」も，都市観光の発展を左右する重要なものである。

4　事例：東京を訪れる中国人観光者の訪問先

東京は日本最大の都市であり，首都として政治，経済，文化などさまざまな分野において国家の中心的な役割を果たし，重要な情報発信地でもある。国際都市東京は，政治，ビジネス，文化，娯楽など多様な機能を有し，訪日観光のゲート・ウェイとしても重要な役割を兼ねている。

ここでは，東京23区とその周辺日帰り観光圏に存在する観光対象の訪問率について，訪日観光が急増している中国人観光者を事例として考察する（杜・劉，2006）。分析データとして，2004年1月から2005年6月までの中国人観光者の旅行を取り扱っている旅行社14社の471コースを収集した。帰国日を含め，各ツアーが東京に滞在する期間を見ると，3日間と4日間のツアーが最も多く，それぞれ全体の33%と54%を占める。6日間のツアーは3コースのみのため，本研究では分析対象から除外している。

各観光対象の訪問率の高さは，訪問先までの距離と訪問先の魅力の関係により決定すると考えられる。各ツアーのデータは，日数によって訪問先の数が違うため，訪問率を標準化し，それぞれの平均値と標準偏差に基づいて考察する。

2日間ツアーは9コースあり，11箇所の訪問先の訪問率平均値は67.8%（標準偏差25.2）である。時間が限られているため，宿泊は都内が大半を占め，近郊への日帰り観光も存在するのが特徴である。訪問率の分散が激しく，東京都庁，歌舞伎町，銀座商店街，秋葉原電気街の4箇所への訪問率はいずれも89%で平均値より高く，訪問先は銀座—秋葉原—新宿を結ぶ三角形状に位置している。

3日間ツアーは157コースあり，訪問先が18箇所まで増加し，訪問率も全体的に上昇した。訪問率の平均値は63.4%（標準偏差33.0）である。銀座（100%），歌舞伎座（100%），秋葉原（98%），皇居（96%）は95%以上となっている。銀座—秋葉原—新宿の三角形のうち，銀座と秋葉原がより重視される傾向が確認できる。一方，箱根は訪問率が99%と，ほぼすべてのコースが訪れている。このように，滞在期間の増大とともに距離の制約が緩和されることは，ディズニー・リゾート（72%）の訪問率の上昇と共通している。東京 23 区内の上野動物園（34%）と上野公園（18%）とともに，横浜の石川町（38%），桜木町（31%），八景島シーパラダイス（22%）が新たな訪問先として現れ，富士山（8%）も訪問率が低いものの，訪問先として登場した。

4 日間ツアーには最多の 256 コースがあり，訪問先は 22 箇所まで増加した。訪問率は平均値が 55.7%（標準偏差 45.1）である。注目すべき点は，東京から 150km 以上離れた日光も訪問先として選ばれていることである。23 区内においても，明治神宮（6%）と国会議事堂（1%），池袋（1%）も訪問されるようになっている。

5 日間のツアーは 56 コースで，訪問先は 24 箇所と最多となり，訪問率の平均値は 56.9%（標準偏差 36.2）である。23 区内においては，渋谷（20%）と東京タワー（11%）が新たに訪問先として選ばれている。横浜の石川町（78%），桜木町（78%），山下公園（72%）と郊外の富士山（58%）の訪問率が大きく上昇する一方で，23 区内の皇居（89%），お台場（87%），仲見世通り（80%），ディズニー・リゾート（74%），浅草寺（48%）の訪問率は低下している。

訪問先は，ツアー滞在日数の増加に伴う訪問率の変化に基づいて 4 つの類型にまとめられる（図 9-1）。類型Ⅰに属するのは，銀座と歌舞伎座，箱根，東京都庁，歌舞伎町，秋葉原，皇居，お台場の 8 訪問先である。東京 23 区内の銀座—秋葉原—新宿とともに，臨海部に位置するお台場と，近郊の温泉観光地箱根の重要性がみてとれる。この類型は，距離上の制約がある箱根を除けば，ツアーの滞在日数の長短そして他の訪問先の訪問率の増減とは関わらず，常に最高レベルの訪問率を有し，中国人観光者のツアーにおいて中核をなす存在であると言えよう。

類型Ⅱは，23 区に位置する仲見世通り，ディズニー・リゾート，浅草寺の 3 つの訪問先である。2 日ツアーから 4 日ツアーまでは，滞在日数の増加とともに訪問率も上昇してきたが，5 日ツアーでは類型Ⅲと競合する結果，訪問率が下がった。立地の面からも訪問されやすいが，機能から見れば，遠方の訪問先

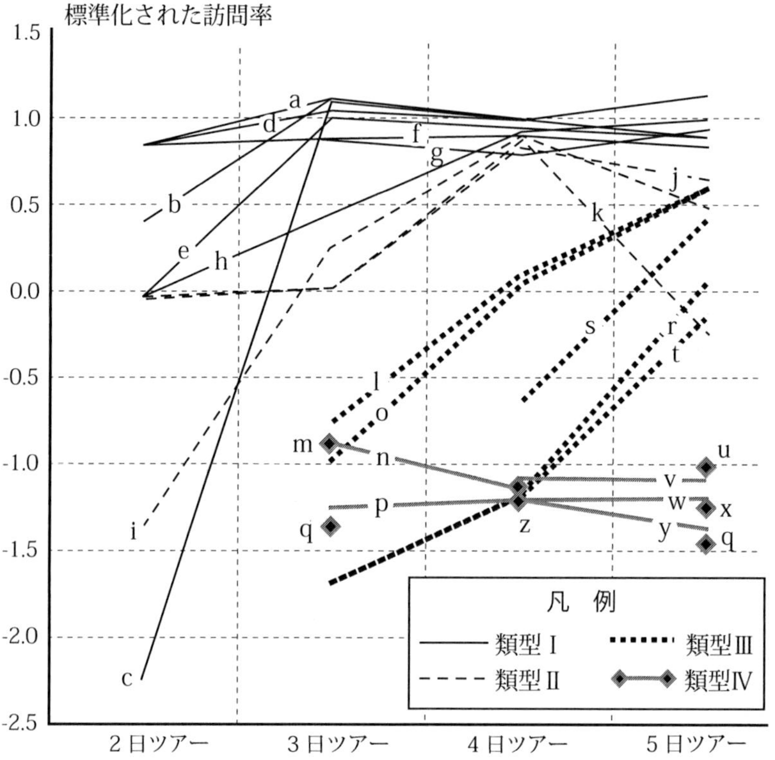

類型Ⅰ：a. 銀座　b. 歌舞伎座　c. 箱根　d. 秋葉原　e. 皇居　f. 東京都庁
g. 歌舞伎町　h. お台場
類型Ⅱ：i. ディズニー・リゾート　j. 仲見世通り　k 浅草寺
類型Ⅲ：l. 石川町　o. 桜木町　s. 山下公園　r. 富士山　t. 国会議事堂
類型Ⅳ：m. 上野動物園　n. 隅田川水上バス　p. 八景島シーパラダイス　q. 上野公園
u. 渋谷　v. 明治神宮　w. 日光　x. 東京タワー　y. 池袋　z. 熱海

図 9-1　訪日中国人の滞在期間別訪問先の訪問率と類型

に影響されやすいのがこの類型の特徴と考えられる。

類型Ⅲには，石川町，桜木町，山下公園，富士山，国会議事堂の５つの訪問先がある。これらの訪問先は，３日ツアーから登場したが，滞在日数の増加とともに訪問率が高くなり，５日ツアーでは類型Ⅱと同じレベルの訪問率を有するようになる。そのうち，横浜にある石川町，桜木町，山下公園，そして東京から遠く離れている富士山は，短期間の日程では時間と距離の両面での制約により訪問先としては選択されなかったものと考えられる。

類型Ⅳに属するのは，数が最も多く10か所である。そのうち，23区内に位置する渋谷，明治神宮，東京タワー，池袋，上野動物，上野公園，隅田川水上バスの7つの訪問先と，東京からある程度の距離のある日光，八景島シーパラダイス，熱海の3つがある。これらの訪問先は，訪問率が常に低い水準にとどまっている。

中国人観光者は自国にないものにとくに興味をもち，加えてツアー企画者も観光者の希望に応えて東京を案内している。観光者の観光対象の選択に影響するのは，移動距離だけではなく，観光対象そのものの属性も重要な要素であると考えられる。中国人観光者の場合，ショッピング施設への選択は明らかに文化施設より優先される傾向が現れている。

しかし，東京タワーの訪問率は低くなっている。一般に中国人観光ツアーの日程は非常にタイトであり，同じ内容の観光対象であれば1つのみを選択する傾向がある。東京タワーと都庁はともに眺望を楽しむ訪問先であるが，東京タワーが有料であるのに対して都庁は無料である。そのため選好率に差が生じたと考えられる。同様に，浅草寺と明治神宮はともに有名な寺社であるが，浅草寺の参道には外国人観光者の興味をひく土産物店が並ぶ「仲見世」があるため，明治神宮に比べ訪問率が高いものと考えられる。

5　地理情報システムによる都市観光者の行動把握

全世界的な規模で「情報社会」が浸透しつつある現代において，千変万化の観光に関わる各種データを効率よく迅速に研究に活用することが，観光地理学においても重要な課題となってきている。地理学から始まり，様々な分野で成果を遂げつつある地理情報システム（GIS: Geographical Information System）は，複雑さと多様性に富む都市観光の研究にも貢献が期待されるものである。

GISは，コンピュータに取り込んだ地図データや属性データを効率的に蓄積・

検索・変換して，地図出力や空間解析，さらに意思決定の支援ができるように設計されたツールである（高阪・村山，2001）。1930 年代に米国で芽生え，1980 年代の欧米で発展を遂げた地理情報科学は，1990 年代になると日本でも急速に普及し，測量と都市計画，資源管理，環境管理，災害情報，地籍図管理，エリアマーケティング，施設管理，ナビゲーションなど適用分野は多岐にわたる。GIS を用いる利点としては，大規模データの効率的な処理や空間データの幾何学変換を可能としたことや，空間関係に基づくデータの生成を容易にしたことなどである（石﨑，2002）。

近年，日本においても，GIS を観光地理学へ応用する研究がみられるようになり，観光情報や観光行動研究への応用も徐々に増える傾向にある。小林（2004）は GIS を宇治市において観光ルート案内に用い，野村・岸本・伊藤（2004）は鎌倉市における観光者の歩行行動について調査した．米田・阿部・大信田・狩野（2006）は観光地での高齢者，障害者，外国人を含む様々な観光者に配慮したユニバーサルデザインの考え方を重要視し，平泉における携帯電話試作機を利用した観光情報の発信を試みた。さらに，田中・杉本・上田・吉川（2007）は GIS を用いて観光地と観光施設の段階的移動空間の評価法について研究している。

GIS の応用は，都市における観光者の空間認識（杉本，2010）や観光行動（矢部・有馬・岡村，2010）にも広がりをみせている。日本ではユビキタスなどの技術がいち早く発達し，都市観光あるいは街歩き案内にも大きく貢献している。今後，都市における複雑な観光行動をより正確に把握するための研究の蓄積と，より一層の調査手法の洗練が求められている。

引用・参考文献：

石﨑研二（2002）：「GIS を用いた大都市圏における土地利用変化の空間分析」人文地理学，54 (2)，pp.82-82.

北條勇作（2001）：「都市観光」，長谷政弘編著『観光学辞典』同文舘，p.268.

高阪宏行・村山祐司編（2001）:「GIS；地理学への貢献」古今書院，p.384.

小林大太（2004）:「宇治市の完全双方向型観光ルート案内 GIS」測量，54 (5)，pp.40-42.

杜国慶・劉慧（2006）:「東京を訪れる中国人観光者訪問先の空間分析」日本観光研究学会全国大会学術論文集，21，pp.53-56.

杉本興運（2010）:「観光者の景観認識とその空間的傾向の分析―日比谷公園を事例として―」日本観光研究学会全国大会学術論文集，25，pp.185-188.

田中一成・杉本貴理・上田将平・吉川眞（2007）:「GIS を用いた観光地・観光施設の段階的移動空間評価法」学術講演梗概集 F-1，2007，pp.827-828.

野村幸子・岸本達也・伊藤一秀（2004）:「GPS を用いた鎌倉市における観光者の歩行行動調査とアクティビティの分析」地理情報システム学会講演論文集，13，pp.113-116.

矢部直人・有馬貴之・岡村祐（2010）:「GPS を用いた観光行動調査の課題と分析手法の検討」観光科学研究，3，pp.17-30.

横山秀司（2001）:「観光都市」，長谷政弘編著『観光学辞典』同文舘，p.268.

米田信之・阿部昭博・大信田康統・狩野徹（2006）:「RFID/GIS 連携サーバ試作と観光情報 UD 化への適用検討」情報処理学会研究報告，2006（27），pp.93-100.

ロー，クリストファー著，内藤嘉昭訳（1997）:『アーバン・ツーリズム』近代文芸社，328p.

Jansen-Verbeke, M.（1986）“Innercity Tourism, Resources, Tourists, and Promoters,” *Annals of Tourism Research*, 13, pp.79-100.

Law, C. L.（1996） *Tourism in Major Cities*, International Thomson Business Press, p.266.

Page, S.（1995） *Urban Tourism*, London and New York: Routledge, p.269.

第 10 章　観光施設における観光行動

はじめに

観光施設に関する研究は，さまざまな学術分野からのアプローチがある（図10-1)。しかし，観光学分野において，その研究実績は少ない。最も主要かつ広範なアプローチは建築学分野からであるが，その実績は対象施設にやや偏りがあり，全般的にみると必ずしも豊富とはいえない。都市計画や地域学の立場からの研究も行われているが，その数は極めて少ない。レジャー学や造園学において，施設研究へのアプローチもみられるが，公園やキャンプ場などの屋外施設を中心とする研究が若干みられる程度である。

最も主要なアプローチである建築学分野における広義の観光関連施設研究は，以下のような施設の種類で分類されることが多い。ただ，全般的に数少ない研究実績の中で，観光行動（利用者行動）を基にした観光施設研究はさらに研究実績が限られる。

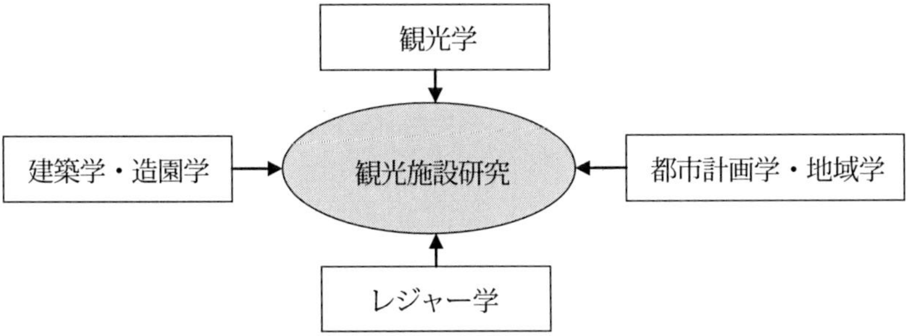

図 10-1　観光施設研究に対する主要学術分野からのアプローチ

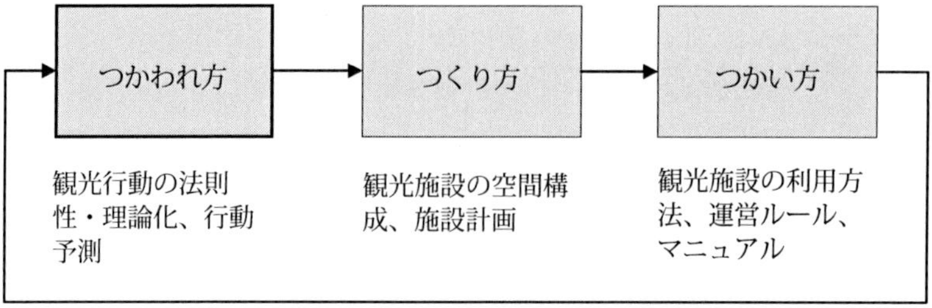

図 10-2　観光行動からみた観光施設研究のとらえ方

＜建築学分野で扱われる広義の観光関連施設の例＞

遊園地・テーマパーク，博覧会
ホテル・旅館
スタジアム，スキー場，スポーツ施設
ミュージアム，劇場・ホール
駅・バスターミナル，空港，サービスエリア・パーキングエリア

観光行動からみた観光施設研究の中心は，いわゆる“つかわれ方”研究である（図 10-2)。特定施設において観光者の行動を調査し，観光行動の法則性を発見し理論化する。なかには，行動予測まで行うものもある。そして，この得られた研究成果を，観光施設の空間構成，施設計画，すなわち“つくり方”に発展させた研究がある。観光施設の利用方法，運営ルール，マニュアルといった，“つかい方”に応用する研究もある。観光施設のつかわれ方研究は，つくり方研究，つかい方研究に発展しながら，再びそのつかわれ方研究に至るよう循環しており，つかわれ方研究は観光施設研究の要となっている。観光施設の計画や運営において，つかわれ方（観光行動）研究は非常に重要な役割を担っている。

本章では，最初に，観光学分野における観光施設研究を鳥瞰した上で，観光施設における観光行動研究の変遷を概観する。

次に，観光行動からみた観光施設計画に関する研究を，3 つの主要な視点から紹介する。最も基本となるのは，観光行動に着目しながら，観光者を楽しませ「利用満足度増大」を目指す研究である。ここでは，その基礎となる考え方と研究事例を示す。そして，障害者や外国人など，何らかの利用障害を伴う観光者への対応が重要性を増していることから，観光者の詳細な行動に配慮する「バリアフリー」に関する研究を例示する。さらに，観光施設において安全は大前提であるにもかかわらず，対策が万全でないケースが時折みられることから，観光行動からみた「安全・災害対策」の研究事例を示す。

1　観光学分野における観光施設研究の動向

観光学分野における近年の観光施設研究は，テーマパークとスキー場を対象とするものが主流である。

2000 年以降，有名な老舗遊園地の閉鎖が相次ぐ一方，2001 年に「東京ディズニーシー」と「ユニバーサル・スタジオ・ジャパン（USJ）」がオープンし，遊園地・テーマパーク市場全体を大きく拡大させた。そこで，禅定（2004）は，私鉄沿線における遊園地とその周辺行楽地の変遷に関する研究を行った。井出（2003）は，テーマパークの定義について，あらためて検討した。森山（2003, 2004）は，USJ を研究対象とし，従業員満足度向上のための内部的なマーケティング・プログラム，顧客満足度調査にもとづくサービス・マネジメントに関する研究を行った。柴田（2001）は，日本における地域規模のテーマパーク研究として，倉敷チボリ公園（2008 年末で閉鎖）に着目し，顧客満足度調査から現状と課題を明らかにした。

嘉名・中村（1995）は，長年の風景学研究をスキー場に適応し，ガイドブックの記述から，イメージ形成に着目した，スキーヤーにとって面白いスキーコースのつくり方を提案している（図 10-3）。

蔡（2007）は，新聞記事の分析により，スキー導入期から現在にいたる，スキーの歴史とイメージ変遷を明らかにした。山田・梅川（2003）は，スキー需要が低迷するなか，米国と日本のスキーリゾートの現状を整理し，全国規模のマーケット調査を基に，スキーやスノーボードに対する国民意識を明らかにし

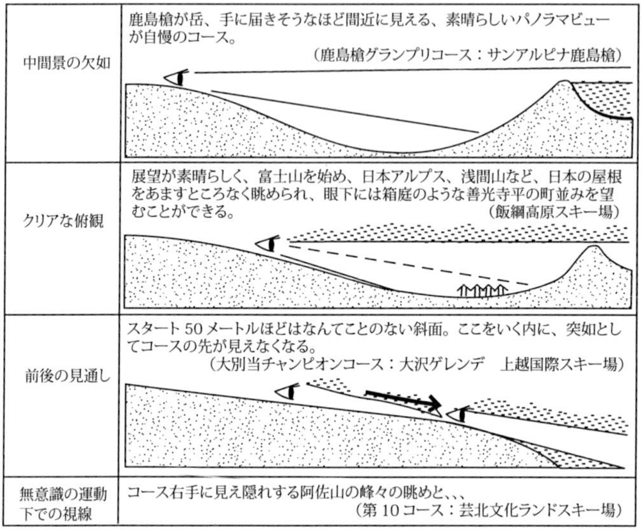

図 10-3　スキーコースならではの視覚イメージ

出典：嘉名・中村（1995）。

た。張（2007）は，韓国の龍平スキー場とその門前町及び周辺地域の変容過程を分析した。

そのほか，田中・網藤（2000）による，広島県世羅大地を事例とした観光農園の需要分析，堀木（2002）による，日本の国立公園における今後のソフトウエア展開のあり方に関する研究もみられる。廻（2003）は，長期滞在を可能にするリゾート空間構成に関する研究を行った。安島（2006）は，隠れ家レストランの立地とデザインを研究した。小林（2007）による，北海道のオートキャンプ場に対する利用者評価及び利用者数を左右する要因に関する研究も行われている。

2　観光施設における観光行動研究の動向

観光施設における観光行動研究の先駆けは，池原義郎・中村良三・渡辺仁史が，1968 年から発表をはじめた，空間における行動特性の研究，あるいは，人間─空間系の研究であろう。中村・渡辺らは，遊園地をはじめ，博覧会場，美術館など，幅広い観光施設を研究対象として取り上げ，利用者行動からみた建築計画に関する研究を長年行った。その研究成果では，観光施設における人間行動特性やコンピューターを用いた行動シミュレーションモデルなどを明らかにしている。そして，駅や大規模集客施設の群衆流動，避難計画などの人間行動研究，行動シミュレーション研究，空間計画のコンピューター・ＣＧ利用などへ広がりをみせながら，観光施設における人間行動研究の流れをつくった。

遊園地に関する研究は，中村・渡辺らにより，1981 年から，複数の遊園地を対象とする実践的な空間研究の色彩を強めた。1994 年からは筆者が加わり，遊戯施設の利用行動に注目しながら遊園地・テーマパーク研究をさらに拡充させた。

また，渡辺は，1975 年に開催された沖縄海洋博の配置計画のための動線モデルを自身の博士論文の中にまとめており，1980 年代に入ってから人間行動研究の対象として博覧会場を盛んに取り上げるようになった。1990 年前後からは林田がその流れを引き継ぎ，各地の博覧会における人間行動や入場者数予測などの研究を発展させた。

その後も渡辺・中村・林田・山口らは，広義の観光関連施設における利用者行動に注目し，遊園地・テーマパーク，博覧会場，美術館，スキー場，商業施設，複合レジャー施設，都市インフラなどに関するさまざまな研究を行っている。

建築学分野においては，ミュージアム，劇場・ホール，ホテル・旅館といった施設の種類ごとに，その建築計画を研究する専門家が存在する。しかし，そうした研究には，利用者行動の視点からの研究はやや少ない。

観光学分野においては，橋本が，東京ディズニーランドにおける回遊行動を研究している。日常生活場面や町並み観光地などで頻繁に観察される左回り（反時計回り）傾向は，大規模な観光施設内でもみられること，そして，アトラクションやレストラン，ショップなどの施設を往復する「ブラウン運動的回遊」がみられることを示した（図 10-4）。また，平常時における観光者の歩行行動

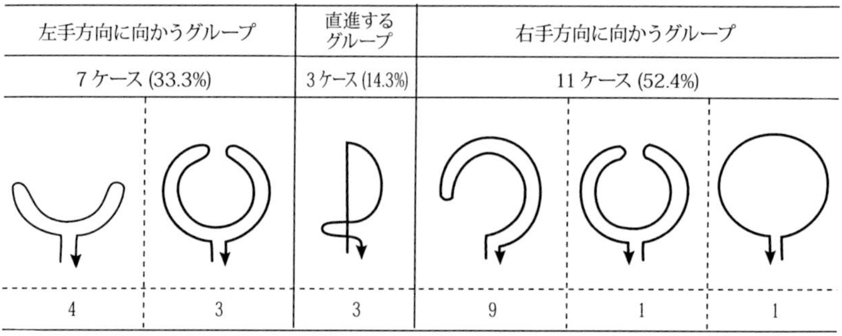

図 10-4　東京ディズニーランドにおける回遊パターン

出典：橋本（1997）。
注：神奈川県の公立中学校 3 年生（5 クラス 184 名）計 21 グループ，1992 年 2 月 10:00〜14:50 の自由行動。

特性を，「近道反応」，「慣性行動（日常的潜在行動）」，「行動の非対称性（左側通行，左回り傾向，スラローム傾向）」の 3 つに整理し，その誘導方法を体系的に提示している。

渡辺・山口らの研究によると，スタジアムでのスポーツ観戦や，大規模ホールでのコンサートなどの帰りには，できるだけ最寄りの出口を利用するか，その出口を抜けて最終的に帰る方向に対して最短のルートを選択しようとする傾向が強い。できるだけ最短コースを歩きたいという「近道反応」は，物理的距離だけでなく，時間距離が近いことも重要であることがわかっている。比較的遠い迂回路であっても所要時間が短ければそのルートが選択される確率が高くなり，アナウンスなどの情報提供によって人の流れを分散させることが可能になる。混雑を避けるため早めに退席する，出入口から遠くに座っているほど自発的に退席開始時刻を遅らせるなど，自衛手段をとる利用者も多い。大相撲の弓取り式や野球観戦のヒーローインタビューは，退席時間を遅らせ混雑を緩和する効果がある。

観光者の歩行行動特性として「歩行距離が長いと分散する」傾向もみられる。比較的長い距離を歩くと歩行速度の個人差によって歩行者の分散傾向が強くなる。空間と空間を直接つなげず，比較的長い通路を設けて動線を意図的に長く

表10-1　観光施設における座っている2者間の対人距離

（単位 cm）

	イス（テーブルあり）	イス（テーブルなし）	ベンチ
全体平均	80	78	63
友 人	80	−	72
カップル	73	−	60
親 子	96	−	58
夫 婦	101	−	53

出典：山口（2008）。

注：イスは大規模複合レジャー施設，ベンチは東京ディズニーランドの屋外で調査，いずれも自由に2者間の距離を調整できる状況の観光者をビデオ撮影し画像上で体の中心（頭）の距離を測定，属性により対人距離に差がありテーブルの有無も影響する，ベンチは並行して座ることが多いため対人距離が近い。

することにより混雑を緩和させることが可能になる。

さらに，山口（1998）は，観光施設においては2人以上の同伴行動が主流であることから，利用者が快適と感じる心理的空間領域“パーソナルスペース”に対して，2人以上の観光者が円滑にコミュニケーションできる対人距離の空間領域“グループスペース”を明らかにした。歩行時や着席時などには，それぞれのグループにあった快適な空間単位があり，それにあわせて通路幅，いすの間隔，テーブルサイズなどの空間規模を設定することが望ましい（表10-1）。

3　観光行動からみた観光施設の利用満足度増大に関する研究

観光施設は，利用者の満足度増大を主要なねらいとしている。そこで，山口（2000）は観光・レジャー施設の利用満足度増大モデルを提示した（図10-5）。観光施設において，楽しさの心理量の時間的累積値を増やすことが，結果的に利用満足度向上につながる。この累積値を増やすために，行動時間延長，行動回数増加といった時間量の増大，楽しさの心理量の増大，コミュニケーション促進による時間量増大と心理量増大の相乗効果，という3つのアプローチが示されている。

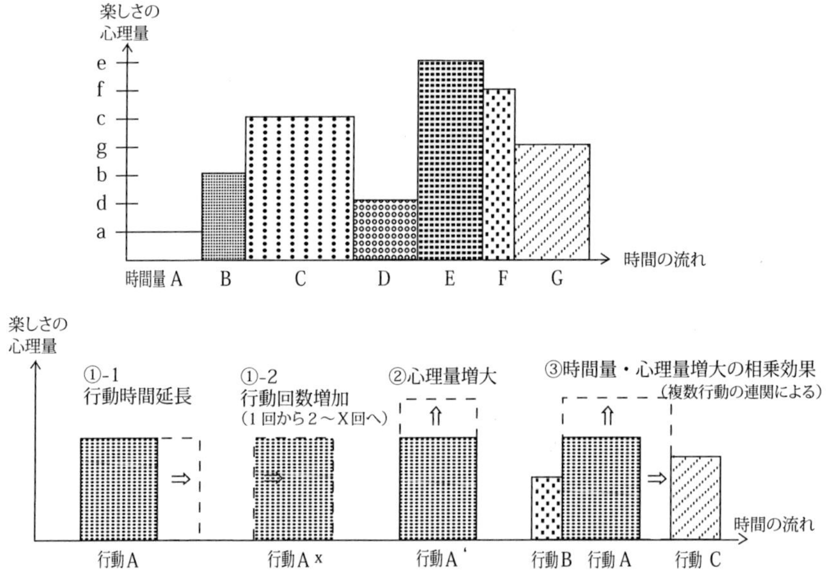

図 10-5 利用満足度「楽しさの心理量の時間的累積値y^{max}」増大モデル

出典：山口（2000）。

＜観光・レジャー施設の利用満足度増大モデル＞

楽しさの心理量の時間的累積値の最大値 y^{max}

$= f(T^{max}, M^{max}, C^{max})$

T^{max}＝楽しい時間量の増大

M^{max}＝楽しさの心理量の増大

C^{max}＝コミュニケーション促進による相乗効果

$= aA + bB + cC + dD + eE + fF + gG$

時 間 量 ：行動回数（行動A～Gの数）の増大

行動時間（時間量A, B, C, D, E, F, G）の増大

心 理 量 ：楽しさの心理量（a, b, c, d, e, f, g）の増大

ｺﾐｭﾆｹｰｼｮﾝ：コミュニケーション促進による相乗効果

以下には，山口の利用満足度増大モデルにもとづく，観光行動からみた観光・レジャー施設計画の研究例を紹介する（山口，2000）。

(1)「楽しい時間量の増大」に関する研究例

過去 1 年間の休日の 1 日における観光・レジャー施設の利用経験に関する調査（1996）の結果，観光・レジャー施設には連続的に利用されやすい施設どうしの相性があること，施設利用のつなぎ役となる空間があること，主目的あるいは従属的に利用されやすい施設の主従関係があることが明らかになった（図

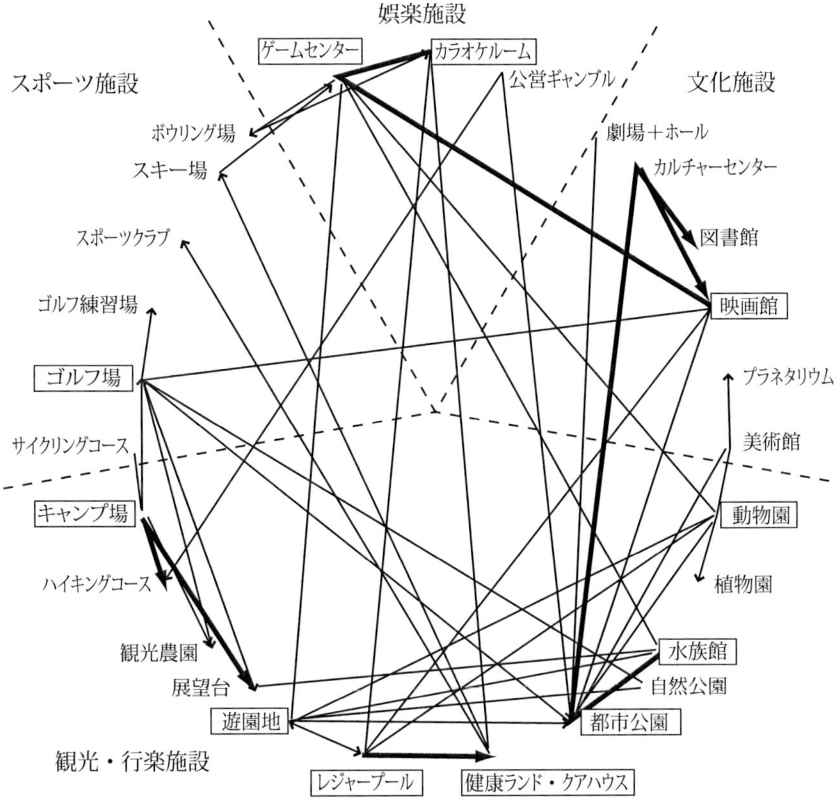

図 10–6　連続的に利用されやすい観光・レジャー施設の相性モデル

注：過去 1 年間の休日の 1 日における観光・レジャー施設の利用経験，1996 年 7 月，75 サンプル。
当該施設を主目的とした矢印の施設の連続利用率 10%以上を表示。20%以上は太線。
連続利用の相手が 4 種類以上のレジャー施設を文字囲みで表示。

表 10-2 大規模複合施設における休憩・飲食の有無別の利用者行動比較

	休憩・飲食なし	休憩・飲食あり (増加率)	備考
利用施設数	2.22 箇所	2.54 箇所（＋14.4％）	休憩・飲食利用は除く
歩行距離	329 m	541 m （＋64.4％）	水平方向の移動距離
移動階数	2.8 階	4.1 階 （＋46.4％）	—
滞在時間	66 分	98 分 （＋48.5％）	休憩・飲食時間を除く

出典：山口（1997）。
注：1997 年 10 月，東京都内の大規模複合施設で調査，223 サンプル。

10-6)。そうした観光・レジャー施設の関係性を配慮しながら複合施設を計画することが，連続的に利用され利用時間を延長する効果を発揮する。

商業施設，飲食施設，レジャー施設などの大規模複合施設において，休憩・飲食の有無の別に利用者行動を比較した（1997）。その結果，「休憩・飲食なし」よりも「休憩・飲食あり」の方が，利用施設数，歩行距離，移動階数が増加し，結果として滞在時間が長くなる“ピンボール効果”を発揮している（表 10-2）。観光施設において休憩・飲食スペースを効果的に配置することは，利用者の滞在時間延長に大きく寄与する。

(2) 「楽しさの心理量の増大」に関する研究例

遊園地の単に乗るだけという単純な遊戯施設で，簡単なゲームにより利用者の参加性を向上する実験を行った（1994）。その結果，通常時よりも実験時の利用満足度は大きく向上し，さらに，参加の度合いが高いほど満足度が高い傾向もみられた（図 10-7）。利用者の参加性を向上することは，楽しさの心理量増大に寄与する。

また，遊戯施設のうち，速度や体感重力の大きいものをスリル系，メリーゴーランドのような空間的演出を魅力とするものをメルヘン系，観覧車のような高さを魅力とするものを高所系，子ども向けのものをチャイルド系に分類し，このタイプ別に平均利用率を計算した（1995）。この結果をみると，入場者数が増加傾向にあった時期にはスリル系の平均利用率が上昇している（図 10-8）。ス

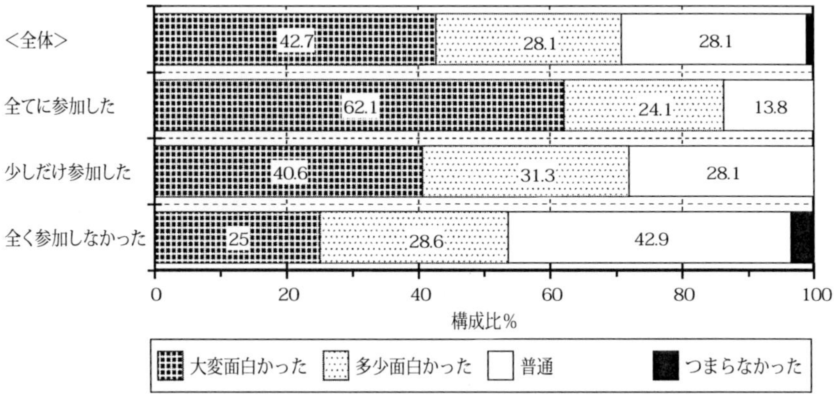

図 10-7　遊戯施設の参加向上実験への参加度合いと満足度の関係

出典：山口（1994）。

注：1994 年 6 月，郊外型遊園地で約 1 時間実施，有効回答数 89，事前調査（通常時）より大変面白かったという割合は 23.8 ポイント，面白かったという割合は 11.4 ポイント増加。

リル系の遊戯施設を導入し，このタイプの利用を促進したことが入場者数増加と連動している。逆に，入場者数が減少傾向にある時期でも，メルヘン系の平均利用率は上昇傾向を示しており，メルヘン系の遊戯施設の人気が安定していることをうかがい知ることができる。リニューアルの際に新規導入する遊戯施設は，そうした志向性によって導入効果や役割が異なるため，あらかじめその特性を認識したうえで，選定や配置などを考える必要がある。

(3)「コミュニケーション促進による相乗効果」に関する研究例

観光・レジャー施設においては，例えばストリートパフォーマンスのように，にぎわいを誘導するための空間づくりが求められている。だが，そうした場所が不自然かつ固定的に計画されると，本来の魅力を失ってしまう可能性がある。そこで，ストリートパフォーマンスが行われている空間とアーティストおよび観客との関係を調査し（1999），アーティストや観客にとって好ましく，通行に支障のない，ストリートパフォーマンスを誘発する空間の計画指針を作成した（表 10-3）。

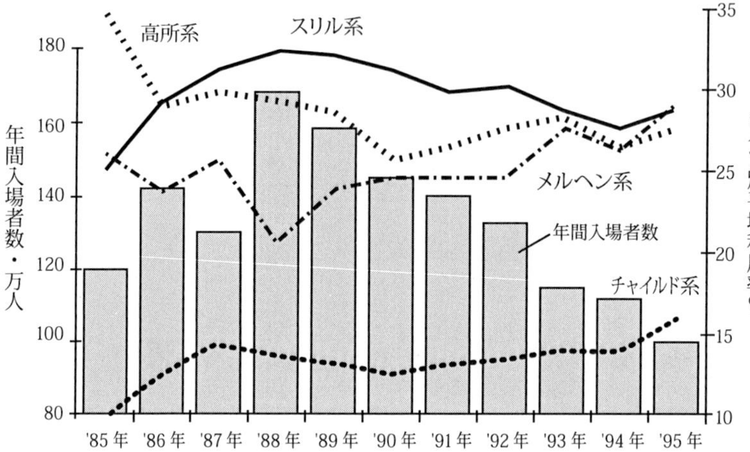

スリル系：相関係数+0.726（有意水準 0.005 で有意）

メルヘン系：相関係数−0.942（有意水準 0.005 で有意）

高所系：相関係数−0.0618　チャイルド系：相関係数−0.311

図 10-8　遊戯施設のタイプ別平均利用率と年間入場者数の相関

出典：山口（1994）。

注：郊外型遊園地の年間入場者数及び遊戯施設の利用率（年間利用者数÷年間入場者数）の実績データを分析。

表 10-3　ストリートパフォーマンスを誘発する空間計画指針

立地条件・配置	・パフォーマンス空間として、最低10m四方を確保したうえで、パフォーマンス空間と通路を区別する。 ・舞台や座席は設けない。パフォーマーと観客との自由なコミュニケーションを極力妨げないようにする。
パフォーマーのための空間	・パフォーマーから観客までの最短距離は、最小３m、最大10mとする。 ・木やオブジェの前、建物の凹凸など背景となる空間を設定すると演技がしやすい。
観客のための空間	・10m四方に集まる観客人数は80〜120人を目安とする。 ・観客が半円形の集合形態となるパフォーマンスが多い。 ・音楽系のパフォーマンスは後ろに壁があるほうがよい。 ・大道芸などは周囲の観客とのコミュニケーションを大切にするため、円形の集合形態をとりやすい。 ・床の目地、段差、ロープの仕切りなど、自然な形で観客の集合形態をコントロールする。

出典：山口（1999）。

注：首都圏における各種ストリートパフォーマンスの実態調査・パフォーマーへのヒアリング調査から作成。

そうしたイベントや，携帯電話対応，写真撮影，インターネット活用，電子チケット，クラブ化（仲間づくり），接客サービスなどにより，利用者のコミュニケーションを増大し，時間量・心理量ともに増大させる相乗効果を発揮することができる。

4　観光行動からみた観光施設のバリアフリーに関する研究

観光施設は，健常者だけでなく，障害者の利用に配慮することが不可欠である。また，日本人だけでなく，外国人の利用にも十分配慮しなくてはならない。

ひとくちに障害者といっても，障害の種類は多種多様である。一時的に身体機能が低下している人もいる。車いす利用者のような移動障害はいうまでもなく，視覚障害（サービスドッグ），聴覚障害，内部障害（内蔵機能の障害），アレルギーやベジタリアンなどの食事制限，ペット同伴者など，利用障害の範囲

表 10-4　ホテルにおける聴覚障害者の要望

- 予約
  - 電話連絡に関する配慮
  - ホテルの対応状況を予約時に知りたい
  - 旅行会社からの申し送り
  - FAX やメールへの迅速な回答
- チェックイン／アウト
  - 障害がわかったときの表情の変化について
  - 手話ができる従業員をわかりやすく
  - 筆談での対応
- 客室
  - 不便な点
    - ドアノックがわからない
    - 火災報知機が聞こえない
    - テレビがわからない
    - 冷暖房のファンの音が聞こえない
    - FAX の使い方がわからないときの対応
    - 目覚まし時計の使い方がわからないときの対応
  - 不安な点
    - 緊急時の避難誘導について
    - 緊急時のドアロックの解除について
    - 風呂など補聴器をはずしているときの不安
  - 設置を期待する機器
    - 字幕つきテレビ
    - ドアノックセンサーつき扉
    - 非常時の案内表示機器
    - バイプレーター
    - 磁器コイル入り電話機
    - 電話リレーサービス
    - PC の接続端子や電源
    - バスルーム内での非常時案内表示
  - 客室のユーバーサル化
- レストラン・バー
  - 順番待ちで名前を呼ばれても気づかない
  - レストランの会計システムが分かりにくい
  - メニューブックの工夫
- 従業員対応全般
  - 世の中に、聾、難聴者がいるということを念頭においていてほしい
  - いやな顔をしないで欲しい
  - 聴覚障害者の不便な点、種類など基本を知って欲しい
  - 聴覚障害だと言い出しにくい気持ちを理解して欲しい
  - 聴覚障害があることを知られたくない人もいる
- その他
  - FAX を気軽に使えるようにして欲しい
  - 携帯電話のメール機能を活用したい
  - 携帯電話の電波が届く部屋を希望する

出典：丹治・野口（2006）。

表 10-5　障害者からみたスキー場の現状と望ましい空間計画指針

	現　状	空間計画指針
アクセス	■駐車場〜ゲレンデ間 駐車場からゲレンデまでの間は平坦か上りになっており、上り勾配は滑るのが困難である。	ゲレンデまでのアクセスの良い位置に障害者優先駐車場を設置し、この駐車場でスキーを履いてゲレンデまで滑っていくことができ、さらに、ゲレンデから駐車場まで滑って戻ることができるよう配置する。そのため駐車場にも雪はあったほうがよい。
	障害者は、雪やぬかるみがあると歩きにくく、車いすでの移動も困難である	歩いたり、車いすでゲレンデまで移動する場合には雪はないほうがよい。雪が溶けている場合には、ぬかるみのないように配慮する。
	シットスキーのような重い用具を運ぶことは大変な労力となる。	地形的に上り勾配が避けられない場合には、動く歩道、エスカレーターやエレベーターを設置し、用具類を乗せて運べるカートを配置することが望まれる。
	■レストハウス〜ゲレンデ間 レストハウスの入口に階段があると上り下りが困難である。この間が階段になっているところと平坦なところが半々であり、スロープは少ない。	できるだけ階段などの段差を無くし、やむを得ない場合はスロープを設置する。スロープの床は滑りにくい素材を用い、水はけに気を配り、手すりが雪に埋もれて使えないことがないようにする。
リフト	■仕様と係員の介助 障害者がリフトに乗る際、介助者がついて乗降をサポートすることが多い。	障害者と介助者が一緒に乗ることができるように２人乗り以上のリフトを設置する。
	ゴンドラリフトは、スキーを脱いで用具を持って歩いたり、車いすに乗り換えたりするうえ、室内も狭く、利用できないことが多い。	障害者がゴンドラリフトにも乗れるよう、係員によるサポートや、車いすでも乗れるような段差、広さなどを工夫する。
	通常の運行速度では、初心者はリフトの待機位置までの移動が間に合わない。	運行速度のスローダウン可能なリフトとする。視覚障害者のために、乗り場位置までの誘導音を鳴らす。
	シットスキーは、リフトに乗る際にレバー１つで1人でも乗車できるように改良されているが、雪面からリフト座面までの高さを35cm以下に保つ必要がある。	リフトの乗り降りの介助をリフト係員にしてほしいという要望があり、対応する係員が障害者スキーの知識を持ち、適切に対応できるようにする。
	■リフト乗り場 待ち行列は、平坦なところが大半である。下り勾配があると初級者はうまく停止できず、前の人に追突する危険がある。	待ち行列は平坦がよい。ただし、中上級者向けのゲレンデの乗り場には、下り勾配があってもよい。
	待ち行列に曲がりがあるところが多く、曲がりがあるためにサイドのロープに引っかかってしまうことがある。	待ち行列は極力まっすぐに配置し、サイドのロープは視覚障害者にも認識しやすいように色の濃いものにする。
	シットスキーやアウトリガーを使用している人は待ち行列の幅が狭くて通れないことがある。自動改札式の場合の列幅は特に狭く、回転バーが付いていると通れない。	待ち行列の列幅は、シットスキーやアウトリガーの使用に抵抗のないよう極力広めにとり、障害者と介助者が並んで移動できるように改札を2つ以上並べて設けることが望ましい。
	障害者スキーヤーは健常者よりも待ち行列を進むスピードの遅い人が多く、障害の重い人にはリフトに並ぶ行為そのものが困難である。	リフト待ちの混雑を避けるため、障害者が列に並ばなくても優先的に乗れるような工夫が欲しい。
	■リフト降り場 スキー場の大半は、リフト降り場に緩い下りの傾斜がついており、体が前に出やすくて良いと考えられている。ただし、降り場の幅が狭いと感じている人が多い。	隣に座っている人の滑るスペースを空けておく余裕がないと危険を感じるため、障害者が降りるのに手間取っても流れが妨げられないほどの十分なスペースを確保する。
	「まもなく降り場です」などというアナウンス音声は、視覚障害者にとって大変わかりやすい。	視覚障害者向けに、乗車位置を知らせるアナウンスを流す。
コース	下肢障害者は足の感覚が鈍いため、こぶなどのコース変化への対応が遅れる傾向がある。視覚障害者であることが周囲からわかりにくいため、接触事故を起こすこともある。	事故防止のため、障害者自身にゼッケンなどを着用してもらい、周囲に位置をわかりやすくする。
	視覚障害者は、コースを誘導してもらうガイドの声や、風切音、滑降音を頼りに滑っているため、大音量のＢＧＭは邪魔になる。	視覚障害者のために、ＢＧＭは流さないか、極力音量をおさえる。
	弱視の人にとって、コースガードや看板などが見にくいところが多い。	弱視の人のためには、コースガードや看板などを極力目立つようにデザインを工夫する。

出典：山口（1999）。

は幅広くとらえる必要がある。

丹治・野口（2006）は，聴覚障害を持つ利用者の要望から，ホテルのバリアフリー対応について論じている（表 10-4）。小林（2007）は，東京ディズニーシーを対象に，視覚障害者が楽しめるテーマパークの条件を修士論文にまとめている。このように，さまざまな障害の種類ごとに詳細にバリアフリー対応を研究していく必要がある。

また，山口・小菅ほか（1999）は，障害者が普段よく利用しているスキー場の現状を調査し，障害者利用を考慮したスキー場の計画指針をまとめた（表 10-5）。今後もあらゆる観光・レジャー施設において，バリアフリー対応の指針が求められる。

5　観光行動からみた観光施設の安全・災害対策に関する研究

観光行動からみた観光施設研究においては，火事・地震などの災害対策と避難計画，定常的な安全対策，そして，地球環境対策やゴミ対策など，基礎的に配慮しなければならない様々な研究が存在する。

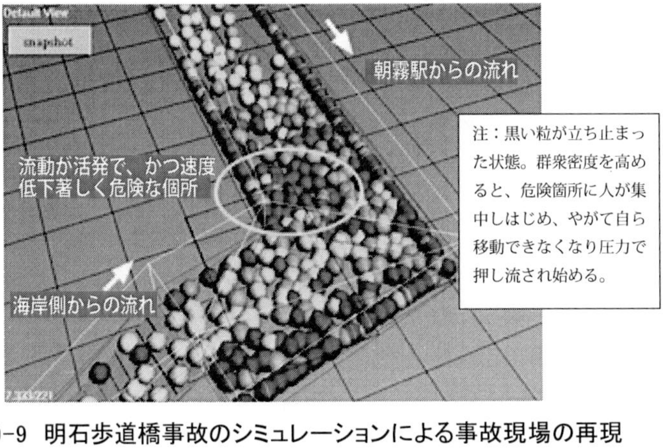

図 10-9　明石歩道橋事故のシミュレーションによる事故現場の再現

出典：高柳（2001）。

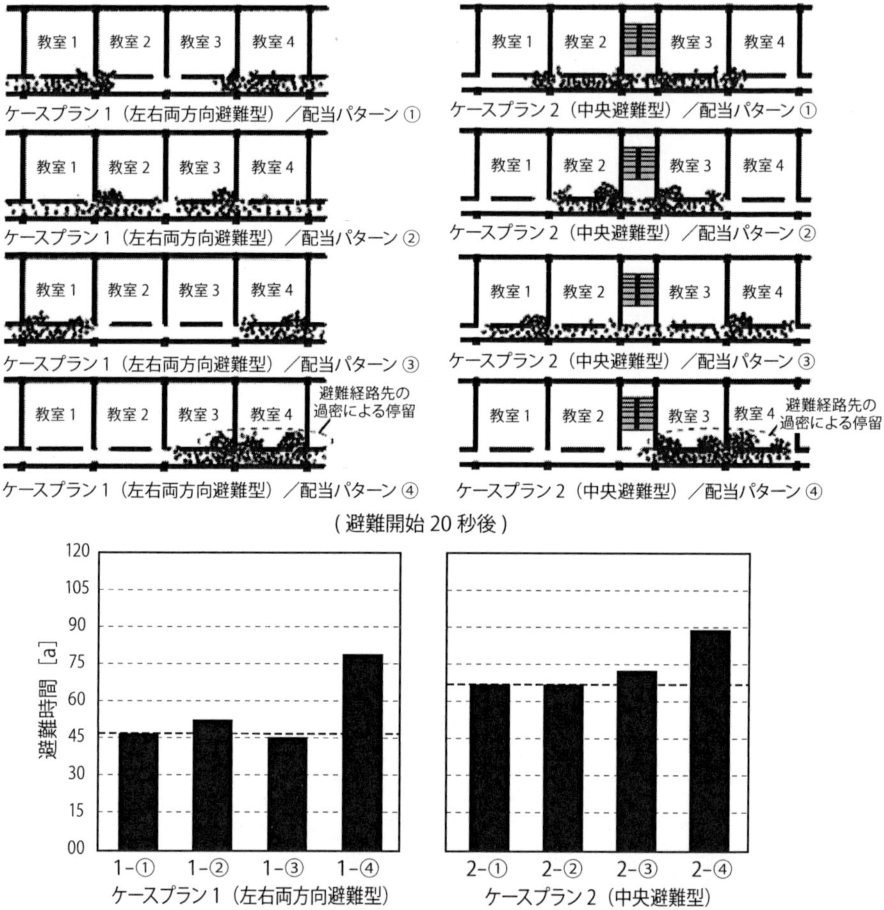

図 10-10　避難方向と人数配当による避難シミュレーションと避難時間

注：歩行者シミュレーションシステムで人間の挙動を再現し避難完了時間を算出。避難安全検証法にならい歩行速度は 1.3m/s に設定。開口幅 1500 ㎜，通路幅 1700 ㎜とした。

その代表例は，渡辺・林田らによる，避難・安全計画研究である（岸野ほか，1996；林田・渡辺，2007)。これは，観光イベント開催時の会場計画にも応用できる。高柳（2001）は，明石市民夏まつりの花火大会会場で起こった明石歩道橋事故（2001）をコンピュータ・シミュレーションで再現した（図 10-9）。密度 3.0 人 /㎡（通路上に 1800 人，最低限の快適水準）の場合，立ち止まる人が増え，曲がりのある危険箇所に人が集中し始める。そして，8.3 人 /㎡（通路上に 5000 人）まで群集密度を高めると，人は自分で移動できなくなり圧力で押し流され始めた。

林田・渡辺（2007）の避難シミュレーションによると，左右両方向避難型と中央避難型はともに，片方に偏った人数配当をすると避難時間が極端に長くなる傾向にある（図 10-10）。非常時の避難時間を短縮するためには，部屋の使い方（人数配当）にも配慮する必要がある。

観光者の歩行行動特性を考慮した安全計画の視点からは，多人数の観光者が集中する通路において，立ち止まりを誘発する眺望，内側の密度が上昇する曲がり，不要な渋滞を誘引するすぼまり，歩行速度を落とし渋滞要因となり転倒事故の可能性を高める階段をできるだけつくらない，やむを得ない場合には周到に安全対策を施すことが肝要である。

また，多人数の避難計画においては「いつも使う出入口に向かいやすい（日常的潜在行動）」，「もと来た道に引き返しやすい（逆戻り行動）」，「人のあとを追いかけやすい（先導効果）」，「明るいほうに向かいやすい（走光性）」ことに配慮する必要がある。

6　観光行動からみた観光施設研究の今後の方向性

観光行動からみた観光施設研究は，利用満足度増大・バリアフリー・安全対策など幅広く，それぞれ重要性は高いが，その研究実績は建築学分野の一部に偏っている。観光に訪れた場所には必ず何らかの観光施設が存在するが，観光に主眼を置いた観光学分野においては，観光行動からみた観光施設研究はほとんど未開拓といってよい。これは海外においても同様である。

観光施設は，オフィスや学校などの日常使い慣れた施設とは異なり，観光者が不案内な場合が多いため，それを前提とした設計思想が必要である。また，観光者は時間的に余裕のある場合が多く，行動の自由度が高いため，多様な観光行動を可能にする計画が必要とされる。そして，自由時間における活動が多様化し，ますます高度になる観光者のニーズにあわせて，観光施設も変わっていくことを求められる。

一方，観光施設には多様な属性の観光者が訪れるため，障害者や外国人などの利用障害を取り除くだけでなく，だれにでも使いやすい，きめ細やかな対応が求められる。観光施設には，多人数の観光者が訪れる場合が多いため，非常時に観光者が群衆化した時の緻密な避難計画が必要である。観光施設は，安全な利用を前提としており，万全な安全対策は不可欠である。しかし，安全対策が観光者の自由な行動を阻害する場合があるため，そこに観光施設における安全対策の難しさがある。

観光施設とは，建築的なハード面のことだけでなく，人，物，情報，運営といったソフト面を有機的に組み合わせた空間全体のことをいう。観光者を受け入れる空間は，あらゆるものを組み合わせて考えなければならない。そして，観光施設は，新設するだけでなく，空間設置の初期段階から，継続的なリニューアルを含め，常に観光者の行動に視野を向け，「空間の育成」を強く意識しなければならない。

観光施設づくりは，観光行動への視点なしにあり得ない。そして，観光そのものに対する知見と，施設に関する知見の両方が必要となる。豊かな観光施設づくりのためには，観光学分野において，観光行動からみた観光施設研究を拡充していくことが不可欠である。

引用・参考文献：

安藤幸三・外波山裕司・渡辺仁史（1979）：「宇宙博覧会の観客流動シミュレーション」電子計算機利用シンポジウム．

池原義郎・中村良三・渡辺仁史・内藤博幸・浜田啓・豊田悟（1971）：「人間—空間系の研究 その１多変量解析による分析」日本建築学会大会学講演梗概集，

pp.613-614.
井出信雄（2003）:「テーマパークの定義」日本観光学会誌，42，pp.36-41.
大西健司・渡辺仁史・中村良三・位寄和久・長生麻子・成瀬功・水野良治（1982）:「人間空間系の研究 '82（遊園地における空間認知と行動追跡について）」日本建築学会大会学術講演梗概集，pp.1487-1488.
池原義郎・中村良三（1968）:「空間における行動特性の研究」日本建築学会大会学術講演梗概集，pp.347-348.
嘉名光市・中村良夫（1995）:「スキーコースの基本設計に関する一考察」日本観光研究学会機関誌『観光研究』，7(1)，pp.1-6.
岸野綱人・渡辺仁史・吉田克之（1996）:「スタジアムにおける避難計算のための区画に関する研究」日本建築学会計画系論文集，479，pp.1-6.
小林剛士（2007）:「視覚障害者が楽しめるテーマパークの条件―東京ディズニーリゾートを中心に」桜美林大学大学院修士論文.
小林昭裕（2007）:「北海道のオートキャンプ場に対する利用者評価及び利用者数を左右する要因」日本観光研究学会全国大会学術論文集，22，pp.141-144.
蔡珠姫（2007）:「新聞にみるスキーのイメージの変遷」日本観光研究学会全国大会学術論文集，22，pp.13-16.
柴田雅行（2001）:「日本における地域規模のテーマパークの現状と課題―倉敷チボリ公園の顧客満足度調査との関連から」日本観光学会誌，39，pp.49-57.
禅定慶子（2004）:「私鉄沿線における遊園地とその周辺行楽地の変遷に関する研究」日本観光研究学会全国大会研究発表論文集，19，pp.317-320.
高橋英明（2001）:「事故に学ぶ明石花火大会で起きた歩道橋事故」日経アーキテクチュア 2001.8-20（No.699），日経 BP 社.
田中裕人・網藤芳男（2000）:「観光農園に対する需要分析―広島県世羅大地を事例として」日本観光学会誌，36，pp.70-74.
山口有次（1995）:「レジャー空間進化論（遊園地編）」早稲田大学大学院理工学研究科修士論文.
丹治朋子・野口洋平（2006）:「ホテルにおける聴覚障害者への対応」日本観光研究学会全国大会学術論文集，21，pp.209-212.
張景泰（2007）:「韓国におけるスキー場周辺地域とスキー場門前町に関する研究」日本観光研究学会全国大会学術論文集，22，pp.289-292.
堤正利（1997）:「スノーボードインパクト スキー場に関する空間計画学的考察」早稲田大学大学院修士論文.

中村良三・渡辺仁史（1982）:「人間 - 空間系の研究　'82-2 博覧会場における観客の行動特性」日本建築学会大会学術講演梗概集.
成瀬功（1981）:「美術館における観客の行動研究」早稲田大学卒業論文.
橋本俊哉（1994）:「観光回遊の行動特性と誘導手法に関する研究―観光回遊計画論序説」東京工業大学大学院博士論文.
橋本俊哉（1997）:『観光回遊論―観光行動の社会工学的研究』風間書房.
馬場義徳（1996）:「スキー場における人間行動に関する研究」早稲田大学卒業論文.
馬場義徳・山口有次・林田和人・中村良三・渡辺仁史（1997）:「スキー場におけるリフト乗り場の待ち行列に関する研究レジャー空間進化論その7)」日本建築学会大会学術講演梗概集，pp.473-474.
林田和人・高瀬大樹・木瀬貴晶・渡辺俊・渡辺仁史（1991）:「〈国際花と緑の博覧会〉における観客行動に関する研究その1／観客回遊パターンについて」日本建築学会大会学術講演梗概集.
林田和人・渡辺仁史（2007）:「暗闇での避難時における蓄光階段の有効性に関する研究」日本建築学会日本建築学会技術報告集，13(26)，pp.721-724.
堀木美告（2002）:「日本の国立公園における今後のソフトウエア展開のあり方に関する考察」日本観光研究学会全国大会研究発表論文集，17，pp.169-172.
廻洋子（2003）:「長期滞在を可能にするリゾート空間構成に関する考察」日本観光研究学会全国大会研究発表論文集，18，pp.57-60.
森山正（2003）:「巨大集客施設におけるホスピタリティ・マネジメント」日本観光研究学会全国大会研究発表論文集，18，pp.157-160.
森山正（2004）:「大型テーマパークにおけるサービス・マネジメントと都市型観光」日本観光研究学会全国大会研究発表論文集，19，pp.309-312.
安島博幸（2006）:「隠れ家レストランの立地とデザイン」日本観光研究学会全国大会学術論文集，21，pp.245-248.
山口有次（2000）:「利用者行動からみたレジャー施設に関する建築計画学的研究」早稲田大学大学院博士論文.
山口有次（2008）:『観光・レジャー施設の集客戦略―利用者行動からみた！人を呼ぶ魅力的な空間づくり』日本地域社会研究所.
山口有次・佐野友紀・林田和人・中村良三・渡辺仁史（1997）:「ネットワーク社会におけるレジャーコミュニケーションに関する研究」日本建築学会大会学術講演梗概集，pp.475-476.
山口有次・小菅瑠香・馬場義徳・中村良三・渡辺仁史（1999）:「障害者の利用を考

慮したスキー場計画に関する研究」日本建築学会技術報告，9，pp.179-182.
山口有次・中村良三・渡辺仁史（1995）：「遊園地の遊戯施設の参加性向上に関する実験」日本建築学会大会学術講演梗概集，pp.415-416.
山口有次・中村良三・渡辺仁史（1997）：「遊園地の遊戯施設の利用特性に関する研究」日本建築学会論文報告集，500，pp.127-132.
山口有次・林田和人・中村良三・渡辺仁史（1999）：「大規模複合レジャー施設における飲食・休憩行動の効果に関する研究」日本建築学会大会術講演梗概集，pp.469-470.
山田雄一・梅川智也（2003）：「わが国スキーリゾートの活性化に関する研究」日本観光研究学会全国大会研究発表論文集，18，pp.45-48.
山久瀬健・山口有次・中村良三・渡辺仁史（1995）：「鑑賞行動変化に伴う美術館計画の方向性―レジャー空間進化論その 2」日本建築学会大会術講演梗概集.
渡辺亮久（1990）：「水族園における来園者の行動特性に関する研究―東京都葛西臨海水族園」早稲田大学卒業論文.

◆索　引◆

あ行

か行

さ行

た行

な行

は行

ま行

や行

ら行

わ行

編著者略歴

橋本俊哉（はしもと・としや）

1963年埼玉県生まれ。立教大学社会学部観光学科卒業。立教大学大学院社会学研究科博士前期課程、東京工業大学大学院理工学研究科博士後期課程修了。立教大学社会学部専任講師、同学部助教授、同大学観光学部助教授を経て、立教大学観光学部観光学科教授。博士（工学）。

主要著書　『観光回遊論—観光行動の社会工学的研究』

日本観光研究学会　事務局

〒352-8558 埼玉県新座市北野 1-2-26　立教大学 観光学部内

Tel.048-471-7387　Fax.048-471-4538（学部共通）

観光学全集《かんこうがくぜんしゅう》　第《だい》4巻《かん》

観光行動論《かんこうこうどうろん》

●

2013年3月27日　第1刷

編著者…………橋本俊哉《はしもととしや》

発行者…………成瀬雅人

発行所…………株式会社原書房

〒160-0022 東京都新宿区新宿 1-25-13

電話・代表 03 (3354) 0685

http://www.harashobo.co.jp

振替・00150-6-151594

装幀…………有限会社ロクオ企画

印刷…………シナノ印刷株式会社

製本…………東京美術紙工協業組合

ISBN978-4-562-09191-1, Printed in Japan

観光学全集《かんこうがくぜんしゅう》　第《だい》4巻《かん》　観光行動論《かんこうこうどうろん》（オンデマンド版）

2020年6月4日　発行

編著者　橋本《はしもと》　俊哉《としや》
発行者　成瀬　雅人
発行所　株式会社 原書房
〒160-0022　東京都新宿区新宿1-25-13
TEL　03(3354)0685　FAX　03(3354)0736
URL　http://www.harashobo.co.jp

印刷・製本　株式会社　デジタルパブリッシングサービス

ISBN978-4-562-10133-7　Printed in Japan